知られざる東京農大史

～語り継ぐべき農大百二十五年の記録と記憶～

内村　泰　著

大澤　貫寿　監修・編

発刊に寄せて

図書館所蔵資料による東京農業大学の知られざる歴史

通史

本書は、著者である内村泰名誉教授との雑談の中で「創設者榎本武揚、初代学長横井時敬については広く研究されているが、本学にはまだ多くの我々も知らない埋もれた歴史があるはず……」と、ともに考えたことがきっかけだった。それらを拾い上げ光をあて、東京農業大学なるものを丸ごと知ることが、これからの東京農業大学を考えていく上では重要な資料になるとの共通認識のもと、内村泰名誉教授に本書の執筆、作成にあたっていただいた。

しかし、誠に残念ながら、入稿前に、内村泰名誉教授は永遠の旅立ちとなったことは本当に無念である。

本編に先立ち、まずは本学の通史をさらってみる。

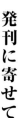

東京農業大学の始まりは、明治二四年（一八九一年）にできた徳川育英会育英黌である。その後、東京農学校、私立東京高等農学校、そして東京農業大学と改称されてきた。創立者は、幕臣としてオランダに留学し、西洋の化学、蒸気機関学、さらに国際法を学んだ榎本武揚である。その後、東京帝国大学教授で明治農学の第一人者横井時敬を迎え、大正一四年大学令による東京農業大学となる。建学の精神は、榎本武揚のチャレンジ精神「冒険は最良の師」と、横井時敬の「イネのことはイネに聞け」の実学を教育方針として、食と農の関連産業分野に多くの有為な人材を輩出し今日に至っている。

今のグローバル時代には、建学の精神のもと様々な現場を理解し、チャレンジすることなくしては、時代に相応しい人物を育成することは難しい。

徳川育英会育英黌は、麹町区飯田橋河岸に小さな校舎を設け授業を開始し、明治二六年東京農学校に改称、第一回卒業生は一八名であった。その後経営は困難を極め、明治三〇年に大日本農会（農業発展を目的とした全国的農業団体、明治一四年設立）に経営のすべてを委譲した。明治三四年には東京高等農学校と改称され、さらに明治四四年に私立東京農業大学となる。当時の学生数は、大学本科二四〇名、予科一六〇名、高等科三〇〇名の総学生数七〇〇名であった。大正一四年に本学が大学令による大学に昇格した当時、農学部を持つ大学は、東京帝国大学、北海道帝国大学、京都帝国大学、九州帝国大学の国立四校と、私学の本校との五大学のみであった。

麹町に産声を挙げた本学は、度重なる危機を乗り越え、東京を転々とした後、渋谷常盤松の地に基盤を築いたのは明治三三年秋のことである。その後順調に発展し、明治四四年一一月に東京農業大学と改称した。大正二年に鈴木梅太郎の主催する東京肥料分析講習部を併合するなど設備を充実させ、大日本農会の好意と横井時敬の献身的活動によって大正一四年五月一八日に財団法人東京農業大学を創設し、晴れて大学令による我が国最初の私立の農業単科の大学として東京農業大学となった。昭和期になると専門部並びに学部に学科を増設し、昭和六年には横井記念講堂などが整備され、学生数は一六〇〇名を超える規模となった。同時に、世田谷用賀の地に農場を整備した。

昭和一六年一二月に太平洋戦争へ突入すると、翌昭和一九年三月一日から逐次授業停止の方向となる。理系の学生は、その専門分野に応じ概ね軍関係工場、病院等に配属、従事させられた。昭和二〇年三月一八日、政府は決戦教育措置要綱を決定し、全学徒を食料増産、軍備生産、防空防衛、その他直接に必要な業務に動員するとして一年間の授業を停止した。昭和二〇年五月二五日の米軍により東京大空襲で、横井記念講堂、図書館書庫などわずかに残して施設の一切が壊滅。ここに渋谷常磐松四七年の歴史に幕を下ろすこととなった。

戦時中、全国各地の農地開発営団や、牧場、農場に分散、配属され食料増産に従事していた学生は、終戦の混乱の中、常磐松に帰ったがほとんどの施設は焼け落ち授業どころではなかった。だが、三浦肆玖樓農場長が学生の農場実習地であった用賀農場に隣接する陸軍機甲整備学校に着目し、戦後間もなくの昭和二〇年八月二八日に本部長林中将と副校長加藤大佐と会見し、交渉の結果、整備学校校地北西（野球場奥北西側）の倉庫を借用することができることとなり、世田谷での授業を再開することができた。続いて佐藤寛次学長がアメリカ第八軍司令官マキシモンド中将と会見し、昭和二〇年九月一五日、現在の東京農業大学第一高等学校校地付近の校舎の使用許可を得た後、一〇月二五日に大学の一部を移転し授業を再開し、ここに正式に、世田谷時代の幕が上がることとなった。

本部を含め、すべての学科が移転したのは昭和二一年三月二九日であり、使用校地は約一六ヘクタールであった。そして、昭和二三年七月二一日常磐松校地（二・一ヘクタール）と建物を財団法人青山学院へ譲渡した。

ここに五〇年間、若人の知と汗をしみ込ませたキャンパス青山の地、学歌にある「常磐の松風緑に吹きて……」、青山ほとりにある「聳えるタンクは我が母校……」と謳われた常磐松の地を離れることとなった。

その後、世田谷の施設の整備を進め、昭和三二年六月に念願の四階建て白亜の講義棟（旧一号館）の完成を見るに至った。さらに昭和三七年六月には四階建ての研究棟（旧二号館）が落成。同時に学生数は四〇〇〇名を数えるまでに発展し、農学の殿堂と呼ぶに相応しい大学へと変貌した。平成元年、網走市と公私協力によって北海道網走に生物産業学部を開設。平成一〇年には、農学部改変によって、農学部、応用生物科学部、地域環境科学部、国際食料情報学部の四学部体制に再編、農学部移転により厚木キャンパス開設へと拡大していった。平成二八年、創立一二五周年事業として、生命科学部を増設し、平成二九年に新生東京農業大学へと進化する。
これまでの歴代の大学要路の人々の並々ならぬ努力に敬意を表するとともに、多くの校友の母校愛によるものと感謝する次第である。

平成二八年一二月吉日　大澤　貫寿

知られざる東京農大史

～語り継ぐべき農大百二十五年の記録と記憶～

目　次

はじめに

東京農業大学の生みの親は榎本武揚子爵、育ての親は横井時敬初代学長と言われている。少なくとも農大関係者でそれを知らぬ者はいないはずだ。

私自身、様々な会合で、また学生に農大の歴史を語る時も、その様に話してきた。しかし、東京農業大学百有余年の歳月はそれだけではない。

学祖二人の力だけで農大が今日の様な発展を遂げたわけではない。数多くの人、出来事の積み重ねであるにもかかわらず、刻まれた他の多くの歴史的な事柄について、知っておられる方も少なくなり、語られることもなくなった。

平成二〇年（二〇〇八年）、私は、偶然、あの「琵琶湖周航の歌」の作曲者、吉田千秋さんが農大出身であることを知る。

インターネットで調べてみたが、詳しいことは何もわからなかった。そこで吉田千秋さんのことを少し調べてみようと、本学図書館大学史資料室を訪ね保存されている明治三〇年代からの資料に目を通してみた。

そこには、知らなかった事柄、忘れ去られようとしている歴史的事象の数々が、埋もれるように記録されていた。

例えば、皆さんは、明治三〇年に農大の前身である東京農学校が経営不振で潰れそうになったのを大日本農会が傘下として救ってくれたことをご存じだろうか。

映画にもなったあの忠犬ハチ公の主人、上野英三郎先生が、東京帝国大学卒業後に、東京農学校、高等農学校、さらには東京農業大学と名乗るようになってからも耕地整理講習を指導し、農業工学科（現生産環境工学科）の基盤を築いたことを知っているだろうか。

また、ビタミンB_1を発見した鈴木梅太郎先生が、現在の生物応用化学科の前身、農芸化学科の基礎を築いたことは知っていても、大根踊りとして有名な「青山ほとり」の歌詞にある「聳《そび》ゆるタンク」の建設費の四分の一を寄付したことをご存じの方がどのくらいいるだろうか。

少し前なら皆が知っていたこと、例えば今の青山学院の敷地にあった本学が、昭和二〇年三月二五日深夜の空襲で壊滅したことや、現在の世田谷に移った事情なども、今や、歴史のひだに埋もれようとしている。

これらの出来事を改めてもう一度世に出しておかないと、このまま誰にも顧みられることなく忘れ去られてしまうのではないかという危機感に私は駆られた。

図書館大学史資料室には、本学の実に様々な歴史的事実が、記録として、その時代の関係者や先輩の先生方の若かりし頃の思い出として保存されていたのである。

本学教職員、学生、ご父母の方々など、本学関係者には、少なくとも知っておいてほしいという思いで私は本稿を書き始めている。

明治時代からの本学足跡を時系列に沿って、書かれた方々の言葉そのままを紹介したい。

関係書類を集め、母校東京農業大学の伝統に培われた存続の意義を考え、一世紀を超えた歴史の重みをもう一度噛みしめながら、東京農業大学の素晴らしさを少しでも後世に伝えられたら、と思っている。

※ なお、この著作は内村泰が『農大学報』に五年以上にわたって掲載した一編一編をそれぞれ一項目として章立てし編集したものである。よって、それぞれの項目で内容が完結しており、項目ごとの読み切りで農大史を理解いただける半面、各項目間の内容が一部重複せざる得なかったことをご了承いただきたい。

第一部　大日本農会に育まれた東京農業大学

図書館所蔵の保存資料による知られざる歴史

榎本武揚子爵が東京農業大学の生みの親で、横井時敬初代学長が育ての父親ならば、母親の様に、深い愛情を注いでくれたのは大日本農会だ。

毎年、入学式、卒業式に大日本農会の会長が出席され、祝辞をいただけるのはなぜか。

また、優秀卒業論文に対し、なぜ「大日本農会賞」がいただけるのか。

今、その理由を正確に知る人はほとんどいないかもしれない。

私も教員として、卒業論文優秀賞である大日本農会賞の推薦書を学生のために書いたことがある。しかし、その時、私自身も、大日本農会と農業大学の関係について、大雑把なことしか把握していなかった。そこで改めて本学の母体であった大日本農会について資料に沿って探ってみた。

一、大日本農会

大日本農会は、明治一四年（一八八一）四月五日、「農業の経験や知識の交換を通じて農事の改良発展を図る」ことを目的に、わが国初の全国的な農業団体として創設された。

当時の明治新政府は、江戸幕府の鎖国政策による国の制度や産業の立ち遅れを回復させるため、諸外国の法制度や産業技術などの導入を早急に進めた一環として、農業技術についても欧米の大農場方式などの考え方を大々的に取り入れ普及しようとしていた。このような動きに対し日本の伝統的な農業技術を重視すべきではないかと考える、中核的な農家が各地で集会を開いて活発に意見を表明するようになり、それが全国的な集会に発展したものが大日本農会である。

この上からの動きと下からの動きとを融合し、新しい日本の農業の方向を民と官が一体となって議論していくための組織として本会が設立されたと、当初の目的に書かれている。英国の王室農会をモデルに、中核的な農家による全国的な集会をベースに発足したということである。

当初の構成は、北白川宮能久親王殿下①を総裁に、幹事長は後に農商務省次官を務めた品川彌二郎②であった。

創立以来本会は総裁に皇族をいただいており、現在は、桂宮宜仁親王殿下③が推戴されている。

二、徳川育英会育英黌《いくえいこう》農業科から東京農学校へ

大塚窪町の学校敷地獲得

東京農業大学の原点、育英黌農業科（東京農業大学の黎明期）が産声を上げたのは、現在のJR中央線飯田橋駅付近の麹町区飯田河岸。大塚窪町に移転することになったのは、甲武鉄道（現、JR中央線）の新宿、飯田橋間敷設工事着手のため、土地買収によるものであった。

そのため、明治二五年（一八九二）に、当時四谷区会議員であり同区学務委員であった伊庭想太

郎④と、府会議員である饗長永持明徳⑤の両氏が、共に区政・府政に携っていた関係で府会議長の芳野世経⑥を動かし、同氏の所有地であった小石川区大塚窪町二五番地の土地（＊地図1）を借り受けることに成功したのである。

三、東京農学校の設置

明治二四年（一八九一）榎本により創られた東京農学校だが、明治二九年（一八九六）、経営の不振により校舎、器具等一切を大日本農会へ寄付したい旨の申し入れがなされた。

大日本農会の常置議員会が一二月一七日午後四時より同会事務所構内会堂で開かれ、横井が議長となり榎本から学校の全部を譲り受けることを議決した。

その時の議事録には、以下の様に記録されている。

「東京農学校はこれまで子爵榎本武揚君の所有に属し農学専修の生徒を養成し来られしが、今般同君よりその校舎、器具等一切を大日本農会に寄附せられたり。よって同会にては、常置議員会の議決を経てこれを受け継ぐに決し、同会の附属校となし従前の如くもっぱら農学専修の生徒を養成し百事改革拡張の筈なり。」

校長であった伊庭想太郎に代って、横井は校長代理として学校の経営に当ることになった。

このことは当時横井が大日本農会の幹事であり、また常置議員会議長でもあったことから横井の強い意見が実を結んだわけである。

当時東京農学校は一個の小さい私学に過ぎなかった。農業教育の一機関である東京農学校がなくなることを惜しむ声もあったが、当時わが国における有力な農業団体であった大日本農会の幹部は、

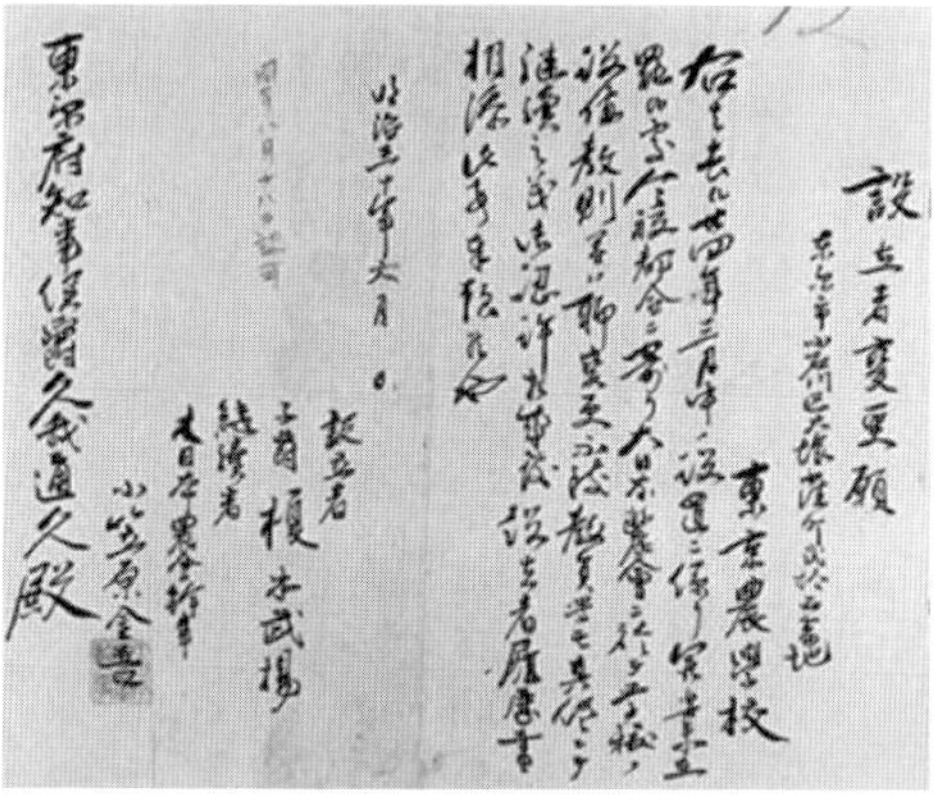

設立者変更願

東京農学校

設立者 榎本武揚

東京府知事侯爵久我通久殿

当初、難色を示した。

しかし、農学校にかける横井の熱意に、ようやく賛成の意を表し、翌年の明治三〇年（一八九七）一月一六日、榎本はその全部を大日本農会に移管を完了し東京府知事の認可を得た。

以来、東京農学校は、この日を開校記念日と定めた。（創立は明治二四年三月六日、この記念日は本校が大正一四年（一九二五）大学令による東京農業大学へ昇格するまで実施された。）

同三〇年七月一八日、東京農学校が大日本農会の附属となって、初めての卒業式が挙行された。卒業生は本科一八名、予科一一名、合計二九名に過ぎなかった。

明治三一年（一八九八）八月一八日、校主榎本武揚が辞任し、幹事小笠原金吾が本校設立者代表に就任した。

当時の本会総裁は小松宮彰仁親王殿下⑦、幹事長は富田鉄之助⑧、幹事は小笠原金吾、参事は、池田謙蔵⑨、玉利喜造⑩、岡毅の三氏であった。

四、学校経営に参画

明治三〇年一月一六日、東京農学校が大日本農会の経営下に移ると、直ちに伊庭想太郎、小林房次郎⑪、岡毅、渡辺朔《はじめ》、沢村眞⑫、佐々木祐太郎、麻生慶次郎⑬、原凞《ひろし》⑭、針塚長太郎⑮の九氏を同校商議員に委嘱、学校の経営につき、教頭・横井時敬の相談役の機関とした。明治三〇年一月一五日付である。

同時に、小笠原金吾を大日本農会幹事兼東京農学校幹事に任命し、本校設立者代表とした。この商議員の委嘱とともに、前に委嘱した本会評議員を解任。その後商議員は大正一四年五月まで本校の経営に参画し、学校の発展に大きな役割を果した。

同年本校が大学令による大学に昇格し、組織変更に伴い再び評議員と改称したが、この評議員の選任について農会内にあってなお本校の発展に寄与して来た。それは大日本農会長が東京農業大理事長・学長を兼ね、大きな発言力を持っていたからであった。

この兼任人事は、初代学長横井時敬、二代学長吉川祐輝、三代学長佐藤寛次の三氏に及ぶ。だが、佐藤会長末期に至り、大日本農会から大学評議員への選任は完全に閉ざされてしまう。学校法人に再び組織を変更し、私立大学法の規程に従い、同法人の評議員選任は教職員、校友、推薦および学長の四選挙区に改められたからである。

この様な事態になったのは、当時の理事者が、将来、大日本農会長と東京農業大学長とが兼務でない場合が生じ得ることを予測していなかったことによるものであろう。思うに、本校設立母体であった大日本農会の立場を考えた時、当時の理事者は学長と同様に、本会の会長もしくはその代表者を職務評議員または理事とすることを法人規程中に織り込んでおくべきであったと思う。なお平成二五年現在、大日本農会の会長は、学校法人東京農業大学の理事として、本学の運営にも力を注いでいる。

五、学校経営に対する補助金の交付

本会が経常費中に東京農学校—東京高等農学校—東京農業大学に対し、補助金あるいは交付金または寄付金の名目で計上することになったのは、明治三〇年（一八九七）本会が東京農学校を経営するようになった年からである。この年初めて九五六円九五・九銭を計上し支出した。以来、長きに亘って多大な金銭的補助によって学校経営が支えられた。

明治四〇年度（一九〇七）には五〇〇円、その後、毎年漸次増加し、大正一三年度（一九二四）には一万三五二七円、大正一四年度（一九二五）も一万五〇〇〇円を計上支出している。

本校が昇格するにおよび学校の経営状態も良くなり、二〇〇〇円に減額し、大学が学校法人に組織を変更したことからこれを廃止したが、昭和一五年（一九四〇）まで寄付金の形で交付された。

大日本農会から本学への年度別補助金

東京農学校時代（補助金）		
明治	30	956.959 円
	31	703.500 円
	32	796.975 円
	33	1,065.331 円
東京高等農学校時代（補助金）		
明治	34	1,049.226 円
	35	758.169 円
	36	980.000 円
	37	980.000 円
	38	980.000 円
	39	980.000 円
	40	500.000 円
	41	500.000 円
	42	500.000 円
	43	500.000 円
東京農業大学時代［専門学校令］（交付金）		
明治	44	500.000 円
	45	500.000 円
大正	2	700.000 円
	3	700.000 円
	4	700.000 円
	5	700.000 円
	6	1,000.000 円
	7	1,000.000 円
	8	1,000.000 円
	9	1,000.000 円
	10	1,200.000 円
	11	12,929.000 円
	12	8,796.000 円
	13	13,527.000 円
	14	10,500.000 円
東京農業大学時代［大学令・法人］（寄付金）		
大正	15	2,000.000 円
昭和	2	2,000.000 円
	3	2,000.000 円
	4	2,000.000 円
	5	2,000.000 円
	6	2,000.000 円
	7	2,000.000 円
	8	2,000.000 円
	9	2,000.000 円
	10	2,000.000 円
	11	2,000.000 円
	12	2,000.000 円
	13	2,000.000 円
	14	2,000.000 円
	15	2,000.000 円
合計		94,102.160 円

明治三〇年から昭和一五年までの間、補助金として交付金さらには寄付金として、本会から支出された総計は、九万四〇〇〇円にも昇る。後述するが、これに加えて大正五年、用賀農場を二万一〇〇〇円で購入している。

大正一一年からの四年間は多額の交付金を計上支出した。これは大学の昇格に必要な諸設費の増加、農芸化学部の増設、造園学校の合併、図書館の新設、関東大震災の復興費等によるものである。大学が独立法人となった大正一五年以降も、寄付金として昭和一五年まで継続支出された。

財団法人東京農業大学が本会から独立して設立された大正一五年、当時大学が所管していた全財産、土地、建物、有価証券、銀行預金、振替貯金、現金、其の他一切が、本会から財団法人東京農業大学に寄附された。これが今日の同大学の発展の基礎となった。これだけの大きな拠出に踏み切った当時の本会指導者陣の理念に敬意を表したい。

なお、明治四〇年（一九〇七）七月から本会附属東京高等農学校生徒に対し、本会へ入会を義務付けるとともに、その代償として授業料割引の特典を与えることとなっていた。この制度は昭和一四年（一九三九）まで継続実施してきたが、昭和一五年（一九四〇）に至り、学生の要望もあって廃止された。

六、常盤松御料地入手の経過

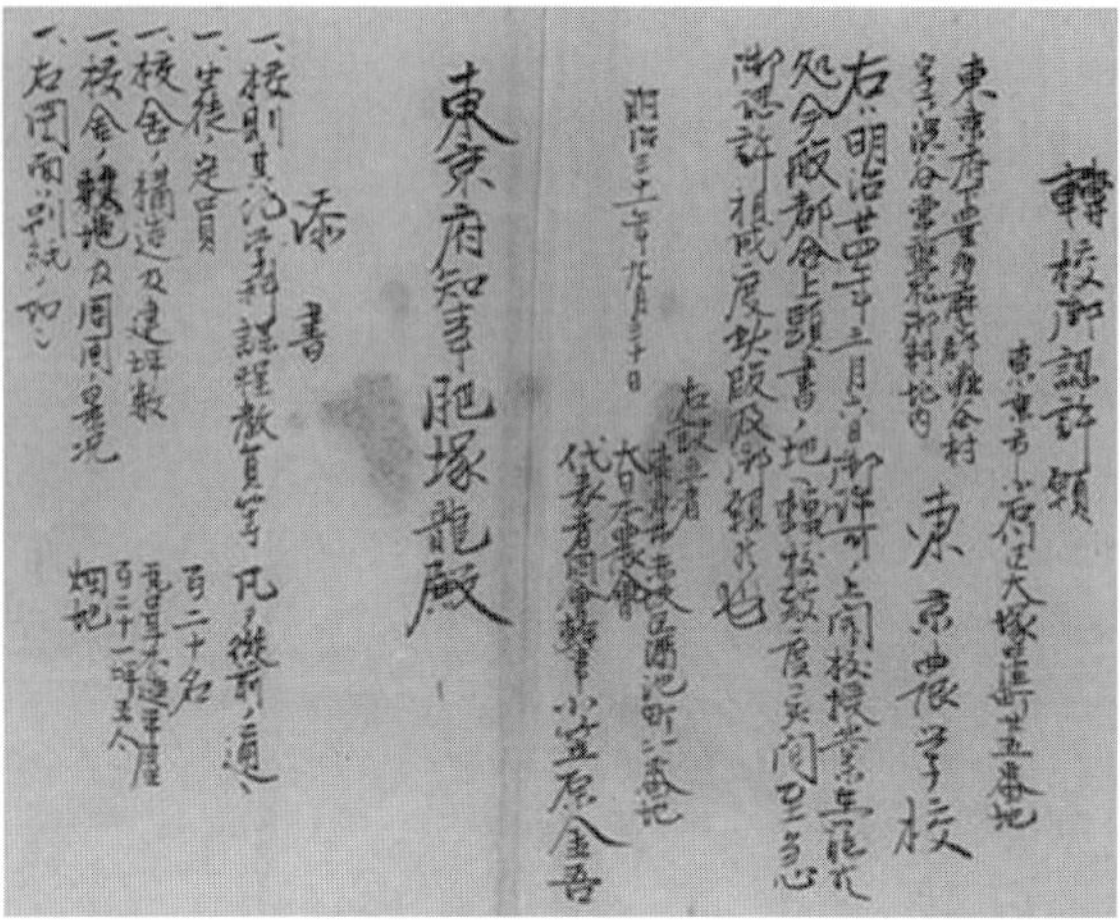

明治三〇年九月、大塚窪町所在校舎は暴風雨により倒壊した。当初はこの地に再建の議があったが、建築費と交通の不便、主として駒場出身（東京帝国大学農科大学）の講師のためなどで実現を見なかった。

当時、元幹事長品川彌二郎、幹事長富田鉄之助などの尽力と、元校主榎本武揚（明治一三年五月、宮内省御用掛、明治一五年五月、皇居運営事務総裁）の助言と、宮内省の厚意で、渋谷常盤松御料地の一部、五四六〇坪を借り受けることができた。明治三一年一〇月のことである。

同時に、誠に好都合なことに、実習地も同御科内に宮内省特別の取り計らいで設置することができた。その後、明治三三年四月、宮内省御料局乳牛搾乳所の設置に伴ない、一度他の借地者と同様に返還を命ぜられたが、本校だけは特別の恩恵によって、同御料地内の一部、常盤松一〇一番地、約六〇〇〇坪を換地として貸し与えられた。

越えて明治三五年三月に至り本会商議員会において麻生慶次郎の進言によって農学校の程度を高め、東京高等農学校と改める。幹事長田中芳男[16]を同校校長に推した。

降って明治四一年一月、教頭横井時政は田中芳男校長に代って校長となり経営に当った。

その後昭和六年一月、御料地の一部、常盤松一〇一番地五七六九坪および、昭和一四年一月、緑ケ岡二〇番地六五坪の払下げを受け、本学の基礎を築き益々発展の過程をたどり、わが国における一流の大学にまで成長した。

しかし、昭和二〇年（一九四五）五月の東京大空襲で施設の全部を失う。

ここにおいて大学将来の発展を期し、時の学長佐藤寛次の英断で前記常盤松および緑ケ岡校地全部を青山学院大学に譲渡し、世田谷の現在地に移転今日に至っている。

顧みれば、明治四四年一一月、東京農業大学と改称、大正二年三月、鈴木梅太郎の主宰する東京肥料分析講習所を合併、また大正一四年五月に至って、長い間本校の保育に当って来た大日本農会の厚意によって、財団法人東京農業大学の創設と共にその経営は同財団の手に移され、大学令によるわが国唯一の私立農業単科大学としての東京農業大学となったのである。

七、農会経営下における建物の建設

本校の建物は麹町区飯田河岸時代から大塚窪町時代、そして常磐松時代を経て、今日の世田谷の地に移り六五年、平成二三年九月七日新一号館が落成式を迎えた。その規模もさることながら、災害時の安全性の向上や教育環境のより一層の充実が図られた。本学の次世代の校舎として環境への配慮も怠らず、屋上緑化や太陽光発電設備を設置し、その他にも自然通風を有効活用し、空調負荷の低減を図っている。さらに現在は、新図書館棟の建築が行われている。

本校が大日本農会の経営下にあった時代の建物についてその概略を述べておこう。

明治二八年三月、大塚窪町の地に事務所として藁葺木造平屋一棟（教室四四・六三平方メートル）および、小使部屋板葺平屋一棟（二八・八九平方メートル）を新築した。これが本会の建設した最初の建物である。（＊地図1）

ここに草創期の東京農学校について、広島県出身東京農学校第2回卒業の麦生富郎が昭和一九年（一九四四）六月に当時の東京農業大学幹事（事務局長）片岡親一に宛てた手紙の一節を紹介しておく。「教室は窪町、茅葺平屋で実習地は大塚の通りを出て火薬庫の前を過ぎたところに在り左側は畑であった」とある。

さらに翌二九年二月一〇日、物置藁葺木造平屋一棟（二二・一四平方メートル）を増築した。これらの建物は育英黌分黌時代の建設校舎藁葺木造平屋建一棟とともに明治三〇年九月九日の暴風雨により全部倒壊した。

越えて明治三一年一〇月九日、本会参事、池田謙蔵の尽力によって三菱ケ原（現在の東京駅近辺）に在った大審院[17]、人民控室瓦葺平屋一棟を金五〇〇円で払下げを受け、常盤松御料地に移築し教室にした。これが常盤松御料地内校地に最初に築造した建物である。（＊地図2）

大塚窪町のわらぶき木造平屋教室

御料地に移ったことで、駒場農学校（東京大学農学部）出身の講師が非常に便利になり、講師一同喜んだと横井は時々話されたと卒業生は語っている。

明治三七年一一月には、校舎瓦葺木造二階建一棟および付属舎瓦葺木造平屋建一棟を耕地整理講習委託などの関係で建設し、初めて学校らしい建築物が竣工した。

明治三九年九月、池田伴親[18]の設計で温室一棟を建設、同年一一月には、北校舎瓦葺木造二階建一棟を建設、また明治四〇年四月、土屋泰の設計によって養蚕室二階建一棟を完成。なお、同年末には舎棟を完成、明治四四年四月には木造瓦葺

大審院から払い下げられた常盤松最初の校舎

二階建校舎一棟を新築し、大学部および同予科学生の増加に備えた。

さらに同年一〇月、大日本農会種苗部苗木燻蒸室一棟を新設した。その後、東京農業大学への校名の改称、学則の改正に伴う学生数の増加により、当然の結果として実験室の増設を余儀なくされ、明治四五年七月、農芸化学実験室瓦葺木造平屋一棟を新築する。

大正二年四月、学生控室瓦葺木造二階建一棟および農具室木造亜鉛板葺一棟を新築、同年六月、柔剣道道場兼講堂瓦葺平屋建一棟、また大正三年六月に至り、特別階段教室瓦葺木造平屋建一棟を建設、同年一二月、葡萄温室一棟を建設し、大正六年二月には農芸化学専用水槽塔（タンク）一基、蒸留室平屋建一棟を新設、同年一二月、博物実験室木造瓦葺平屋建一棟を建設、大正七年一一月農芸化学実験室および階段教室を増設、大正一二年六月、農芸化学教室木造スレート葺一棟を建設した。

この建物は鈴木梅太郎博士記念寄付によるものであった。その後大正一四年三月に図書館書庫鉄筋コンクリート二階建一棟を、同年一〇月に図書館本館木造スレート葺平屋建一棟を新築し、本学昇格の第一歩を実際に示すこととなった。

以上が大日本農会経営下において建設した主なる建物である。これらの建物はいずれも施設とともに戦災によって焼失した。

明治末期からの大学本館と教室棟

東京農業大学正門

八、農場の設置

大正五年、すでに学内諸制度の整備に伴い、農場も従来の渋谷神山所在鍋島家の借用地（第二農場⑲）を廃し、実習地購入の問題が起こる。当時、本会役員の沢村真、伊藤悌蔵、安藤広太郎⑳、月田藤三郎㉑、渡瀬寅次郎㉒など五氏の尽力によって、同年二月一七日、大英断をもって農場購入の件を商議員会において議決し、府下荏原郡玉川村大字用賀字上原に三町七反二八歩を金二万一一八四円三〇銭で本会経費をもって購入した。

土地買収については、当時農場主任であった古市末雄および校友坂井申生民（当時農林省耕地課勤務）および世田谷区大地主松原守江（現在の世田谷区弦巻町）の三氏が土地所有自作農業者を歴訪買収に当たり、ようやく実現したものである。その当時の本会会頭は松平康荘㉓、副会頭は三島弥太郎㉔と横井であり、これらの役員の方々の配慮もひとしおのものがあったであろう。

購入した用地を改めて第二農場と命名し、駒場の第二農場の用地

農業実習（用賀農場）

は鍋島家に返還した。

九、大日本農会入会に授業料の割引

本校校則の改正によって、明治四〇年七月から本会付属東京高等農学校生徒に対し、本会への入会を義務付けるとともにその代償として授業料割引の特典を与えることとした。

これによって会員の数は年とともに増加し、多い時は最高一万五千名にも達したことがあった。この制度は昭和一四年まで継続実施して来た。しかし、昭和一五年に至り学生の要望もあって廃止の止むなきに至った。

このことは大日本農会にとって大きな衝撃であったと思われる。この原因は、大学が昇格したことに伴い、大日本農会の経営から離れたことから、両者間の連繋が薄らいで来たことによるものであったと想像する。

農業大学用
団体分乗券

農業実習に向かう農大生（用賀駅での集合写真）

一〇、皇室の恩恵

大日本農会が東京農学校—東京高等農学校—東京農業大学と経営するに及んで、歴代の会頭であった総裁宮殿下が本校の進展につき大いに力を寄せられた。

明治二四年から昭和一五年に至るまでに卒業式に、あるいは祝賀式に九回の台臨を仰ぎ、また昭和二一年から昭和二九年までに四回にわたり各皇族方の台臨があり、その他明治三〇年から昭和二〇年までの間では卒業式に四三回、祝賀式典に二回、総裁宮殿下から令旨を賜わるなど、他の大学には見られない恩恵に浴した。

このことは本校が大日本農会

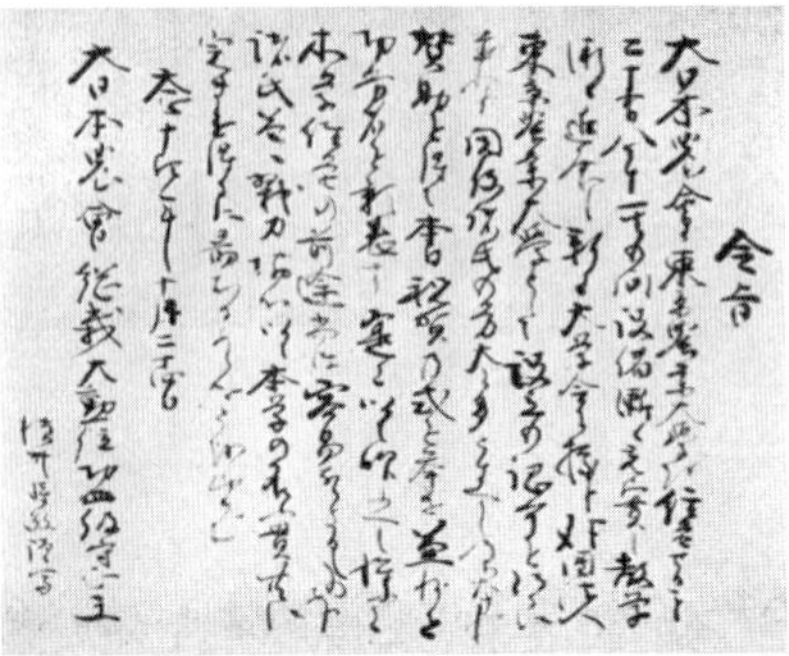

大学昇格に際し梨本宮守正王から賜った令書

令旨

大日本農會カ東京農業大學ヲ經營スルコト二十有八年其ノ間設備漸ク充實シ教學漸ク進展シ新ニ大學令ニ據リ財團法人東京農業大學トシテ設立ノ認可ヲ得ルニ至レリ關係諸氏ノ勞大ニ多トスヘシ乃チ大方ノ贊助ヲ得テ本日祝賀ノ式ヲ擧ケ兼テ功勞者ヲ表彰ス寔ニ以テ欣フヘシ惟フニ本學經營ノ前途尙ホ容易ナラサルモノアリ諸氏益々戮力協心以テ本學ノ名實共ニ完キヲ得ルニ勗ムルアランコトヲ望ム

大正十四年十月二十四日

大日本農會總裁大勳位功四級守正王

大学昇格に際し梨本宮守正王から賜った令書の写し

の設立校（付属校）であったため、恩沢に浴したものである。
なお、前掲『常盤松御料地入手』の項で述べたように、校地の借受につき、皇室の特別な取り計らいを受けたことも忘れることのできない恩恵である。

一一、講習の受託

上野英三郎[25]の指導で、耕地整理講習（三種耕地整理講習）、明治三八年二月～昭和三〇年まで実施した。受講修了生は四三三七名。本講習の実施により、本学の農業工学科（現生産環境工学科）の基礎が築かれたものといえよう。

軍隊農事講習は、明治四四年六月から昭和一二年五月まで実施。受講修了者は一四二八六名、本講習実施により修了者特に近衛師団兵卒は除隊後全国各地農村に帰郷し、それぞれ農業に従事し、本講習の恩沢と東京農業大学の存在を広く認識せしめたことは事実である。

肥料分析講習は、明治四二年三月に、鈴木梅太郎[26]から東京

耕地整理講習における測量実習

高等農学校に移管。本講習は本校農芸化学科（現生物応用化学科）の前身で同科の今日の姿は、本講習に拠る所が大きい。

一二、学校所管財産全部の寄付

本会が大正一四年五月八日、大学令により財団法人東京農業大学を設立するとともに、当時大学が所管していた全財産の土地、建物、有価証券、銀行頭金振替貯金、現金、その他一切を財団法人東京農業大学に寄付。今日の東京農業大学の基礎が築かれた。この英断を行った大日本農会の厚意については感謝しきれないものがある。

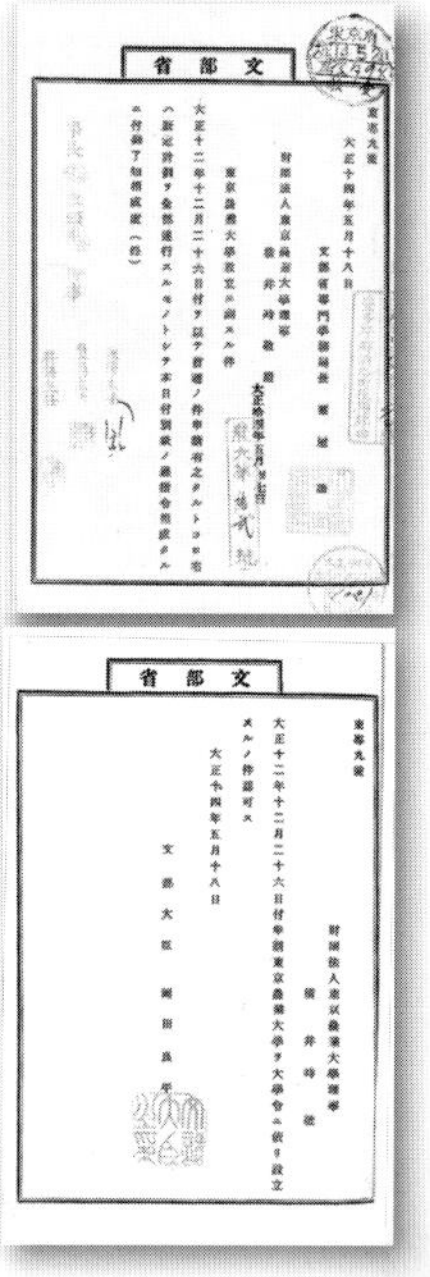
文部省
東専九號
大正十四年五月十八日
文部省専門學務局長 粟屋謙
財團法人東京農業大學理事
横井時敬 殿
東京農業大學設立ニ關スル件
大正十二年十二月二十六日付ヲ以テ申請ノ件申請有之タルトコロ
右ハ認可許可ヲ全部遂行スルモノトシテ本日付別紙ノ通指令相成タル
ニ付御了知相成度（終）

文部省
東専九號
財團法人東京農業大學理事
横井時敬
大正十二年十二月二十六日付申請東京農業大學ヲ大學令ニ依リ設立スルノ件認可ス
大正十四年五月十八日
文部大臣 岡田良平

大学令による
大学設置認可

軍隊農事講習開校式

一三、農産物標本の寄贈と標本室の設置

明治三七年一一月三〇日、本校二階建校舎落成を機会に田中芳男氏の進言によって、同校舎二階を農産物陳列室に充て、大日本農会所蔵農産物標本の寄贈を受け、陳列し教授上の参考に供した。

本陳列棚は同氏の設計によるもので、陳列品は総べて同氏が多年にわたり蒐集したもので、特に同氏の七六展覧会[27]出品のものが多かったようだ。しかし、これらの標本はすべて昭和二〇年の戦災で焼失した。

現東京農業大学博物館の起源は、この明治三七年一一月開設し陳列室にさかのぼることができよう。

大学および学生の種々な行事、その他の催物に対し、大日本農会はその都度精神的、経済的助成を惜まず、常に大学との有機的つながりに意を注ぐことを忘れなかった。

農産物等標本展示室（博物館の前身）

一四、農会賞の設定

明治三四年四月、寄付にかかる船津伝次平奨学資金六四五円四銭、および明治二六年七月、田中節三郎（田中芳男元校長長男）奨学資金三〇〇円を田中建太郎から寄付。この二件の資金より生ずる利子をもって、大日本農会賞を授与することとなる。

本会から毎年、東京農学校―東京高等農学校―東京農業大学の卒業論文優等生に対し、賞品を授与。昭和一八年三月からは、さらに前記資金は大日本農会の醵出金を加えた大日本農会賞は、今日もなお実施している。

注解

＊地図1

大塚窪町（東京農学校校地）

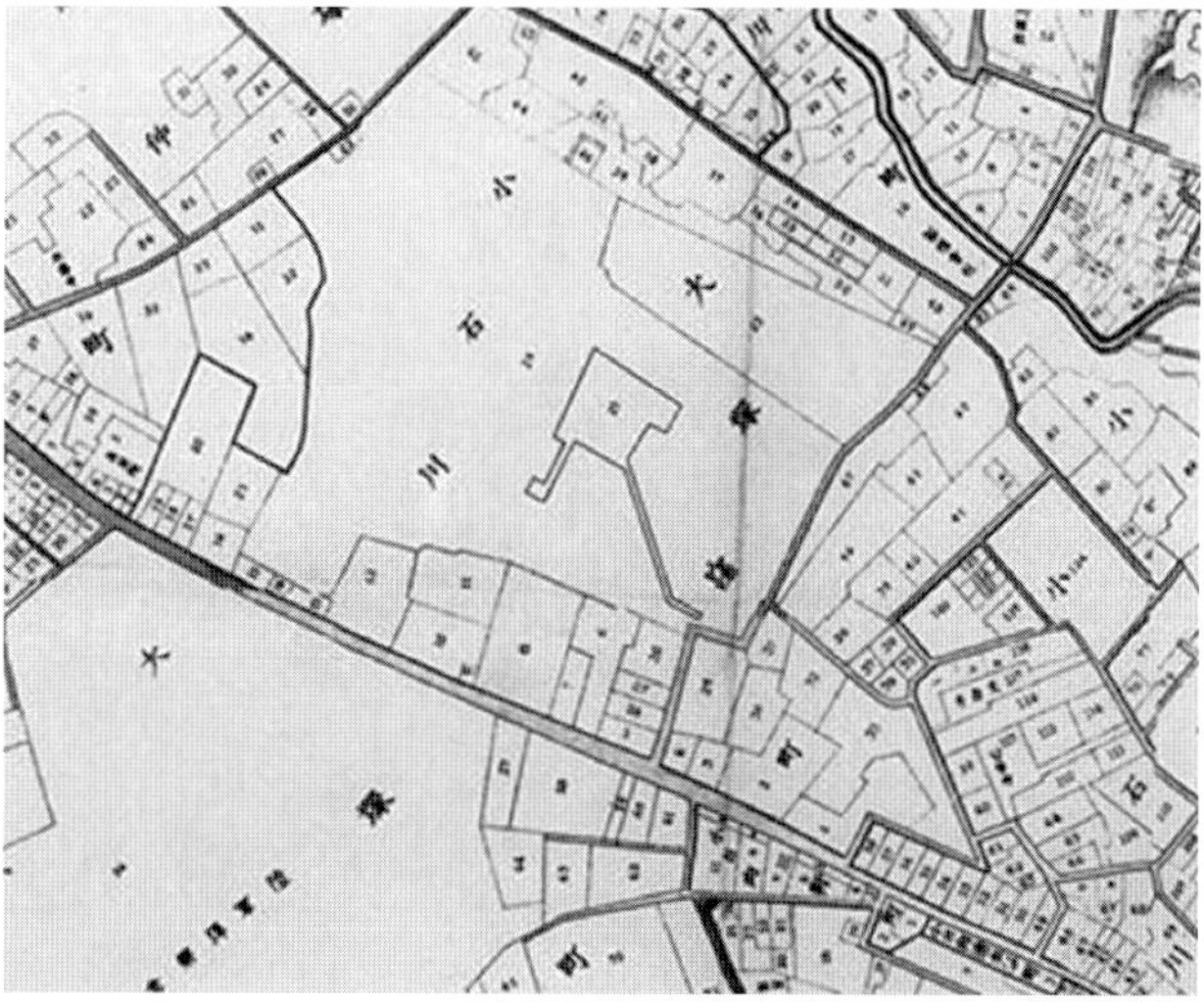

＊地図2

常盤松（東京農業大学校地）

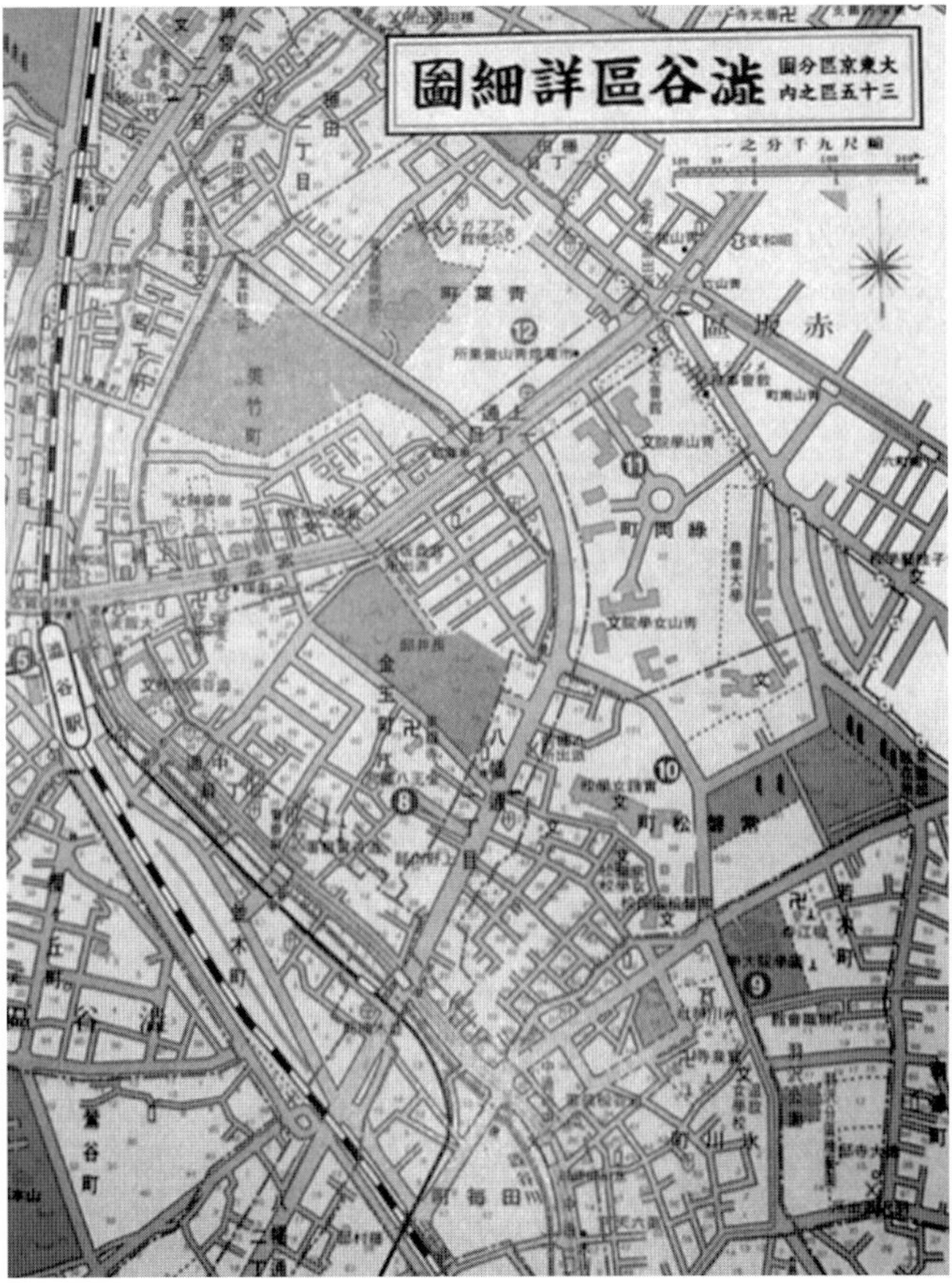

①北白川宮　能久親王（きたしらかわのみや　よしひさ しんのう）
弘化4年（1847）～明治28年（1895）幕末・明治時代の皇族　陸軍中将（贈大将）。

明治25年（1892）4月、創設された大日本農会の初代総裁となった。

②品川　彌二郎（しながわ　やじろう）
天保14年（1843）～明治33年（1900）長州藩士　政治家。

戊辰戦争の際、新政府軍が歌った「トコトンヤレ節」（「宮さん宮さん」）は、品川が作詞をしたとされる。大日本農会初代幹事長。

③桂宮　宜仁親王（かつらのみや　よしひとしんのう）
昭和23年（1948）～平成26年（2014）三笠宮崇仁親王と同百合子妃の第二男子。

今上天皇の従弟にあたる。政治学士（学習院大学）。

④伊庭　想太郎（いば　そうたろう）
嘉永4年（1851）～明治36年（1903）教育者、剣術家（心形刀流剣術第10代）。

明治に入ると私塾・文友館を開き、徳川育英会幹事、東京農学校校長、四谷区議、日本貯蓄銀行頭取などを歴任。明治34年（1901）、政治家・星亨を暗殺して無期徒刑となり、獄中で病死した。

⑤永持　明徳（ながもち　あきのり）
弘化2年（1845）～明治37年（1904）幕末の幕臣、遣欧使節随行、明治期の陸軍軍人（中佐）、教育家、育英黌（現東京農業大学）黌長・東京市会議員などを歴任。

⑥芳野　世経（よしの　つぐつね）
嘉永2年（1849）～昭和2年（1927）明治－大正時代の政治家。

東京市会議員、東京府会議員、同議長、衆議院議員　東京府教育会長、警視庁防疫評議員などを歴任。私学蓬莱学校を設立した。

⑦ **小松宮　彰仁親王（こまつのみや　あきひとしんのう）**
弘化3年（1846）～明治36年（1903）　皇族　陸軍軍人。元帥　陸軍大将　大勲位功二級。仁和寺宮嘉彰親王と同一人物。

⑧ **富田　鉄之助（とみた　てつのすけ）**
天保6年（1835）～大正5年（1916）　明治時代の官僚、実業家。

勝海舟に師事し、慶応3年（1867）年幕命により米国留学、経済学を学ぶ。帰国後大蔵大書記官、貴族院議員や東京府知事を歴任。

⑨ **池田　謙蔵（いけだ　けんぞう）**
天保15年（1844）～大正11年（1922）　明治時代の官吏。

欧米に留学後、明治8年創設された内務省内藤新宿樹芸課に入る。9年フィラデルフィア万博に派遣され、綿作調査のほか、養蜂、桃缶詰技術の導入を行う。12年三田育種場初代場長。

⑩ **玉利　喜造（たまり　きぞう）**
安政3年（1856）～昭和6年（1931）　明治・大正期の近代的な農学研究・教育の先駆者。

薩摩藩士の次男。津田仙の学農社を経て1880年に駒場農学校（現、東大農学部）の第1回卒業生（首席）。母校に勤務。84年にアメリカで開かれた万国工業・棉百年期博覧会に派遣され、引き続き2年間留学の後、東大教授として畜産学、園芸学を講義、品種改良をめざしワタ、ナタネ、オオムギの人工交配試験などを日本で初めて実施した。郷里の先輩前田正名に協力して大日本農会の参事となり、また全国農事会と中央農事会の幹事長を務めた。

⑪ **小林　房次郎（こばやし　ふさじろう）**
文久4年（1864）～昭和14年（1939）　明治－昭和時代前期の土壌肥料学者。

農商務省の地質調査所、農事試験場などに勤めドイツ人フェスカらと土壌調査に従事。退官後、カリ肥料に関する試験を行い、その普及につくした。広島県出身。帝国大学卒。

⑫ **沢村　眞（さわむら　まこと）**

慶応元年（1865）～昭和6年（1931）　明治－昭和時代前期の農芸化学者。明治30年東京帝大教授となり、のち文部省督学官をかねた。栄養学、食品化学の研究で知られる。肥後（熊本県）出身。東京農林学校卒。著作に「栄養学」。明治38年（1905）納豆菌の純粋培養に成功した。

⑬ **麻生　慶次郎（あそう　けいじろう）**

明治8年（1875）～昭和28年（1953）　農芸化学者。明治32年（1899）東京帝国大学農科大学を卒業、大学院で植物生理化学を専攻した。明治45年（1912）農科大学の教授。研究の基礎に植物生理化学を置いて、日本の土壌肥料学の草分けとして活躍。微量要素、とくにマンガンについて先駆的研究を行い、またマメ科作物の栽培に根粒（こんりゅう）細菌を利用することを実行し、マメ、緑肥の増産に貢献した。東京農業大学はじめ農業研究教育機関の設置にも力を注いだ。昭和13年（1938）帝国学士院会員。日本農芸化学会会長、土壌肥料学会会長などを歴任。

⑭ **原　熙（はら　ひろし）**

慶応4年（1868）～昭和9年（1934）　農学者。造園家。日本の造園・園芸学界の指導的地位にあって初期の園芸学確立と発達に貢献、また社会緑化に力をつくす。農学博士。

⑮ **針塚　長太郎（はりづか　ちょうたろう）**

明治4年（1872）～昭和24年（1949）　明治－昭和時代の教育者。高等師範教授などを経て明治39年アメリカ・ドイツに留学して農業教育を学ぶ。43年長野県の上田蚕糸専門学校（現信州大繊維学部）初代校長となり、養蚕業の発展につくした。帝国大学卒。

⑯ **田中　芳男（たなか　よしお）**（→㉗ 七六展覧会）

天保9年（1838）～大正5年（1916）　幕末から明治期に活躍した博物学者、物産学者、農学者、園芸学者。明治期に動物園、植物園を構想し、上野で実現。「博物館」という名称を生み出し、殖産興業の指導に尽力、基礎博物学の啓蒙につとめる。パリで行われた第4回万国博覧会、ウィーン万国博覧会に責任者として派遣される。元老院議員、貴族院議員、大日本農会、山林会会長、日本園芸会副会長を歴任。東京農学校校長。

⑰ **大審院**

大日本帝国憲法下の日本の最高裁判所。

⑱ **池田　伴親（いけだ　ともちか）**

明治11年（1878）～明治40（1907）　明治時代の園芸学者。

三田育種場初代場長で大日本農会の創設者のひとりとして活躍した池田謙蔵の長男。東京四谷生まれ。明治31年（1901）7月東京帝大農科大学を卒業。39年（1906）農科大学園芸学講座助教授に任ぜられた。

⑲ **第二農場**

鍋島家からの借用地（渋谷区松濤）。

この一帯は元々の地名を大山といい、江戸時代には紀州徳川家の下屋敷があった。明治9年（1876）、旧佐賀藩主の鍋島家がこれを譲渡され、狭山茶を移植して茶園を開き、「松濤園」と命名した。茶の銘柄も『松濤』とされ、一時は東京市中に知られたものの、明治23年（1890）に東海道線が開通すると静岡産などが流入、松濤園の茶業は振るわなくなった。このため茶園は廃止され、明治37年（1904）には果樹園となって畑果樹園種蓄牧場「鍋島農場」と呼ばれた。農場地は大正時代に入ると次第に分譲されて高級住宅地となった。大正13年（1924）、鍋島家は涌水池のあった一角を児童遊園として公開、さらに昭和7年（1932）10月にはこれを東京市に寄付し、昭和9年（1934）4月からは渋谷区によって管理されることになった。この間、「松濤」は昭和3年（1928）に住所町名として採用された。湧水地のある広大な鍋島侯爵邸は戦後の華族制度廃止により公園として整備され現在では鍋島松濤公園となった。

⑳ **安藤　広太郎（あんどう　ひろたろう）**

明治4年（1871）～昭和33年（1958）　近代的な農業作物学と農林省試験研究体制の確立者。

明治28年（1895）帝国大学農科卒後、農商務省の農事試験場で米麦育種法、凍霜害、病虫害などの先駆的な研究を行い、日本でメンデリズムに基づく品種改良を初めて広めた。国立農事試験場長のほか、茶業、園芸の各試験場長も兼務、多くの優れた研究者を育て、九大、東大の教授も併任。帝国農会と大日本農会の副会頭や小磯国昭内閣の顧問に任じ、第2次大戦後は稲作史の研究に没頭、名著《日本古代稲作史雑考》（1951）などを発表して、1956年文化勲章を受章。

㉑ **月田　藤三郎（つきだ　とうざぶろう）**

明治3年（1870）～昭和14年（1939）　明治－大正時代の官僚。帝国大学卒業後、農商務省に入り、耕地整理課長、畜産課長などをへて東京市区画整理局長となる。のち全国米穀販売組合連合会長、帝国耕地協会副会長などを務めた。

㉒ **渡瀬　寅次郎（わたせ　とらじろう）**

安政6年（1859）～大正15年（1926）　明治期の教育家。関東学院初代院長。明治9年（1876）札幌農学校に入学し、W・S・クラークによる「イエスを信ずる者の契約」に署名。翌10年メソジスト教会宣教師M・C・ハリスから受洗。同13年札幌農学校卒業後は開拓使御用掛として勤務。同15年内村鑑三らと札幌基督教会（札幌独立基督教会）を設立する。同18年水戸中学校校長に招かれるが間もなく辞職。この時に時出会ったE・W・クレメントの勧めで東京中学院（関東学院）の初代院長に就任する。少数精鋭主義の人格主義教育をめざした。

㉓ **松平　康荘（まつだいら　やすたか）**

慶応3年（1867）～昭和5年（1930）　明治－昭和時代前期の華族、農学者。越前福井藩主松平茂昭（もちあき）の次男。明治17年イギリスに留学。福井に農事試験場を設立する。侯爵、貴族院議員。大日本農会会頭などを務めた。

㉔ **三島　弥太郎（みしま　やたろう）**

慶応3年（1867）～大正8年（1919）　大正時代の日本銀行総裁、子爵。山形県立師範学校卒業後、駒場農学校（東大）に学ぶ。明治17年（1884）に18歳で農政学研究のため米国留学、帰国後北海道庁に勤務。帰国後農商務省、逓信省の嘱託。

㉕ **上野　英三郎（うえの　えいざぶろう）**

明治4年（1871）～大正14年（1925）　明治大正期の農学者。

東京渋谷の駅前に建つ銅像「忠犬ハチ公」の飼い主としても有名である。明治28年（1895）東京帝国大学農科大学卒業後、農商務省技師に就任後ドイツ、フランス、アメリカなどに留学したのち、農科大学に新しく農業工学講座が設置されるにともない、その教授となった。研究室の仕事ばかりでなく、耕地整理協会にかかわり耕地整理や灌漑排水など土地改良の分野に初めて農学者の立場から貢献、大日本農会が主催する発明懸賞募集動力脱穀機や動力籾摺機などの審査長を引き受けるなど幅広い活動をした。

㉖ **鈴木　梅太郎（すずき　うめたろう）**

明治7年（1874）～昭和18年（1943）　農芸化学者。

明治29年（1896）東京帝国大学農科大学卒業後、大学院に入って植物生理学を専攻。明治33年（1900）同大学助教授、翌年文部省留学生としてヨーロッパに渡り、スイス、ドイツに遊学、とくにベルリンのE・フィッシャーについてタンパク質の研究にあたった。帰国後盛岡高等農林学校教授、農科大学教授、明治43年（1910）米ぬかから抗脚気の有効成分ビタミンB_1の抽出に成功、オリザニンと命名した。

㉗ **七六展覧会**

七六展覧会は、明治45年（1912）田中芳男の76歳の誕生日を祝って開催された。田中芳男が収集した資料の中から500点以上（図書、標本その他）が陳列された。

第二部　百年前の私立東京農業大学

明治四四年（一九一一）～四五年（大正元年）（一九一二）

日本の主な出来事

明治45年（1912）		
1月	1日	中華民国成立。
	16日	白瀬矗（しらせのぶ）南極探検隊27名、南極上陸（日本初の南極探検）。
	17日	英のスコット大佐（ロバート・スコット）率いるスコット隊、南極点に到達。
	28日	白瀬隊、南極点到達は断念、南緯80度05分西経156度37分に到達し、 そこを「大和雪原（やまとゆきはら）」と命名。
2月	12日	清朝滅亡　中国・清朝第12代皇帝・宣統帝（せんとうてい）退位 「最後の皇帝（ラストエンペラー）」愛新覚羅溥儀（あいしんかくらふぎ）退位。
4月	1日	物価　白米10kg　：1円78銭　駅弁幕の内　：12銭 慶応大学授業料：48円　早稲田大学授業料：50円。
	14日	豪華客船タイタニック号沈没　2,224人中1,513人死亡。
6月	15日	展望車付き特急「富士（新橋～下関）」運転開始（日本初の特急列車）。
7月	3日	大阪に「新世界」完成、「通天閣」新名所に。
	6日	日本初めてオリンピックに参加（ストックホルム大会）。
	20日	宮内省、明治天皇が尿毒症で重体と発表。
	30日	明治天皇崩御　大正と改元　皇太子嘉仁親王が皇位を継承 「大亨（だいこう）は以って正天の道なり（易経）」 ……天が民の言葉を嘉納し政（まつりごと）が正しく行われるの意。
8月	5日	日本初のタクシー、営業を開始　タクシー自動車株式会社（1912年7月10日創立）、 T型フォード6台で新橋駅と上野駅で営業を開始、初乗りは1マイル（1.6km）60銭。
9月	13日	青山葬儀場で明治天皇の大喪の礼。
		乃木希典陸軍大将と妻シズ（静子）が殉死。
10月	7日	海軍で飛行機操縦教育を開始。
11月	1日	浅草に「神谷バー（日本初のバー）」出現。
12月	1日	警視庁、日本で初めて警察犬を採用（世界で初めてはドイツ）。

二〇一二年の今年は、本学が創立されて一二一年になる。百年前、それは東京高等農学校から東京農業大学になった年である。この年は我が国にとって激動の一年間だった。白瀬中尉が南極探検を行い「大和雪原」と名付ける快挙もあったが、映画にもなったタイタニック号の事故があったのもこの年である。

最も大きな事は、明治天皇の崩御により、明治から大正へ改元したことであろう。

百年前の我が国の概況は、人口は内地に五二五二万二七五三人、朝鮮に一四五六万六七八三人、台湾に三二一万三二二一人、そして樺太にも二一五〇人が暮らしていた。国内の自動車保有台数は五一二台であり、また稲の作付面積が初め

東京農大の主な出来事

明治44年(1911)		
10月	中旬	*大日本農会総裁伏見宮貞愛親王殿下から「剛正和順」の御染筆を賜った。
	17日	*第七回陸上運動会を本尾家原で開催した。 本運動会からクラスレースに優勝旗を初めて授与することとなった。
11月	15日	*東京農業大学学則が文部省から認可された。
	16日	*学則の改正により私立東京農業大学(大学部本科、予科、高等科)と改称して、 定員を700名とした。 横井時敬が初代学長に就任した。
明治45年(1912)		
1月	16日	*開校記念式。
3月	29日	*第19回卒業式を挙行した。
4月	2日~6日	*選抜(入学)試験、合格発表が行われた。
5月	1日	*生徒規約宣誓式を挙行した。
7月	30日	*明治天皇崩御
大正元年(1912)		
10月	29日	*修学旅行が行われた。

*印は保存資料から転載したものである。

て三〇〇万町歩超えたにも関わらず、米の価格が高騰して国民の生活は困窮していた。

明治四五年に起こった主な出来事を右頁にまとめておく。

一方、本学にとっても意義深い明治四五年(一九一二年)であった。

東京高等農学校から東京農業大学へ組織の変更が許可になり、東京農業大学と大学を名乗った年であった。

本稿では、専門学校令により東京農業大学を名乗る寸前の明治四四年一〇月から大学部に本科、予科が始動し始めた明治四五年、大正元年までの約一年間を検証した。

一、大日本農会総裁 伏見宮貞愛親王殿下の御染筆を下賜される

東京高等農学校開校一五周年記念のため、大日本農会総裁　伏見宮貞愛親王殿下①にお願い申し上げていたご染筆《せんぴつ》②が明治四四年一〇月下賜された。

それは『剛正和順』の四字であり、本学ではこれを図書館閲覧室に掲げ長く殿下の御威徳を偲んでいた。しかし、昭和二〇年五月の戦災により焼失したのは愛惜の限りである。

二、東京高等農学校から東京農業大学へ

東京高等農学校を大学に昇格させたいという機運が高まってきたのは、明治四四年の夏頃からである。

この時の大学というのは『専門学校令による大学』ということ。当時の大学制度においては、正式に大学としての法的認可を受けることができたのは、帝国大学に限られていたのだ。

明治二三年には慶応が、明治三五年には早稲田が、実的には大学になったが、この二校を含むすべての私学の大学は、いずれも法的には専門学校にすぎなかった。ともあれ、日露戦争後、私立大学が多く設立され、文部省は私立大学の濫設を取り締まる方針を打ち出していた。

当初、横井時敬は大学昇格には消極的であった。何故か。大学にすれば予科二年、本科三年として、卒業するまでに五年かかる。それだけの負担を父兄にかけるのはどうか、と懸念したからである。

それよりも農業単科の専門学校として、内容を充実し、生徒数を増やしたほうがいいと考えていた。

さらには生徒が長く東京に滞在すると、都会の風習に染まり、卒業して郷里に帰りたがらないことを危惧したのである。農業教育を受けた生徒が帰郷し、地域発展の指導者になることを横井は最大の念願としていた。

しかし、東京農業大学という名称を最も望んだのは生徒であった。生徒たちは大会を開いて希望

を直接、横井校長にぶつけた。このように生徒の希望が強いという理由からではないが、横井は評議員会を招集して大学昇格を決議し、文部省に申請する。だが、あっさり却下されてしまった。前にも記したように、私立大学の濫設を取り締まる文部省の方針からである。

こうなると、はじめのうち消極的だった横井自身が最も積極的になった。

この時、大日本農会副会頭だった横井は、会頭　松平康荘（侯爵）③に具申し、文部大臣　長谷場純孝④に陳情することにした。

この辺の事情を二代学長吉川祐輝⑤は『農友会々報　第五四号』に次のように書いている。

「横井先生は時の文部大臣長谷場純孝氏に面接し、学校の現状と将来の計画を仔細に説明して遂に許可を得るに至った。」

淡白な文章ではあるだが、「遂に許可を得るに至った」という部分に運動の難航と横井のねばりを推測することができる。横井の努力もさることながら、母体である大日本農会の圧力も見逃すことはできない。

こうして、明治四四年一一月一六日（木）、私立東京高等農学校は、私立東京農業大学と改称した。これに伴い、従来の課程を高等科とし、新たに大学部本科および大学部予科を設置した。わが国初の農学系単科大学の誕生である。以下その詳細である。

○組織及校名変更

本会設立東京高等農学校は、時世の進運に伴ない学科課程を上進すると共に、校名を変更し且つ生徒定員を増加するの必要を認め夫々計画の上、客年七月一一日（火）文部大臣に出願せしが、去一一月一五日（水）付文部省亥東実七九号を以て名称変更、生徒定員及び学則変更の件認可せられ私立東京農業大学と改称するに至れり。

○文部省告示　第二五二号

東京府豊多摩郡渋谷町に設置せる私立東京高等農学校の名称を私立東京農業大学と変更の件認可せり

明治四四年一一月一六日　文部大臣　長谷場　純孝

（告示第二五二号は名称を私立東京農業大学と変更の認可なり）

○文部省告示　第二五三号

明治四三年文部省告示第二三四号中「私立東京高等農学校」を私立東京農業大学に改む

明治四四年一一月一六日　文部大臣　長谷場　純孝

（告示第二三四号は甲種農業学校卒業者を私立東京高等農学校の入学に関し中学校卒業者と同等以上の学力を有するものと指定せられたる事項なり）

○文部省告示　第二五四号
明治三六年文部省告示第二一八号中「私立東京高等農学校本科専攻科」を「私立東京農業大学」に改め同本文に「但　認定の効力は選修科生及聴講科生に及ばす」を加ふ
明治四四年一一月一六日　文部大臣　長谷場　純孝
（告示第二一八号は徴兵令第一三号の徴兵の延期に依る認定なり）

明治四四年一一月、この告示を受けて学則の改正となる。私立東京農業大学と改称し、新たに大学部本科及び予科を加え学則を制定した。当時の定員は、大学部本科二四〇名、大学予科一六〇名及び高等科三〇〇名で、計七〇〇名であった。

学則の大意は以下の通りである。

第一章の総則では「本校ハ実業学校令及専門学校令ニ依リ地主並ニ農業ニ従事スル者ニ　須要ナル教育ヲ為スヲ以テ目的トス」と横井の「人物を畑に還す」の言葉の通り、地域農業の指導者、農業技術者の養成を目的に掲げている。

第二章の学年学期の項では、「学年ハ四月一日ニ始マリ翌年三月三一日ニ終リ之ヲ左ノ三学期ニ分ツ」と、正式に三学期制を施行した。それまでの東京高等農学校は二学期制度であり、高等農学校時代は前学期が七月二一日に始まり翌年二月一〇日まで。後学期は二月一一日から七月二〇日に終っていたことから、卒業式は九月に行われていた。

また、夏季休業中は生徒を数組に分け、交互に農場実習を課していた。第三章の大学部の修業年限の項では、「大学部予科は二年、本科は三年」とした。（参考図）また「大学部予科ニ入学ヲ許スヘキ者ハ年齢満一七年以上ノ男子ニシテ、中学校ヲ卒業シタル者」さらに「専門学校入学者検定規程ニ拠ル試験検定ニ合格シタル者」と規定している。

本学の「学年ハ四月一日ニ始マリ……」とありながら、第九条の条項に「大学部ノ入学期ハ四月一日ヨリ三〇日以内トス」とある。

入学期とは何なのだろう、当時の入学式は何時行われたのだろうかと考えさせられたのがこの条項である。一〇〇年後の今日、今年（二〇一二年）の入学式は四月二日だった。式後各学科で学生証が配布され、初めて正式に農大生、大学生となる。

大学に昇格した明治四五年、当時は四月二日と四日に入学試験が行われ、六日が合格発表であった。おそらく入学試験に合格し授業料を納めた時点から、東京農業大学予科生徒を名乗ったのであろう。

大らかな時代である。当時から地方出身者が多く入学試験を受けるために上京し、合格して農大の徽章を付けた学帽を被って故郷に帰り挨拶回り、送別会、荷物をまとめ再度上京してくるまでの準備期間として、この一カ月近くの猶予が有ったのではないかと推察する。

第八章には入学試験について次のような条項が書かれている。「入学志願者カ募集人員ニ超過シタル場合ニハ中学校卒業ノ程度ニヨリ選抜試験ヲ行フ」。募集人員が満たない場合、無試験入学もあったと読める。また「受験料トシテ試験前日迄ニ金一円ヲ納付スヘシ」とあり、入学金は二円であった。

第九章に、大学本科を卒業すると「大学部本科ノ卒業証書ヲ得タル者ハ東京農業大学農業学士ト称スルコトヲ得」とあるように、学士の称号が授与された。

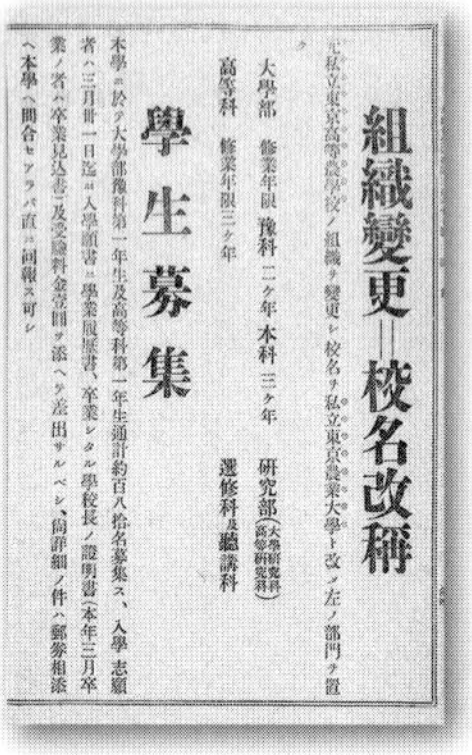

組織變更ニ校名改稱

元私立東京高等農學校ノ組織ヲ變更シ校名ヲ私立東京農業大學ト改メ左ノ部門ヲ置ク

大學部　修業年限　豫科二ケ年　本科三ケ年　研究部（大學研究科 高等研究科）

高等科　修業年限三ケ年　選修科及聽講科

學生募集

本學ニ於テ大學部豫科第一年生及高等科第一年生通計約百八拾名募集ス、入學志願者ハ三月廿一日迄ニ入學願書ニ學業履歷書、卒業シタル學校長ノ證明書（本年三月卒業ノ者ハ卒業見込書）及受驗料金壹圓ヲ添ヘテ差出サルベシ、尚詳細ノ件ハ郵券相添ヘ本學ヘ問合セアラバ直ニ回報ス可シ

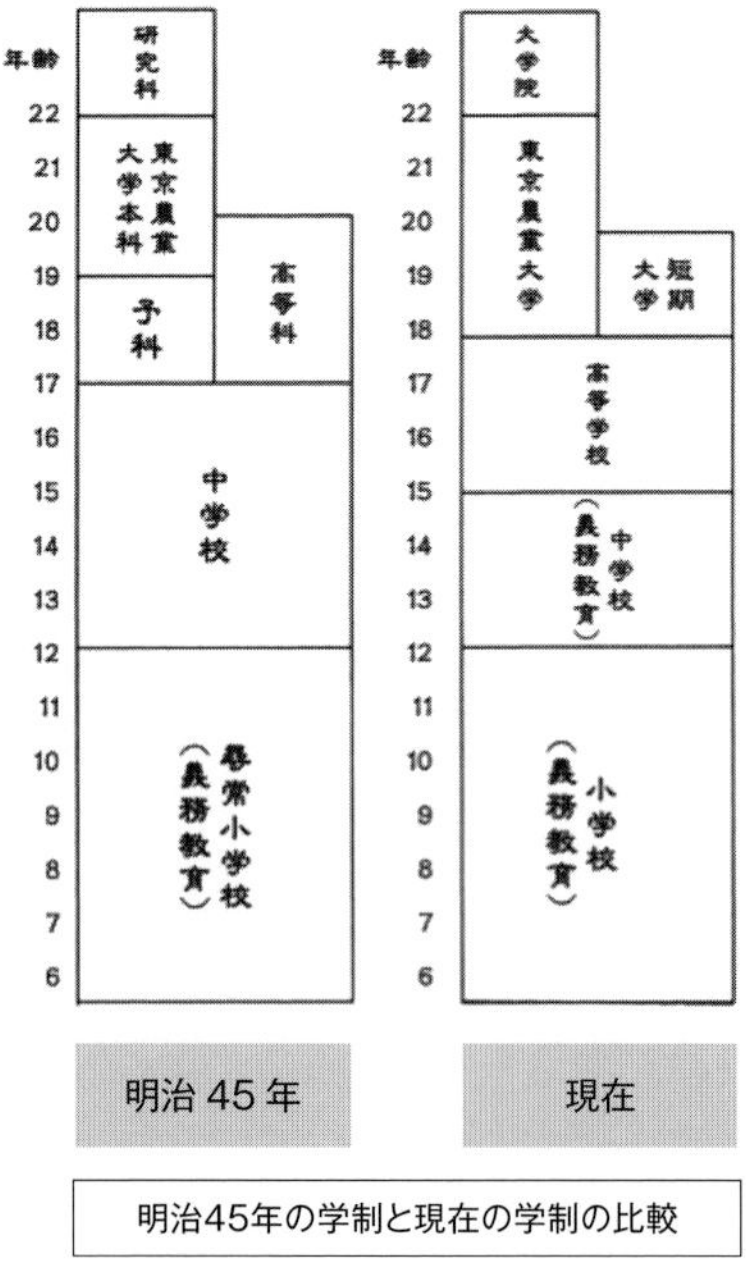

明治45年の学制と現在の学制の比較

○学生募集

明治四五年（一九一二年）一月一五日（月）　　　大日本農會報（第三六七号）

文部省の認可を受け学生募集が始まった。「本学に於ては、來る四月より新学年開始に付き大学部予科及高等科各第一学年生を通じて約一八〇名募集し、選抜試験の上入学を許可すべき見込なり、其の詳細は前付廣告欄參照せられたし」

校名変更の認可を受け、学長となった横井は卒業生、在校生を対象とした機関紙「農友会々報三二号」に組織変更に至った理由と、その心情を次のように述べている。

論説　我学校の組織変更に就いて　　　　**学長　横井　時敬**

東京農学校が東京高等農学校となり、今また更に進んで東京農業大学と名称を改めた。この学校において東京の冠詞は歴史的に維持すべきものたるを信ずる。しかもこの学校は二〇年の艱難辛苦を経てようやくにここまで進歩し来たもので、老いの繰り言、幾度も繰り返すのであるが一〇有五年の間これと艱難辛苦を共にした私には、また更にこの繰り返しを言うことを禁じ得ないのである。

諸君、明治三〇年に大日本農会は大塚窪町にわら葺の校舎より成り立つたる東京農学校を榎本子爵より譲り受け、その校舎は一朝にして大風に吹き倒され、哀れなる小石川竹早町代用小学の校舎の一室借り受けて授業を継続したることよりようやく旧屋を買い取って、今の位置に粗末なる校舎を建築してここに発展の基礎を開きたる。当時の有り様を追懐すれば、諸君、その当時より経営の任に当たりたる私が今大学の名称を呼ぶことの出来るまでに発展するに及んで、如何なる感があるであろうと思われるか。ありていに言えば、在籍の生徒三〇名が六〇名に増加し、六〇名がもしも一〇〇名にもなったらば、と明け暮れ口癖のように言い続けたくらいで、中々以て他日大学にまでも進むことの出来ようとは思いもしなかったのである。名称を高等農学校と改めてより、ようやくに気運が向かって来、三〇〇名の定員が常に満つることの出来るようになって、ここに始めて大学組織となさんとの欲望がきざして来たのであった。世の中のことは大抵この如きでは有るまいか。太閤秀吉と言えども幼少の時に他日関白にまで進むことが出来るなどとは夢にも思わなかったに相違ない。我が東京農業大学も実にその通りで、始めより大学にまで進み得ようとは思わなかったのである。東京高等農学校は高等農学校で可なり。あえて大学と成らんでも良いではあるまいか、これ往々人の疑うところであるようである。成る程もっともである。私とてもあえて虚誉をむさぼらんとするの念慮は毛頭ないのである。しかもこの虚栄的名称を付するに至ったるゆえんのもの、決していたずらに然るのではないのである。私は農業教育の上から割り出し、また殊に地方地主の子弟の教育上から考えて、我が学校の組織を高度に改めるの必要を認めたのである。

見給え、今日農業青年の向上心はすこぶる盛んになっておるのではないか。而して国家が提供しておる所の高等教育機関はその需要に応ずるにおいての外不足しておるではあるまいか、その欠陥を補うのは勢い私立学校であって、その私立学校中最高等の教育は、大抵皆法科に限っておって、農科に至っては皆無である。是ゆえに農界地主の子弟にして、農学を修めるのが当然と言って良いものさえも、往々法科を志すが多いではあるまいか。

法科に志すのは畢竟《ひっきょう》⑥大学という名称の学校にその向上心の満足を求めるのが、日々皆是であるように思われる。我が学校が大学組織に改めたのは、この欠陥を補って農界の青年の向上心を満たさんとするが一つの目的であって、また農界のたるべき人々に向かって、各位の程度の教育は、その人の資力や学力に依ると雖も、決して高すぎるということは出来ないと思うからである。私立の法律的大学に業を終えて農界に帰る者が今日中々少なからぬ。この人々に対しても、農学修業者にこの程度の農科に受けたるものの相当に多からんことは、私は適当であると思う。而して官立の農科大学はもっての外に民間の需要に応ずるに足らぬ。この欠陥を補うために、我が大学はここに生まれ出でたのである。但し高等農学校時代の程度における農業教育も、官立以外他に非ざるゆえに、我が大学はこの程度も高等科としてこれを持続することとしている。

この如く、我が学校は組織を改めて大学の名称を冠することを許されたのである。しかも今日の設備を以てしては、尚不十分である。これは私が文部大臣に面会した場合にも、有り体に白状した所であって、これが為に相当の計画を以て、大学部を実行する迄、即ち二年間に充実するの策を講ずることを誓ったのである。この誓いは是非ともに実行しなければならぬ。そこで今日より既に実験室の建築に着手すべく計画した。建築は従へできても、これが設備を十分にするには、また相当の費用を要する。しかも建築にしても、実験室のみを以て満足することは出来ぬ。教室も未だ多少不足しているのである。これに於いて私は我校の出身者並に在校の生徒諸氏に相談するのである。諸君にして若も此学校の発展を以て喜ぶべしとなさば、……私はその然るを信じて疑いはない。果して然らば、この際出来るだけの助力をこの点に向ってなさるるよう希望する。

若し諸君にしてこの際に処する好策あらば、進んでその策を我々に向って告げらるゝことを望まざるを得ない。私は在校の生徒に向かって、我が学校は我々の学校であるということを告げているが、卒業後の諸君もまたこれ我々の一人として長く存するものたるを疑わない。

然らば諸君も母校の発展に向って、常に意を用いるの至当なるを信じるであろう。

終りに一言したいのは、位地が益々進めば、人々の態度は必ずこれに伴わねばならぬ。私は威張るべしとは言わぬ。むしろ益々謙遜すべきを至当とする。私はその態度と言い為すのは、その自重の心の益々進むべきを言うのである。我が校風は在校中と卒業後とに於いて差別有るべきではない。在校中の訓練は卒業後といえども決してこれを失ってはならぬ。

私は即ち母校の名誉を傷付ける事なきに心がけることを希望するのである。

三、開校記念式

学生募集と並行して第一五回目の開校記念式が行われた。

開校一五周年記念式で式辞の中で横井学長自身が育英黌から発展した農大の歴史を以下のように語っている。

横井学長の式辞

今日は厳寒の時季にも関わらず貴賓諸君の御来臨を感謝し、ここに第一五回の記念式を挙行いたしますのは吾々の光栄としまた最も喜ぶところであります。

私はこの記念に際しましては、例として本校の歴史を述べることにして居ります。

昨日農友会の大会で述べましたが、ここに再びすることを禁じ得ません。

この校は二一年前、大塚窪町育英黌の農業科に起りまして、丁度今の高等師範学校の在る位置にわら小屋の小さな教室を建て、教授を行っておりました。これを一五年前大日本農会が引き継ぎましたが、其の年哀れなる校舎は大風のために転覆しまして、止むを得ず竹中町の同和小学という代用小学校の一部を借り受けて、僅か三〇名ばかりの生徒を教授した時は、実に心細い感じがいたしました。

その後この御料地を拝借する計画がありましたが、その頃御料地は多数の人が借りておりまして適当な空地がありませんでしたが、僅かの一部を拝借することができました。

聞くところによりますと育英黌農業科が大塚窪町に開かれた時にも、生徒が開墾をやりましたそうですが、再び御料地内を開墾してようやく家を建てました。

即ち今の肥料分析の教室で、中央に柱のある誠に都合の悪いものであります。これは大審院⑦の古建物を僅かの値で買って来たものであります。大塚窪町の校舎に比べたならば立派であると喜んでおりました。其の建てた位置は常盤松の側であります。それから幸いにして御料乳牛場が引越して来ることになりまして、借地人の全部は退去しなければならぬようになりましたが、我が校は相当の広さのところの拝借を許されました。しかもその校舎は宮内省の費用を以て現今の位置まで動かしてくれました、元の位置は常に常盤松を眺められる利益が有った代わりに、如何にも入口から遠かったものが、今の位置は入口に近くはなはだ好都合であります。

その時分におきましても、生徒は僅かに六〇名程で、せめて一〇〇名になったならばと言っておりました。それももっともな次第で、この様に程度の低い学校に入る人は東京付近の人をわずかに集めるのみで、全国を相手にしては無理であった。それで高等の名を付けて程度を引き上げた。しかし今迄の校舎ではあまりにもひどいことになって来ました。家と教育とは何等の関係もないけれども、地方の人が出てきてあんな小さな家ではと大いに悲観させるのもいかがかと思い、とにかく家を建てることを計画して、諸方から金を募集しようやく家を建てた。それが今の事務所であります。これで学校らしくなったと一同がおおいに喜んだ。それより追々発展の機運と大方の・御賛助により、向うの講堂を建て、ここに我々は夢のごとき感じがいたしました。

あのワラ小屋の校舎でやっておりましたものが、よくもかばかりの発達をしたものであると、涙を禁ずることが出来ませんでした。

しかも高等の専門学校として三〇〇名の定員を満たすようになって、これを元の東京農学校の時代に考へ合せたなら満足すべきであるが、又今少しく発展しなければ教育上から不便なこととなって来た、大日本農会も多くの資金を学校にかける余裕あるにあらず、その余力を作るには生徒の増加を求めなければならぬようになってきた。教育上から生徒の数の多きことは必要なことで、ここで一つの気風も出来、卒業生も処々に散在することになるから、生徒の多いことは甚だ必要である。しかも吾々考えるに、地方の農業家の子弟がいたずらに大学の名に憧れて法律或は其の他の学科を修めんとする人が多き傾きがある。如何にしても農家の子弟にして地方に居る人は、農業の教育を受けなければ我が農業界のため又国家のため悲しむべきことである。この様な事実を生ずるのは、畢竟するに程度の高き学校がないためである。駒場や札幌に農科大学あるも、これに収容し得る人数は甚だ少ないものである。又官立の大学を設立するのは困難なことで、前より其の計画はあるがまだ中々建ちそうにもない。

そこで私立の力を以てこれを補なわなければならぬ。この如きは大日本農会の務むべきことである故、穣々苦心してついに大学の名称を冠することを得た。大学になれば設備も要するが、有名無実となっては遺憾であるから、定員を増加し教室を建てなければならない。先ず昨年この校舎を建築したのである、御承知の通り軍隊の農事講習をやって居るが、将校達が美しい学校だと言ってくれた。吾々はこの様な言葉を開くのは前から夢にも予期しなかったことである。

さらに進んで実験室を建て、二年三年のうちには完成するつもりである。

沿革を考えれば記念日毎に新しい事実を告げることになり、年々歳々発展の歴史を繰返すことは大いに愉快である。これ偏に大日本農会はじめ尽力してくれた方々にお礼を申し上げる次第である。学生諸君に向っては尚希望を有して発展すればする程、自重心を持ち学生の模範となりて恥ざるよう心掛けなければならない。吾々職員も大いにこの点に誓って益々向上せんことを期し、大日本農会の恩に答へ、又国家社会のため大いにつくすところがなければならぬ。

一五回の記念式に際し一言以て式辞といたします。

渡瀬農学士の祝辞⑧

第一五回の記念日にあたりまして喜びのあまり出席仕りましたが、又何か述べる様にとたってのおおせでありますから一言喜びを述べましょう。

ただ今横井学長が述べられました通り、初めこの学校が起った時は実に微々たるものでありまして、其の時分には私も関係いたして居りましたが、育英黌の一分科として建てられましてから、榎本子爵、伊庭想太郎氏⑨等がこの学校を維持して居りました。伊庭想太郎氏はすこぶる武力はありましたが、その武張った伊庭氏もこの学校の維持については随分泣かれたのであります。

大日本農会の手に移りまして、横井博士の格別なる尽力によりまして、かくまで発展を遂げました。これは本校大日本農会のみならず、日本帝国の為に賀すべきことであります。学長自身すら本校の発展を予想外としておられます。時世の然らしむる所とは言いながら、学長を始め経営の任にあたられた方に大に感謝いたします。学生諸君もこれに鑑み、この進歩の歴史を持った美はしき学校に学んで居ることを自覚して貰いたいのです。日本帝国は実に進歩の歴史を有している、外国人の如きはおゝいに驚嘆して居るところであります。この学校も其の通り微々たる所より起り、ここまで進歩を為したのであります。これからの日本人は海外との競争に対し外国人に負けないようにしなければならない。日本の学生は学生時代にはよく勉強すれども、一旦社会に出た後には勉強せず、どうも外国人に劣って来るようである。諸君は常に進歩の学校に学んだと言うことを心に銘じ、新しき学校であるところの社会に出た後も益々進歩して、大日本帝国の将来の為に大に尽力して貰いたい。私は喜びの余り一言述べた次第であります。

明治三〇年、東京農学校が大日本農会の経営に委ねられてから、一五年の歳月を経た。その間、東京高等農学校さらに東京農業大学と発展し、渋谷常盤松における基盤もようやく強固となってきたので、開校一五年記念式典を挙行したいという案が、本学教職員と同窓会の常任幹事の集会で提起された。明治四五年五月二四日のことである。

ところが七月三〇日、明治天皇が崩御されたので、本学では至急評議員会を開催して、記念式典延期を決定し、翌大正二年一一月一五日に挙行することになったのである。

四、東京農業大学卒業式

東京農業大学と大学を名乗って最初の卒業式であり、育英黌から十九回目の卒業式である。式にあたり大日本農会総裁伏見宮貞愛親王殿下から令旨を賜わった。

本会設立東京農業大学第一九回卒業證書授与式は去る三月二九日同校講堂に於て挙行せられたり。当日の参列者は来賓及び大日本農会役員、同校職員、講師、商議員、卒業生及び学生等約五〇〇余名にして午前一〇時一同式場に列し、席定まるや学長農学博士横井時敬氏壇上に進みて卒業生にそれぞれ卒業証書を授与し続いて式辞を述べられ、それより大日本農会総裁宮殿下より賜われる御令旨⑨を同会副会頭子爵　三島弥太郎氏⑩奉読したり。

令旨

茲に我が東京農業大學第十九回卒業證書授與の式を擧ぐ
今や時世の進運は農業の振作を促すこと急にして随ふて之れが改良奬勵に於て學術を有する指導者を要求する亦切なり業を本學に卒ふ者是より出てゝ農界に立たば益ゝ品性を修養し學術の研鑚應用に力めて斯業指導の任を盡し以て本學教育の精神を發揮せむことを期せよ
明治四十五年三月二十九日
大日本農會總裁大勲位功二級貞愛親王

伏見宮貞愛親王殿下から賜った令書

ついで優等卒業生及び卒業論文優等生に対し学長より賞状を、教頭農学士吉川祐輝氏より賞品を授与せられ、来賓　池田謙蔵氏⑪の祝辞あり、それより卒業生総代の答辞、学生総代の祝辞ありて、ここに式を終われり。別室において茶菓の饗応あり。一二時に至りて退散したり。

当日学長の式辞次の如し。

横井学長式辞

閣下並びに諸君、今日は晴雨定まらないにもかかわらず遠路をわざわざ御出席下さいまして、この卒業式に一段の光栄を添えましたのは深く感謝するところであります。

さて、卒業生、修業生諸君、諸君はここに三年間の業を卒へて、これから諸方に各々志す所に向はれるのである。我等は斯くの如く立派に卒業せられた事を満足して諸君と共に大に喜びます。

併し諸君、卒業の際には誰も言うが如く卒業は新に他の学校に入るの門出であって、これからは即ち人間社会の学校に一生を暮すのである、而して今迄はこの社会の学校に入るの基礎をつくって居たので、この基礎は甚だ大切なものである。諸君は在学中の勉強により十分之の基礎を固められたことと信ずる。この学校は既に諸君がよく知って居らるゝ如く単に学術を教へるのみでなく農業界の紳士を養成するを目的とし、我々は常にこの訓練を怠らないのである。

諸君は、どうかこれから学校にて得られた所のものを以て総ての事業につきて誠実に行ってもらいたい。この誠実が欠けて居ては到底成功は出来ないので、彼の僥倖の如きは百に一つも千に一つもない位である。しかも諸君の成功は決して高さを望むべきものでなく、各々の力次第に行へば宜しいのである。己れの力以上に奔ることは甚だ不可で分に應じたるものに安んじ何処迄も誠実に為さねばならぬと言うことは平素我々の教へたところである。なお又事をなすに当っては必ず研究と言うことを怠ってはならぬ。其の他衛生を謹み健康を保ち長生せられんことを希望する。

何事も長い間の仕事は少しずつにでも大成に至るものであるが、これに反し如何に骨を折っても短かい間では大した事は出来ないのである。

されば諸君は今後大酒する様な事なく、成るべく長く健康を続け、国家社会の為に十分尽くされんことを希望するのである。これを以て今日の餞と致します。

答辞

我が校茲に本月を卜して生等の為に第一九回卒業證書授与の盛典を挙行せられ、辱くも大日本農会総裁宮殿下優渥なる令旨を賜い学長閣下亦懇篤なる訓諭を垂れらる。生等の光栄何物か之に過ぎん。生等本学に学びてより茲に三星霜、今や業を卒へて母校と去らんとす。事茲に到れるは是れ偏に大日本農会の至大なる援助と学長閣下並に恩師諸賢の懇篤なる薫陶に由らずんばあらず。その鴻恩や肝に銘して忘るべからざるなり。然りと雖も、今日の栄躍に伴う責任は又甚だ大にして、我が農界の事業内に外に益々多端なるの秋に際し、生等の浅学非才其の責任を全うする能はざるを恐る。希くは本学教養の趣旨を遵奉し　拮据《きっきょ》⑪　黽勉《びんべん》⑫　孜々《しし》⑬　として生の職責を完ふするに力め以て大日本農会及び恩師諸賢の高恩に報ずるあらむ事を茲に奉答す。

明治四五年三月二九日　東京農業大学第一九回卒業生　総代　新井　濱翁

【高等科卒業生（六二名）】　新井 濱翁（埼玉）、武田 星輝（長野）、深本 亀治郎（岡山）、久米 政民（愛知）、瀬谷 勝久（秋田）、齋藤 友三郎（山形）、鈴木 幹雄（神奈川）、丸山 義太郎（栃木）、黒田 三次（石川）、小林 正彦（東京）、（以下五二名省略）

また選修科修業生二一名の中に、支那（中国）からの留学生八名も含まれている。

【優等卒業生】　新井 濱翁（埼玉）、武田 星輝（長野）、深本 亀治郎（岡山）

さて、四月早々に選抜試験が行われ大学として初めての予科学生が入学したのである。

入学式にあたる生徒規約宣誓式は次の通りである。

五、生徒規約

新体制を整へたる明治三一年一二月に至り、生徒取締の必要上、其の自治精神を刺戟する為、次掲の如き東京農学校生徒規約を制定せしめ、翌明治三二年一月一六日、開校記念に際し、全校生徒の宣誓を行はしめ、爾後学制の改変其他に當り、若干の修正ありたるも、昭和五年四月一五日、入学式当日に至る三〇有余年間、連年新入生学生の之を遵奉宣誓する所となれり。

○宣誓式を挙行

「東京農業大学においては本年度新入学生對する生徒規約宣誓式を五月一日（金）午後一時より挙行したり。其順序は入学生徒総代先づ規約文を誦讀し、次で生徒各自が宣誓簿に署名し、夫より学長農学博士横井時敬氏式辞を述べられ、最後に在学生総代の祝辞あり、之にて式を終り、別室に於て茶菓子の饗応ありたり、同日の出席者は来賓及び同校職員生徒等全て七百余名、学長の式辞左の如し。」

横井学長式辞

「諸君、今日は新来の学生を迎へ貴賓の来臨を辱うして此に宣誓式を挙ぐるは実に本学の名誉とする所であります。さて宣誓を終へたる諸君、諸君は此にいて本大学々生の資格を得られたのである。入校は済んで居つても此の規則に従ってよく行動するの誓を終へて初めて本学の学生たることが出来る。宣誓式は諸方に行われて居る。然し本学の宣誓は特別である。いやしくも人間の誓を変えざること水の如しとあるは一度誓ったことは再び是を変えないといふ事である。誓ふといふ事は只無意味にいう事ではない。一度誓った以上は必ずこれを実行せねばならぬ。我々の誓は別に難しい事ではない。今の規約は誰にも為し得るもので、守り得ないという事ではない。

一旦記名した以上は、何時迄も諸君の名は證拠として学校に残っている。その名に対して背いたならば、其の人は誓に背いたのである。誓った事を食むと言うは人としてなすべきことではない。男子として、ましてや日本國民においてをやである。かく考えるときは、今日誓った事は特別の意味がある。勿論人間には過はある、誰でも過はあるけれども、過ったる以上は之を改めて行かねばならぬ。これを改むる事の出来ないのは誓に背いたものである、萬一誓に背いた人があったならば、我々は諸君に向って制裁をなし、甚しきに至っては学生の資格を剥ぐのである。

どうか諸君、我が農業大学は前に述べた如く学風を生命として居るので、諸君は既に十数日本学に在ってその誓をされたのであるから、一旦誓った以上は本心より之を守らねばならぬ。小さい事が実行が出来ない様なものは、如何に学問が出来ても役に立たない人である。深く我々の意のある所を察して、決して誓に背かざる様にして貫いたい。一言これを告ぐるのである。」

横井学長が式辞の中で誓いの順守を繰り返し強く求めたのは、この明治四五年だけである。新生なった大学部予科と高等農学校に入学した生徒に対し、これまでの農学校とは違う、大学であるという横井学長の強い思い入れが伝わる式辞である。

六、明治天皇崩御

明治四五年七月一〇日、明治天皇は東京帝国大学の卒業式に臨幸される。総長の先導にて標本及び古文書等を御覧になり、次いで卒業証書授与式場に臨御、優等卒業生に賞品を賜わった。

明治天皇が東京帝国大学卒業式に臨幸の事は、明治三二年に始まり、その後は時に名代を差遣することもあったが、明治三七年以降は毎年必ず臨幸された。

明治天皇※1

しかしながら、この年の七月初旬より体調を崩し、一〇日の卒業式では、いつもは直立不動で臨むのだが今回は椅子で臨席された。さらに一五日の枢密院会議では居眠りをして、議長の山県有朋が床を軍刀でたたき、目をさまさせる一幕もあった。

この後、数日にして不予に渉らせられ、七月三〇日、遂に崩御せり。この東京帝国大学の行幸が明治天皇最後の行幸となったのである。

大正元年九月一三日、青山練兵場（現明治神宮外苑）にて明治天皇の大葬が行われた。

この日、不世出の英主明治大帝の大葬儀が東京市赤坂区青山練兵場で執行された。午後正八時、一発の号砲を合図に、霊轜粛々と宮城を軋り出でた。霊轜は文武百官に護られ、御葬列の長さ凡そ二里半、先頭が漸く青山に近づいた頃、御轜車はまだ日比谷公園に沿って進んでいた。

その青山大葬場の列、赫々と篝火に栄え、白木造りの神々しき神殿造り、白練絹の縁とった御簾が高く絞り掲げられている。本学の対応は以下の通りである。

七月二十日　先帝陛下御弱の御悩ばるや上下不遑憂慮措く所を知らす六千萬の赤子は天に禱へ神に祈り御平癒の一日も速かれと願ひたりし其甲斐もあらせず然雲響に宮闕を鎖し悲風遽ち寝殿に入り七月三十日遂崩として聖駕昇遐あらせ給ふ日月輝を失ひ天地崩摧するの思あり億兆の慟哭父母を喪するに当いや増しなり
先帝陛下　叡聖文武その御盛德御大業は赫々として天日の如く内外の倶に瞻仰する所事すも畏けれど古今東西に覚めて其比類を見ず殊に國家産業に大御心を留めさせ給ふとの深かりしは國民の感激措く能はざる所なり今や龍駕を天上に廻らせ給ひ追慕旣く途ふなし朝野臣民の哀悼追慕奈そ極まらむ
本會は御不豫御重篤の公報に接するや三島頭會参内し本會を代表して
天機を奉伺し
御崩御の告命を拝するや松平会頭参内し左の奉弔文を奉呈したりぬ
大日本農會大日本山林會大日本水産會會員代表者臣康荘等誠惶誠恐頓首頓首
昨拝
天皇陛下崩御之告命不堪悚懼哀痛之至謹代三會會員三萬八千五百七十名敢上二
書御表慟哭奉弔之微衷伏請
執奏
大正元年七月三十一日
大日本農會會頭正三位勲三等侯爵　松平康荘
大日本山林會幹事長従二位勲一等　田中芳男
大日本水産會理事長正四位勲二等　牧朴眞
宮内大臣伯爵渡邊千秋殿

大日本農会　弔文 ※1

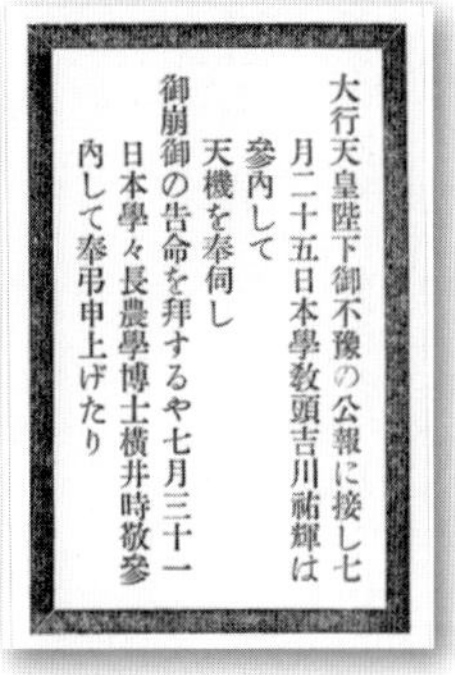
大行天皇陛下御不豫の公報に接し七月二十五日本學教頭吉川祐輝は参内して
天機を奉伺し
御崩御の告命を拝するや七月三十一日本學々長農學博士横井時敬参内して奉弔申上げたり

東京農業大学　弔文 ※1

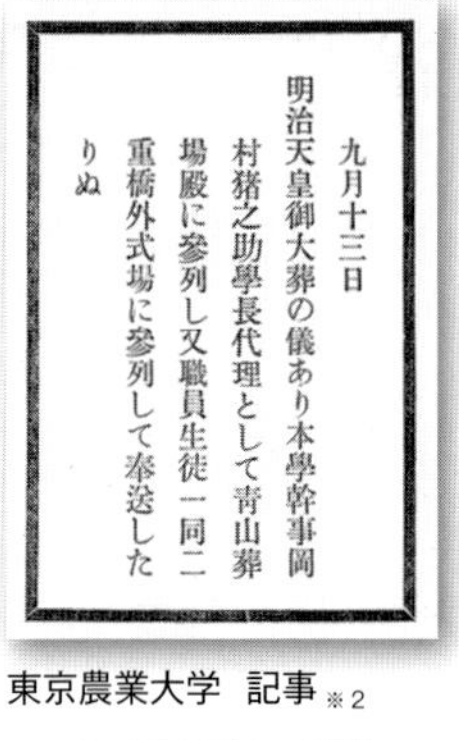
九月十三日
明治天皇御大葬の儀あり本學幹事岡村猪之助學長代理として青山葬場殿に参列し又職員生徒一同二重橋外式場に参列して奉送したりぬ

東京農業大学　記事 ※2

※1…大日本農会報第374号掲載
※2…大日本農会報第376号掲載

七、修学旅行（大正元年一〇月）

本学学生各学級を通じ第一、第二の両班に分かれ、秋季における修学旅行をなせり。

第一班は下川講師、升田講師補、黒田助手に引率せられ関西方面に向へり。

その旅程をそのまま掲載する。

一〇月二九日午後一一時新橋発、翌三〇日午前九時四〇分名古屋着、即時参宮鉄道に乗車、年後二時半山田町に着、内外宮を参拝し、農業館、徴古館等を参観したる後同町に宿泊す。

一〇月三一日午前七時五〇分山田発、午後三時奈良着、諸名所を見物し同市に宿泊す。

一一月一日午前七時二〇分奈良を発し桃山に向う。午前一〇時ころ桃山御陵前に一同整列、謹んで参拝をなせり。其れより京都府立農事試験場桃山分場及び伏見養蜂場を訪ね午後一時京都市に着。同日午後及翌二日は同市名所旧跡の見物に費せり。

一一月三日午前五時京都発。午前一一時名古屋着。小憩後中央線に乗車、翌四日午前七時半新宿着、一同解散せり

第二班は碧海講師、飯田講師補、安部書記に引率せられ豆相方面に向へり。

旅程は次の通り。

一〇月三〇日午前六時二〇分新橋発、国府津を経て小田原に到り、ここより徒歩石橋山の古跡を訪ね、午後五時熱海着。

翌三一日午前七時出発、函南峠を越え田方郡立田方農林学校参観、韮山城址、反射蛙炉の遺跡を訪ね、南條に出で大仁を経て修善寺に着す。

一一月一日午前八時出発、三島大社参拝、箱根旧関所を経て芦の湯に達す。

翌二日午前八時出発、小桶谷、大涌谷の奇蹟を巡覧し午後三時湯本着、同地遊覧の後午後五時電車にて小田原を経て国府津着。午後一〇時半新橋へ帰着、一同解散せり。

八、明治四五年、大正元年度の東京農業大学の収支決算

大日本農会の会費等を含めた経常部歳入として一二二九〇円三〇銭円が計上され、その中から五〇〇円が東京農業大学へ交付金として支出されている。さらに船津翁奨学資金三八九円七七・二五銭より農業大学優等生賞金として二二円八五銭、また田中奨学資金三七六円二八銭から一五円が同じく農業大学優等生賞品代として支出された。

なお、本項原稿を終えるにあたり、私は少々考えてしまった。

一〇〇年前の記事すべてを掲載するとこの倍以上になる。全てを掲載して良いのだろうか。また、横井先生の式辞は長いことから要約することも考えた。何度も読み返すうち、含蓄のある言葉であり、やはり取り上げた事項に対する全文を掲載すべきと結論した。横井先生の言葉は、そのまま本学の歴史である。

明治45年、大正元年度　東京農業大学　歳入歳出決算

歳入の部	
入学金	421円
農場収入	726円33.5銭
大日本農会交付金	500円
雑収入	1,167円14.2銭
総計	14,244円97.7銭
歳出の部	
報酬及雑給	10,034円69銭
教場費	597円9.5銭
農場費	1,138円1銭
事務費	723円
借地料及税金	235円72銭
式日及会議費	279円49銭
修繕費	293円58銭
電燈及炭油費	361円61銭
雑費	371円12.5銭
火災保険料	126円33銭
校舎増築費積立金	10円77.7銭
総計	14,244円97.7銭

右乃報告候也

東京農業大学庶務主任　桑田　佑榮

大正元年12月6日開会常議員会の委任により、
明治45年、大正元年度会計収支決算を検査しその確実を承認す

大正2年5月8日
常議員会委任会計検査委員
有働　良夫　印　稲垣　乙丙　印　渡瀬寅次郎　印

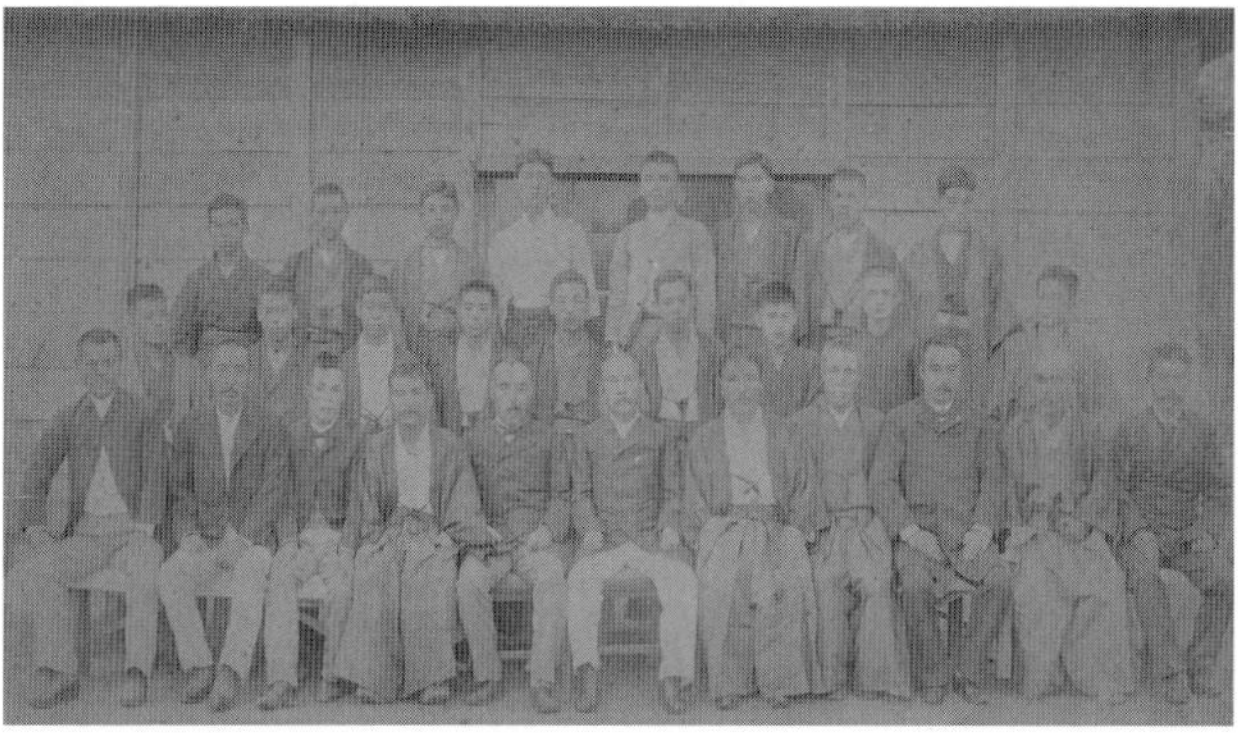

第１回卒業式記念写真

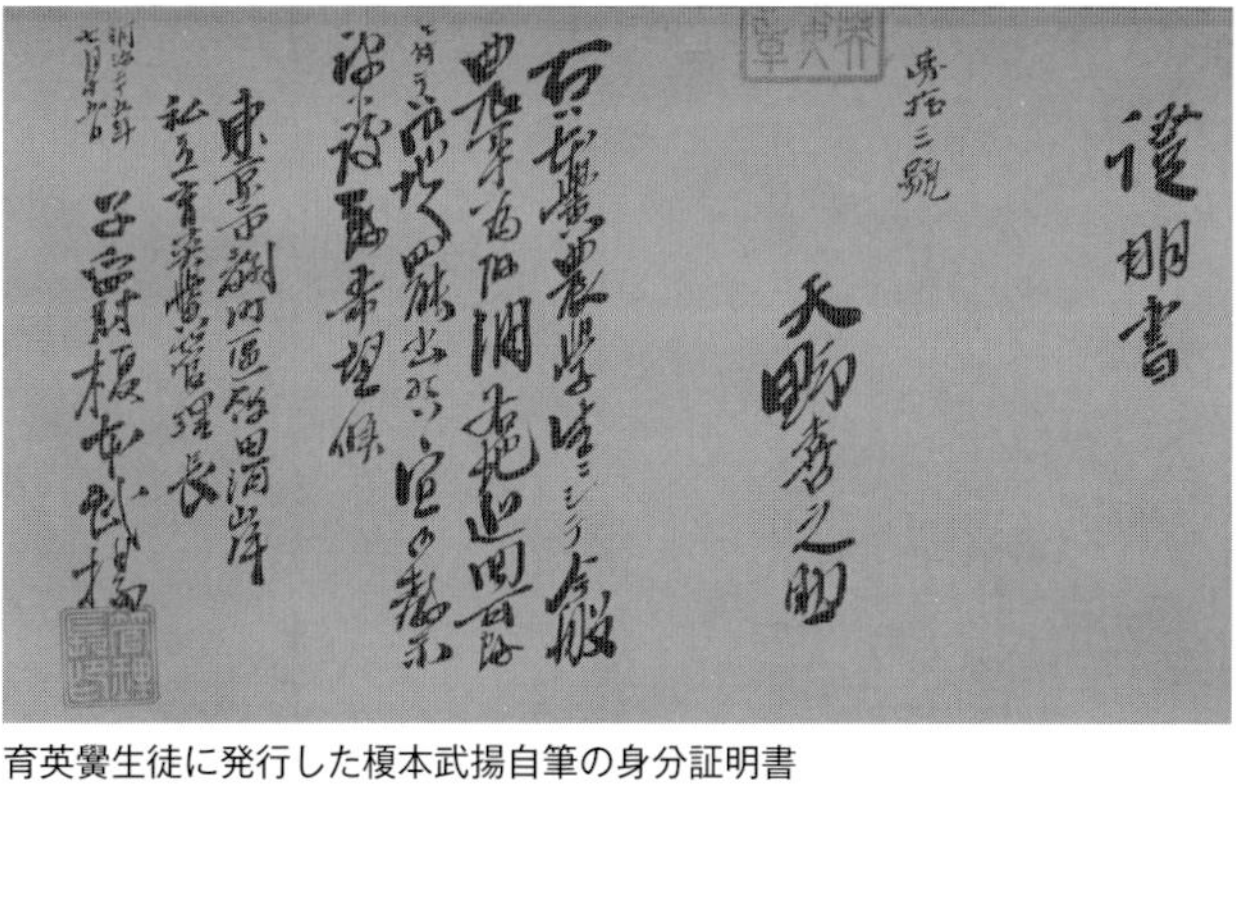
證明書

私立育英黌管理長

榎本武揚

育英黌生徒に発行した榎本武揚自筆の身分証明書

注　解

①伏見宮貞愛親王（ふしみのみや　さだなるしんのう）
（1858－1923）皇族、陸軍軍人。

官位は元帥陸軍大将大勲位功二級内大臣。皇族として唯一、大正初期に4代目の内大臣を務め、軍人として最高位の元帥陸軍大将に就任したほか、大日本農会・大日本蚕糸会・在郷軍人会・理化学研究所・恩賜財団済生会・大日本武徳会等の総裁を歴任する。

②染筆（せん‐ぴつ）　揮毫（きごう）

③松平　康荘（まつだいら　やすたか）
（1867－1930）明治－昭和時代前期の華族、農学者。

慶応3年2月6日生まれ。越前福井藩主松平茂昭（もちあき）の次男。明治17年イギリスに留学。福井に農事試験場を設立する。侯爵、貴族院議員。大日本農会会頭などを務めた。昭和5年11月17日死去。64歳。

④長谷場　純孝（はせば　すみたか）
（1854－1914）鹿児島生まれ。政治家。

明治4年（1871）に東京に遊学するが廃藩置県となり、警視庁の羅卒（巡査）となる。西郷隆盛を慕って故郷に戻り、西南戦争では西郷軍に加わり捕虜となる。13年（1880）出獄、国会開設運動に参加。23年（1890）第1回総選挙で鹿児島県から当選し、のち政友会設立に関わる。衆議院議長を2度、また文部大臣（第2次西園寺内閣）を務めた。2度目の衆議院議長在職中は、シーメンス事件での混乱の中、議会の運営に当たるが、現任わずか9日で急死する。

⑤ひっ‐きょう【畢竟／必竟】
最終的な結論としては。つまるところ。結局。

「――人は死を免れえない」

⑥**吉川　祐輝**（きっかわ　すけてる）
（1868－1945）　明治－昭和時代前期の農学者。

慶応4年8月9日生まれ。明治44年東京帝大教授となる。昭和4年東京農大学長。日本作物学会を創設、18年間会長をつとめた。栽培稲の分類に関する研究で知られる。学士院会員。昭和20年2月26日死去。78歳。伊予愛媛県出身。帝国大学卒。著作に「食用作物各論」「工芸作物各論」。

⑦**大審院**　ダイシンイン
旧司法制度下での最高裁判所。明治8年設置。

⑧**渡瀬　寅次郎**（わたせ　とらじろう）
（1859－1926）明治期の教育家。

関東学院初代院長。東京生まれ。明治9年（1876）札幌農学校に入学。札幌農学校卒業後は開拓使御用掛として勤務。同15年内村鑑三らと札幌基督教会（札幌独立基督教会）を設立する。東京中学院（関東学院）の初代院長に就任する。少数精鋭主義の人格主義教育をめざした。

⑨**伊庭　想太郎**（いば　そうたろう）
（1851－1903）教育者、剣術家（心形刀流剣術第10代）。

明治に入ると私塾・文友館を開き、徳川育英会幹事、東京農学校校長、四谷区議、日本貯蓄銀行頭取などを歴任。明治34年、政治家・星亨を暗殺して無期徒刑となり獄中で病死した。

⑩**令旨**（りょう‐じ）
皇太子・三后の命令を書き記した文書。のち、親王・法親王・女院などのものもいう。

⑪**三島　弥太郎**（みしま　やたろう）
（1867－1919）大正時代の日本銀行総裁　子爵。

薩摩（鹿児島）藩士三島通庸の長男。鹿児島生まれ。山形県立師範学校卒業後、駒場農学校（東大）に学ぶ。明治17年（1884）に18歳で農政学研究のため米国留学、帰国後北海道庁に勤務。22年再度米国留学、25年に帰国後農商務省、逓信省の嘱託。30年31歳で貴族院議員に当選、貴族院研究会幹部として活躍。39年横浜正金銀行の嘱託、44年に頭取。大正2年（1913）日本銀行総裁に就任し第1次世界大戦期の変動著しい金融界を指導。

⑫ **池田 謙蔵**（いけだ けんぞう）
（1844－1922） 明治時代の官吏。

天保15年11月20日生まれ。もと伊予松山藩士。欧米に留学後、明治8年創設された内務省内藤新宿樹芸課にはいる。9年フィラデルフィア万博に派遣され、綿作調査のほか、養蜂、桃缶詰技術の導入をおこなう。12年三田育種場初代場長。

⑬ **きっ‐きょ【拮据】**
すえる すわる 忙しく働く。

⑭ **びん‐べん【黽勉】**
つとめはげむこと。精を出すこと。

⑮ **し‐し【孜孜】**
熱心に努め励むさま。「―として研究を続ける」

育英黌を創設した明治 24 年に撮影した写真

第１回収穫祭　応援団集合写真

第三部　百年前の農大生

明治四四年（一九一一）～四五年（大正元年）（一九一二）

東京農大の主な出来事

明治44年（1911）		
10月	17日	＊第七回陸上運動会を本尾家原で開催した。 本運動会からクラスレースに優勝旗を初めて授与することとした。
11月	23日	第三回東京連合ピンポン大会を横井学長の始球式によって校内で開催した。
		農友会は初めて会員名簿を発行した。
12月	9日	＊農友会大会を開催し運動部員の増加並びに野球部を運動部に加入する件を可決した。
明治45年（1912）		
3月	29日	第19回卒業式を挙行した。
4月	2日～6日	＊選抜（入学）試験、合格発表が行われた。
5月	1日	＊生徒規約宣誓式を挙行した。
	12日	野球部創設後第一回野球大会を開催した。
	18日	第三回柔道大会を開催した。
大正元年（1912）		
10月	29日	＊修学旅行が行われた。
12月	16日	農友会会員名簿を発行した。

＊印は保存資料から転載したものである。

本尾原で開催された収穫祭

元住吉グランドで行われた収穫祭のアーチ

一、農大収穫祭の始まり

平成二八年一二五回目を迎える収穫祭は、当初は運動会と称していた。

明治三八年一〇月、横井時敬が東京高等農学校教頭の時代、教頭代理吉川祐輝の発意で、二子多摩川原に遠足会を催した。

その時、余興として、運動競技その他種々の催が行われた。これが今日の農大収穫祭の始まりである。

引き続いて、翌三九年一一月、世田谷松蔭神社境内で前年同様の遠足会を兼ね運動会を挙行。さらに翌四〇年一一月に青山本尾家の原（本尾家原）において、初めて純然たる運動会を行った。当日の余興としては、不調和行列、農事改良踊、滑稽行列、社会諷刺行列、その他お国自慢の舞踊等を競技の内に差し加え、数千の観客を集め一躍都下に名声を博す。その後回を重ねるに従い余興は演練され、ついに青山名物運動会となったのである。

これには横井校長が非常に盆踊りを愛好され、かつまた奨励したことにもよるが、また一面運動競技においても当時檜舞台であった東京帝国大学農科大学（現東京大学農学部）の運動会に、本校生徒副島儀作、川上政彦両氏が選手として出場し、初めて都下学生競技に入賞、翌年も入賞したことなども寄与している。東京学生競技界の覇権を握ったのである。これらのことが母校農大運動会の発展に大きな役割をなしたものと思われる。
クラス対抗競技に優勝旗が授与されるようになったのは、明治四四年の第七回運動会からである。

○東京高等農学校秋季運動会

例により一〇月の一七日（火）神嘗祭《かんなめさい》①の祝日に、常盤が園の健児等の大運動会は本尾家原にて催された。数日来秋雨霏々《ひひ》②として暗雲低く漂い、当日の晴雨は容易に予測し難きものありしかども、高農の健児は雨を衝き泥濘《でいねい》を踏んで準備苟《いやし》くも怠たらざりしが、幸にも気遣われたる雲霧は前夕に至りて次第々々に薄らぎ、夜半には明月皓《こう》として中天に懸るを見る。当日は朝来満天一点の雲なく風は颯々《さつさつ》として程よくもグランドを乾かし、正にスポーツの好日和となれり…… 前年既に例あり。これを高農日和③と云う…… 皇天の倍、我黌に幸いするを見ずや。

先づ入口の緑翠した丶る緑門《アーチ》を入ると三年級の手になりし大時計台が右に高くそびえ、左には花もて飾れる花屋を初めとして、果物店、記念書葉書店、菓子店、弁当屋等の我が校の消費組合の臨時販売部か設けられ、また会場の周園には万国旗華やかに揚げられ、其の外一般の装飾設備例年に増して立派に見えた。

観客は吾が校独特の面白き競技を見んとて既に開会前より万を超え、午後になりてより、特に増加著しくさしもに広き本尾家原も狭しと疑われたり。また百姓タイムスは間断なく号外を発行し観客よりは多大なる好評を得、三越の花の如き少年音楽隊は壮快なる音曲を奏し、競技者をして自ら心を勇ましめ、且つまた来客をして目と共に耳をも和ませた。さて午前九時半轟然たる煙火數声合図に吾等四百有余の健児の各種の競技開始せられた。

いでその勝負付けを記せん。

各級選手競走は、一年は赤、二年は青、三年は白の各応援旗を以て盛んなる応援をなしゝが、一年の吉川始めより優勢にして常に一位を占め遂に優勝旗は一年の手に帰した。

一年級は優勝旗を手にし応援歌をうたい勝ちほこりて会場を一周せり。

これ等の競技の外各級の催しにかゝる余興もまた甚大なる好評を博せり。

一年級は幼稚園生徒の遊戯にして、過日来より小学校に通いしきりと習いし甲斐ありて中々上手に面白く出来、殊に幼稚園生徒の穿

東京高等農学校　秋季運動会案内

1	200メートル競走（1着 24秒）	25	600メートル競走（1着 1分42秒）
2	提灯競争	26	豚追い競争
3	提灯競争	27	サック競争
4	戴嚢スプン競争	28	障害物競争
5	豊年競争	29	お百姓弁慶競争
6	400メートル競走（1着 1分5秒）	30	各級選手競争 1着 吉川槇太郎（1年）（1分39秒） 2着 荒川　寛（3年） 3着 手島　憲（3年）
7	2人3脚		
8	障害物競争		
9	物集競争	31	白面柿拾い
10	サック競争	32	物集め競争
11	白面柿拾い	33	縄ない競争
12	お百姓弁慶競争	34	按摩吃驚競争（なし）
13	600メートル競走（1着 1分41秒）	35	小学校生徒競争
14	豚追い競争	36	小学校生徒競争
15	2人3脚	37	各中学校選手競争　1着 青山師範 2着 園芸 3着 麻布
16	200メートル競走（1着 26秒）		
17	豊年競争		
18	物集め競争	38	各専門学校選手競争　1着 一高 2着 高等師範 3着 高等師範
19	提灯競争		
20	提灯競争		
21	400メートル競走（1着 1分5秒）	39	肥料講習生競争
22	旗拾い	40	卒業生競争
23	戴嚢スプン競争	41	職員競争
24	対部競争	42	1,000メートル

く様な小さき袴の下より「ケヅネ」の黒いのが見える等最も笑はせり。はじめ「ベビーポルカ」にて会場を一周し、それより中央にて桃太郎、浦島太郎、兎と亀等を演ぜり。中にも兼常氏の女教師振り大出来との評、又一丈有余の桃の中より桃太郎が踊り出る等子供連中より大喝采を得たり。

二年級は百姓の神様なる稲荷大神に今年の豊年を告げ知らさんがためとて狐の行列をした。これまた趣意が面白く喝采を得た。

三年級は盆踊りをした。これは吾が校独特のものにして、未だ他校に見ざるものなり。世人の中には盆踊りを卑下するものあれど、これ日本固有の百姓ダンスにしてこれあたかも西洋に於けるダンスに相当するものなり。

然のみならず、この盆踊りは農村の衰微を防ぐ一方法ともなるべきものなれば是非奨励したきものなり。　歌の一節に曰く

「揃ッタ　揃ッタ　踊リ子ハ揃ッタ
ヨイワナツアーマ
子爵 男爵 伯爵ヨリモ　国ヲ富マスハ
スットコドッコイ　肥エビ杓
ドドンガトンノドッコイナ」

盆踊り

明治44年度　東京農業大学　大運動会　決算書

収入			
623円30銭	内訳	246円	会費
		377円30銭	寄付金
支出			
595円89銭	内訳	171円 5銭	会場装飾費
		41円70銭	楽隊費
		99円 1銭	賞品費
		12円	印刷費
		87円61銭	接待費
		19円25銭	競技費
		122円25銭	雑費
		43円	優勝旗代
差引残金			
27円41銭			翌年度繰越

其の後各中学校、専門学校選手競争、卒業生競走等あり。職員競走に吉川教頭四着となり横井校長五着となりしは大愛嬌なりき。競技回数四〇余回、最後に一〇〇〇米競走ありて終結す。時恰《あたか》も五時、校長閣下の発声に和せる高農萬歳の叫《さけび》は遥かに常緑の松風に通い和気藹々《わきあいあい》の中に目出度終会を告げぬ。

（本一　山口生紀）

この年の運動会にいか程の費用が掛かったものなのだろうか。

この年の運動会からクラスレースに優勝旗を初めて授与することとなり、優勝旗作製代として四三円が支出されている。

百姓タイムス席

本科３年制作大時計

仮装行列

本部席と優勝旗

二、農友会大会開催と幹事改選

この時代、部活動として認められていたサークルは、文化部として、学術部（弁論部）、文芸部の二部と、運動部として娯楽部（卓球部）、柔道部、剣道部、庭球部、野球部（新規承認）、運動会委員（現農友会総務部に相当）があった。

幹事は各部から八名が、運動会委員は一〇名が選出された。学術部の活動は、図書の管理と各種行事（農友会大会、組織変更祝賀会等）の際、各学年から代表が立ち、さらに教員も弁士として参加した弁論大会が開催されている。

三、東京高等農学校から東京農業大学へ

○学生募集　明治四五年（一九一二年）一月一五日（月）大日本農會報（第三六七号）

「本学においては來る四月より新学年開始に付き大学部予科及高等科各第一学年生を通じて約百八十名募集し、選抜試験の上入学を許可すべき見込なり、其の詳細は前付廣告欄參照せられたし」

本会設立東京農業大学に於いては來る四月新学年開始に際し大学部予科及高等科各第一学年及選修科の学生を募集す。

学生募集と同時に受験希望者に対し、「入学志願者の心得」を配布した。

　内容は以下の通りである。

○入学志願者の心得

【部門】大学部（予科、本科）高等科、研究部（大学研究科、高等研究科）選修科及聴講科を置く

【修業年限】大学部は予科二ヶ年、本科三ヶ年、高等科は三ヶ年、研究部は一ヶ年乃至三ヶ年とす

【特典】大学部予科、同本科、高等科及研究部の学生は在学中徴兵を猶予せられ卒業後一年志願兵たることを得

【称号】大学部本科卒業者は東京農業大学農業学士と称することを得

【授業料】一ヶ年に付大学部予科金四二円、同本科金五〇円、高等科金四二円とし、大日本農会員若しくはその子弟に限り一ヶ年金六円を減額す

【修学費】本学は寄宿舎を設けざれども附近に多くの適当なる止宿所あり左に授業料以外の修学費を掲げて参考に供す

1　食料　一ヶ月に付　七〜八円

2　間代　一ヶ月に付　三〜四円（一畳敷きに付六〜七〇銭）

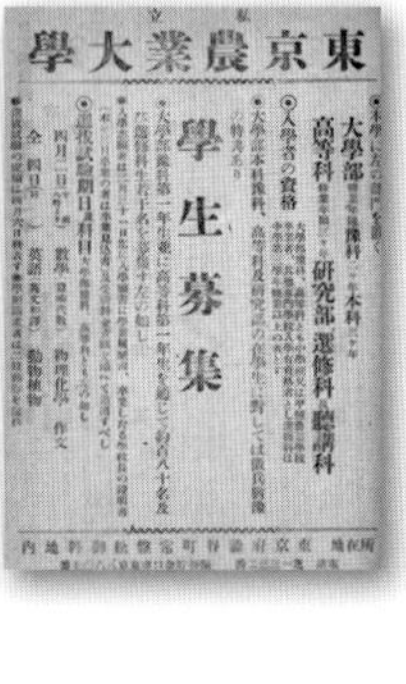

3　諸雑費　一ヶ月に付　三〜四円（筆、墨、紙、洗濯賃、湯銭、小遣い銭等）
4　書籍代　一ヶ月に付　五円乃至一〇円
5　制服代　冬服、夏服とも各一五〜六円
実習服一円四〇銭にしていずれも在学中一着にて足れり
【募集人員】大学部予科第一学年並びに高等科第一学年を通じて約一八〇及び選修科生若干名
【入学期】毎年四月とし大学部及高等科の外臨時入学を許可することあるべし
明治四五年四月新学年開始に際し、大学部予科第一年生及高等科第一年生若干名を募集す
【入学手続】入学せんとするものは其の卒業したる学校の証明書（専門学校入学者検定試験合格証明書）を添へて書式に従い入学願書及履歴書を差し出すべし
【入学者の資格】大学部予科、高等科とも年齢満一七歳以上の男子にして中学校卒業者、甲種農学校卒業者、専門学校入学者検定試験合格者及び専門学校入学指定学校卒業者とし選修科は中学第三学年修業以上の者、若しくは之と同等の学力ある者とす
【入学試験】大学部予科及高等科の入学志願者が募集人員を超過したる場合には中学校卒業の程度により選抜試験を行う
【入学願書受付期限】三月三一日
【選抜試験期日及び科目】大学部予科、高等科とも先の通り選抜試験を施行す

四月二日（午前八時より）数学（算術代数）物理・化学　作文
同四日（同）英語（英文和訳）動物・植物
【選抜試験成績発表期日】四月六日
【無試験入学】大学部予科若しくは高等科の入学志願者にしてその卒業したる学校における成績優良の者は詮衡の上特に無試験にて入学を許すことあるべし
前項の無試験入学志願者は学業成績、席次及び操行に関する当該学校長の証明書並びに諸否通信費（三月二〇日までに出願の者は三銭郵券、それ以後に出願の者は電報料二〇銭）を入学願書と共に差し出すべし
【学年・学期】学年は四月一日に始まり、翌年三月三一日に終り三学期に分つ
夏季休業中は生徒を数組に分ちて交互に実習を課す
【学科】各部門の学課目及毎週授業時数左の如し
〈大学部予科〉修身、国語、漢文、英語、独逸語、博物理化、数学、論理、心理、農業、図書、測量等毎週三〇時間内外、実習及び実験無定時
〈大学部本科〉修身、英語又は独逸語、法制及経済、農業経済、作物、園芸、畜産及酪農、養蚕、作物病虫害、土壌及肥料、農業工学、林学、農産製造、獣医、教育、植物生理、生理化学、気象、特別講義等毎週二二時間乃至二五時間、実習及実験毎週一七時間乃至二三時間、養蚕実習無定時

四、東京農業大学卒業式（明治四五年三月二九日）

優等卒業生
新井　濱翁（埼玉）
武田　星輝（長野）
深本　亀治郎（岡山）

以下、卒業論文優等生とその論文題目である。

卒業論文優等生
一等賞
日本園芸植物論　久米　政民（愛知）
二等賞
大豆論　新井　濱翁（埼玉）
自村の発展に資す　岩津　茂三（熊本）
農村管理　佐藤　慶治郎（山形）

三等賞
土壌管理法原理概論　武田　星輝（長野）
農村保全論　深本　亀治郎（岡山）
野生食用植物論　瀬谷　勝久（秋田）
園芸苹樹論　渡邊　保（新潟）
長野県の桑園　針塚　卯八（群馬）
台湾農業の概況を論ず　齋藤　信吾（熊本）
麦穀利用に就いて　尾板　憲蔵（滋賀）
蚕糸業時論　川上　政彦（鹿児島）
地主と小作人との関係を論ず　渡邊　俊三（山形）
農科副業林業経営法　天田恭三郎（群馬）

新井濱翁氏は明治二三年三月二〇日生、浦和中学校卆（現埼玉県立浦和高等学校）明治四二年四月六日東京高等農学校へ入学、明治四五年三月二九日東京農業大学卒業。優等卒業生として答辞を

奉読した。また卒業論文は二等賞を受賞した。卒業後埼玉県庁農務部へ技師として勤務する。

卒業生は、上級学校へ進学に、故郷に、はたまた農業指導者として、それぞれの道を求め社会に巣立っていった。

新井　濱翁氏

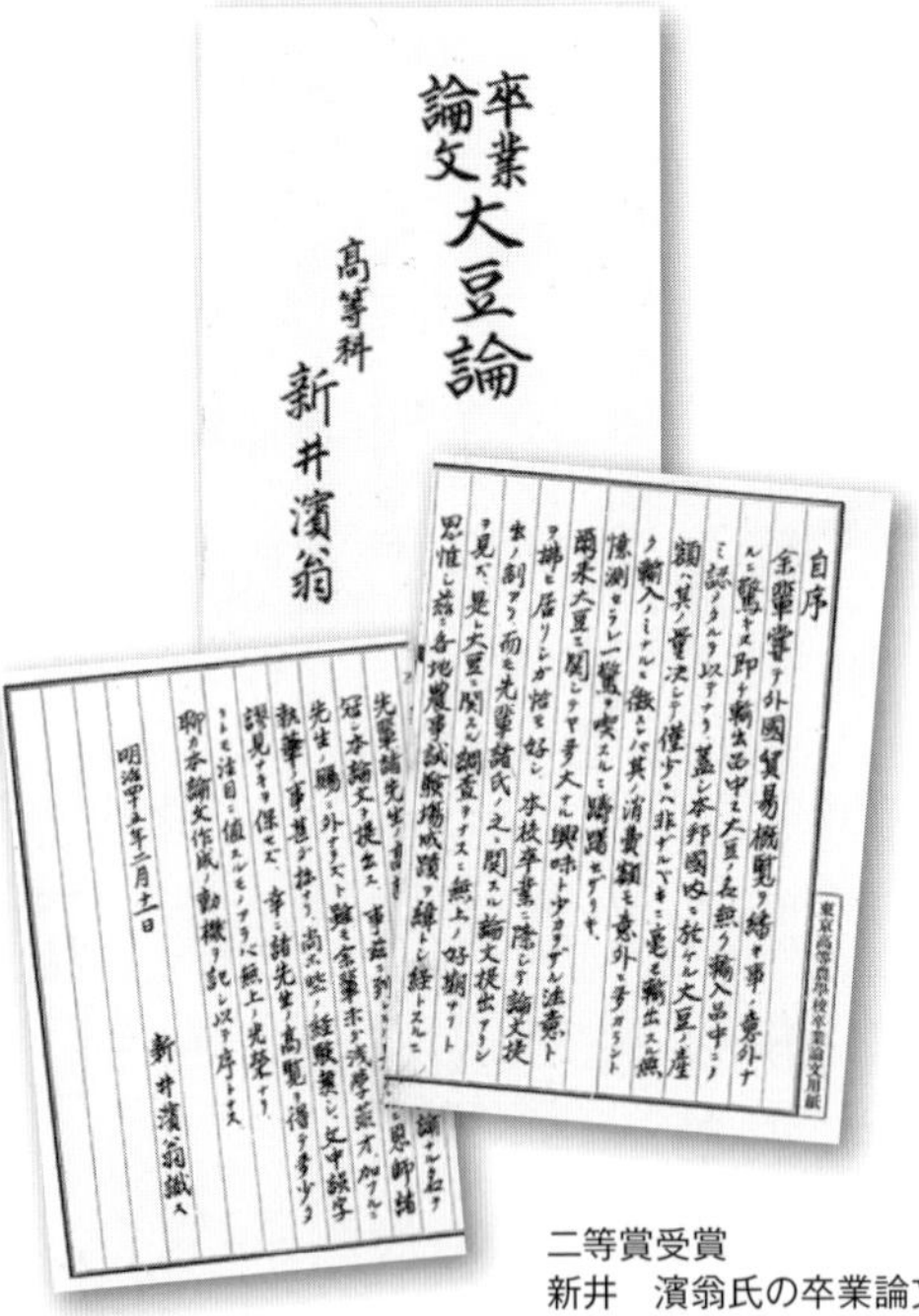

卒業論文 大豆論

高等科 新井濱翁

自序

二等賞受賞
新井　濱翁氏の卒業論文
「大豆論」の序文

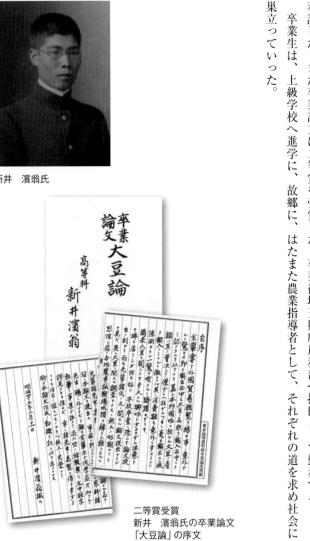

五、選抜（入学）試験

前掲の募集広告にあるように、選抜試験は二日間にわたって行われた。大学になって初めての入学試験である。この一回目の試験問題だけが完全な形で保存されていた。

4月2日（火）
午前8時より、数学（算術・代数）、物理・化学、作文

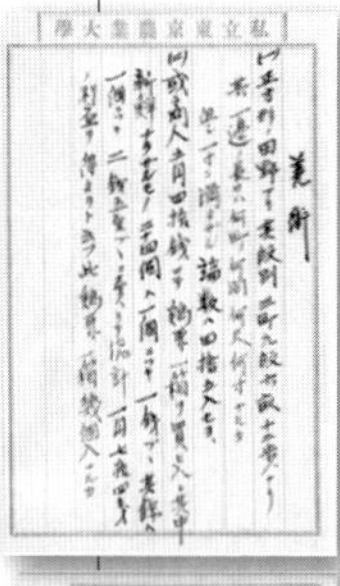

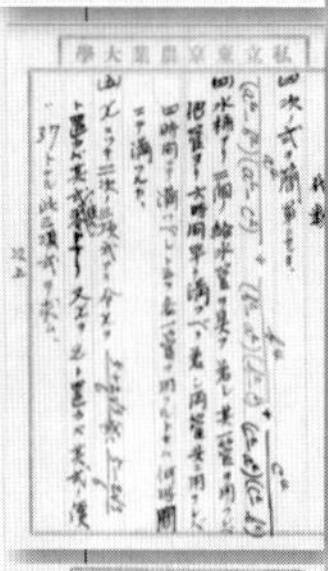

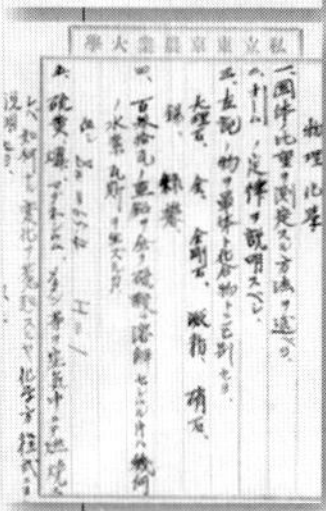

算　術

(1) 正方形の田野あり。其の段別3町9段（反）6畝12歩なり。其の1辺の長さは何町何間何尺何寸なるか。但し1寸に満たざる端数は4捨5入せよ。

(2) 或る商人40銭にて鶏卵一箱を買い入れ、其の中新鮮ならざるもの24個は1個につき1銭づつ其の余りは1個につき2銭5厘で売りて総計1円74銭の利益を得たりという。この鶏卵1箱幾個入れなるか。

代　数

(3) 次の式を簡単にせよ。

$$\frac{a^4}{(a2-b2)(a2-c2)}+\frac{b^4}{(b2-a2)(b2-c2)}+\frac{c^4}{(c2-a2)(c2-b2)}$$

(4) 水桶あり。2個の給水管を備う。もしその一管を用いれば他管より6時間早く満つべり。もし両管共に用うれば4時間にて満つべしと言う。各一管を用うるときは何時間にて満つるか。

(5) Xにつき二次の3項式あり、今Xを $5+2\sqrt{3}$ 或いは $5-2\sqrt{3}$ と置かばその式の値は零6となりまたXを2と置かばその式の値は37となる。この3項式を求む。

物理・化学

1　固体の比重を測定する方法を述べよ。
2　オームの定律を説明すべし。
3　左記の物を単体と化合物とに区別せよ。大理石、金、金剛石、澱粉、硝石、錫、緑礬
4　130gの亜鉛を全く硫酸に溶解せしむる中は幾何の水素瓦斯を生ずるか。ただし Zn=65.4　H=1
5　硫黄、燐、マグネシウム、メタン等を空気中にて燃焼すれば如何なる変化を惹起するや、化学方程式により説明せよ。

作　文

「職業論」
注意　口語体を禁ず
　　　平かなを用うべし

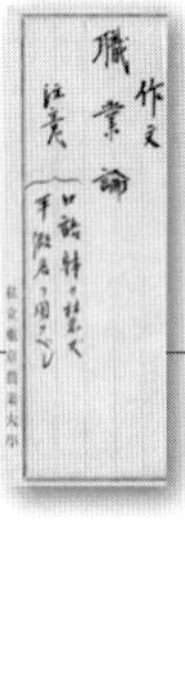

1日置いた4日（金）も同様に8時から英語、動物・植物の試験が行われ、合格発表は6日（日）であった。

4月4日（木）
午前8時より、英語、動物・植物

英文和訳

(1) The difficulty is not so great to die for a friend as to find a friend worth dying for.
(2) If there is one virtue that should be cultivated more than another by him who would succeed in life, it is punctuality; if there is one error that should be avoided, it is being behind time.
(3) He was of opinion that there was now an opportunity, such as had never before offerd itself, and such as might never offer itself again, to carry it out.

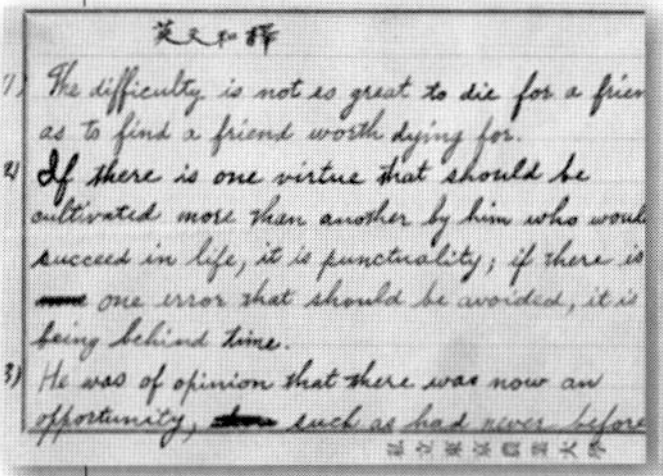

英文和譯

1) The difficulty is not so great to die for a frien
as to find a friend worth dying for.
2) If there is one virtue that should be
cultivated more than another by him who woul
succeed in life, it is punctuality; if there is
one error that should be avoided, it is
being behind time.
3) He was of opinion that there was now an
opportunity, such as had never before

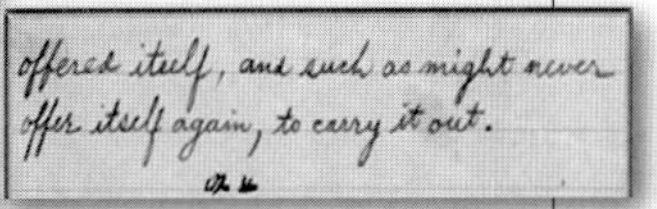

offered itself, and such as might never
offer itself again, to carry it out.
以上

動物・植物

1　節足動物を４類に分けて各類に属する動物各２ッを挙げよ。
2　動物の警戒色及び擬態につきて例を挙げ説明せよ。
3　植物の定芽と不定芽とは如何なる差あるや。
4　葉の必要なる所以を個条により列挙せよ。

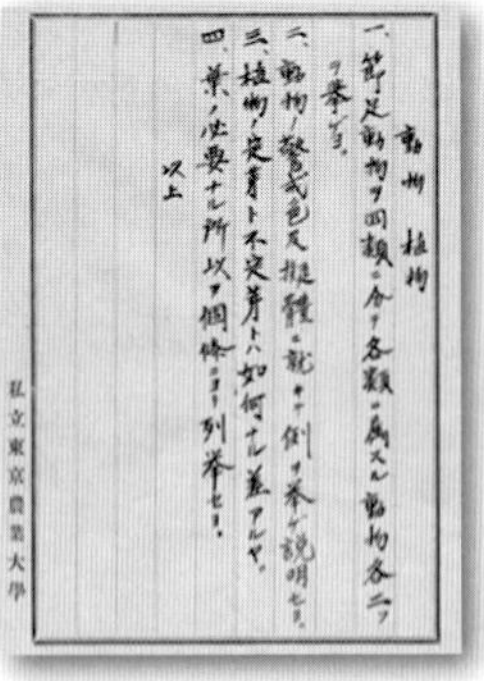

動物 植物
一、節足動物ヲ四類ニ分ケ各類ニ属スル動物各二ツヲ挙ゲヨ。
二、動物ノ警戒色及擬態ニ就キテ例ヲ挙ゲ説明セヨ。
三、植物ノ定芽ト不定芽トハ如何ナル差アルヤ。
四、葉ノ必要ナル所以ヲ個條ニヨリ列挙セヨ。
以上
私立東京農業大学

○選抜試験成績発表期日　四月六日（土）
東京農業大学予科受験者
中学校出身者　　六〇名
農学校出身者　　五五名
東京農業大学高等科受験者
中学校出身者　　六八名
農学校出身者　　三〇名

合格者のトップは東京府立第四中学校（現東京都立戸山高等学校）出身の吉田千秋氏であった。
因みに氏の成績は、数学 五八点、物理・化学 七三点、作文 七五点、英語 九七点
動物・植物 八三点、合計三八六点。平均で七七点というものであった。

吉田千秋氏は旧制第三高等学校（現京都大学）の「琵琶湖周航の歌」の原曲者である。
詳細は第四部。

六、生徒規約宣誓式

宣誓簿署名

千秋氏が東京府立第四中学校を卒業し、私立東京農業大学大学部予科への入学、宣誓式までの気持ちを次のように書いている。

「四月、第四中学校卒業。高等学校へ入学せんかと思ひたれど健康をきつかひ私立農業大学の入学試験に應ず。受験者も多からざりしかど一番なり。又最年少なりき。級長を命ぜらる。」

入学式にあたる生徒規約宣誓式は以下の通りである。

五月一日（水）入学式にあたる生徒規約宣誓式が行われた。農会報の記録には、「入学生徒総代先づ規約文を誦讀《しょうどく》④し……」とある。

この入学生徒総代の名前は残っていないが、大学部予科が新設され最初の級長を命ぜられた千秋氏が、其の大任を果た

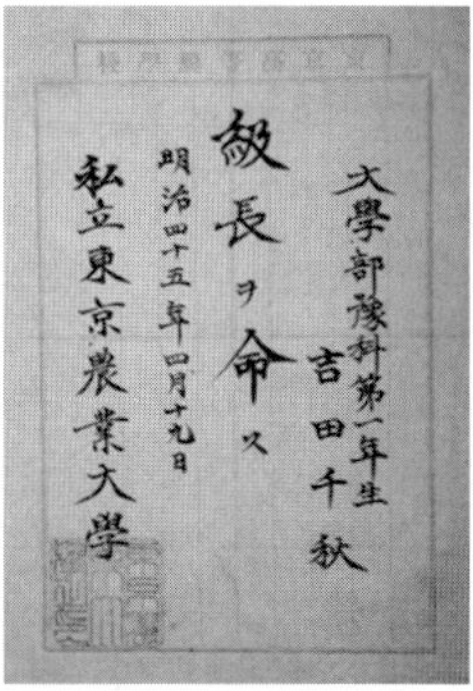
大學部豫科第一年生　吉田千秋
級長ヲ命ス
明治四十五年四月十九日
私立東京農業大學

吉田千秋氏級長を命ず

したのであろう。

生徒規約の大要は以下の通りである。

東京農業大学の生徒は自治の精神に基いてここに、自らがこの規約を設けたので規約の履行を誓う。教員の教えに従って、生徒お互いが切磋琢磨し、徳を修め智を磨く努力をする。信義と礼節を重んじ、勤労を率先して行い体の鍛錬に努める。華美柔弱の風を退け素朴と勇壮とを旨として東京農業大学生徒として恥ずかしくない行いをする。

（以下省略）

七、修学旅行

一〇月二九日より全校生徒を二班に分けて関西方面と伊豆方面修学旅行が行われた。「南船北馬」と題した記事が、文芸部員高等科三年金長蜻蛉《とんぼ》（ペンネーム）により書かれている。あまりにも長い旅行記なので出発した日の一部のみ掲載する。これが二〇歳前後の生徒の書いた文である。

南船北馬

高三　金長　蜻蛉

諒闇の秋更けて一〇月二九日全校を別ちて二班となし第一班は桃山御陵を参拝し方々附近の名勝古墳を探る事となし第二班は伊豆熱海箱根を踏破して深く智嚢に一印象を与えんとす。快ならずや愉ならずや全校一致挙げて以て事を為さんとは。

いでや第一班の遊歴せし跡を拙き水茎もて書き残さんも恥かしや。

第一日

午後一一時東都出発

身はあれと魂抜けてのこの身体、何んで天気の気にかゝる事はあるまいと澄ましこんだは夢なるか、矢つ張り天気が気にかゝる。雨は止みたれど黒羅紗の如き怪雲足並みいと緩やかに油断はならぬ。うつかりすると東京見物を、しそうな模様がある。危険々々。

夜の新橋は又俗界よも浮び出したるものなるか、二條《ふたすじ》の白き線引く自動車の燈火微かに大道を輝して居る外には人力車も自動車も只一つに薄すぼんやりとして場内の塵りほこりは昼ほど眼に立たぬ。定刻改札口より車中に送り込まれた一行は正に六〇人と数へられた。

車掌独得のスタイルに、黒煙一吐プラットホームの柱は其の位置を転じ出した。刻一刻と早やまりて新橋停車場は早や見へすなりぬ。

夜いよいよ深うして、軌道をきしる音、いと爽やかに、耳朶を打つ、ふと気付けば窓外に一物あり。

戸を排して仰ぎ見れば晩秋の名月おぼろげに大空に懸るなりけり。夜中の車窓何をか求むべき、只暗、只寂。明燈輝々として車窓を射て、初めて知る停車場に来たるを。雨點初めて雨なるを知るのみ。

（以下省略）

注　解

① **神嘗祭**（かんなめさい）

宮中祭祀のひとつ。大祭。五穀豊穣の感謝祭にあたるもので、宮中および神宮（伊勢神宮）で儀式が執り行われる。

② **ひ - ひ【霏霏】**

雪や雨が絶え間なく降るさま。「―として秋雨が降る」

③ **高農日和**（こうのうびより）

運動会の開催期日は昭和10年までは大体毎年10月特別な事情のない限り、神嘗祭当日に行われていた。だが、10月中旬は雨の日が晴天に対して73％を示しているに対して下旬は42％であり、11月の上旬ではほとんど晴であることから、昭和11年から11月3日（明治節、今日の文化の日）前後に開催することに変更された。

運動会と当日の天気

第1回　明治38年10月8日(日曜)晴　於　神奈川県高津村二子多摩川原
第2回　明治39年11月11日(日曜)晴　於　世田谷松陰神社境内
第3回　明治40年11月10日(日曜)晴　於　青山本尾家原(青南小学校東側)
第4回　明治41年11月1日(日曜)晴　於　本尾家原
第5回　明治42年10月10日(日曜)雨　於　本尾家原
　　……当日は晴天なりしも前日の強雨の為、11月3日(天長節)に延期。11月3日曇り小雨あり、挙行。
第6回　明治43年10月23日(日曜)晴　於　本尾家原
　　……順延(翌11日も雨)、10月12日(火曜)曇り挙行。
第7回　明治44年10月17日(神嘗祭)晴　於　本尾家原
　△明治45年　明治天皇の大喪にて中止。
第8回　大正2年10月26日(日曜)晴　於　本尾家原
　△大正3年照憲皇大后の大喪にて中止。

④しょう‐どく【誦読】
書物などを声を出して読み上げること。「論語を―する」


このほか、記事として取り上げたい記録が実にたくさんある。

運動部各部の記録、弁論大会、横井学長が教育の一環とした消費組合（生活協同組合）等々、また別の機会に掲載できればと思う。

◆蛇　足◆

入学志願者の心得に修学費が記載されているので参考までに。

本学は寄宿舎を設けていないが農大の近くに多くの適当な下宿、貸室がある。

そして、授業料以外に掛かる経費として当時の相場を挙げている。

1　食　料　一ヶ月に付　七～八円
2　間　代　一ヶ月に付　三～四円（一畳敷きに付　六～七〇銭）
3　諸雑費　一ヶ月に付　三～四円（筆、墨、紙、洗濯賃、湯銭、小遣い銭等）
4　書籍代　一ヶ月に付　五円及至一〇円
5　制服代　冬服、夏服とも各一五～六円　実習服一円四〇銭にしていずれも在学中一着にて足れり

当時の物価と今の物価を比べた時、一円は今の金額にして幾ら位に相当するのであろうか。

換算方法によってまちまちであるが、色々照らし合わせてみると、一円の価値は今のお金にして四〇〇〇円位であろうと推察される。

従って上の金額で低い方を取ってみると、食事付下宿代が一〇円（四万円）、諸雑費、書籍代で八円（三万二千円）合計で七～八万円位は月に掛かっていたと思われる。

運動会記念絵ハガキ　明治 44 年

運動会記念絵ハガキ　大正2年

農大かるた　中川音五郎（大正7年卒）画

第四部　琵琶湖周航の歌　原曲者吉田千秋

農大空白の三年間　～千秋と農大豫科～

平成二〇年（二〇〇八年）四月。私は、小学校一年生だった時の担任の先生に会いに行こうと、在京の同窓生数名と先生のご自宅を訪問した。先生の御主人は元ＮＨＫのアナウンサーである。一冊の本を手に私の側に来られた。

本の名は『琵琶湖周航の歌〜小口太郎と吉田千秋の青春〜』とある。飯田忠義氏が書かれたものであった。

「内村さんも農大と聞きましたが、作曲者の吉田千秋さんが農大出身ということを知っていますか」と言われる。

私は旧制第三高等学校（現京都大学）の寮歌「紅もゆる丘の花」と、この「琵琶湖周航の歌」が好きだった。詳しくは覚えていなかったのだが、記憶の隅に、農大という名がかすかにあった。その後、著者の飯田さんから本を送っていただき、興味深く読ませていただいた。それがこの項で紹介する吉田千秋氏のことである。

❖「琵琶湖周航の歌」の誕生

大正六年（一九一七年）、第三高等学校のボート部が琵琶湖周航の途中、湖畔の今津で宿をとった。その夜、部員の小口太郎が一片の詩を作り、部員に紹介した。部員たちは、当時学生の間に愛唱されていた「ひつじぐさ」というメロディにこの詩を乗せて歌った。「琵琶湖周航の歌」の誕生の瞬間である。

❖作曲者さがし

昭和四六年（一九七一年）、歌手加藤登紀子が歌ったこの「琵琶湖周航の歌」が大ヒットした当時、作詞・作曲者が不明、ないしは共に小口太郎①と楽譜等に記載されていた。その頃「本当の作曲者は誰なのか」ということへの関心が関係者の間で高まっていた。

琵琶湖周航の歌の作曲者捜しを本格的に手掛けたのは、昭和四年（一九二九年）に三高を卒業された堀準一氏である。堀氏が「琵琶湖周航の歌」が「ひつじぐさ②」という別の歌のメロディを借りているようだ、という事に辿りついたのは昭和四六年、さらに楽譜を入手出来たのが昭和五四年（一九七九年）、別資料では昭和五七年（一九八二年）である。

堀氏は琵琶湖周航の歌が「ひつじぐさ」を原曲とすること、「ひつじぐさ」の作者の名前が「吉田ちあき」であり、新潟に縁があるらしいということまでは突き止めたが、しかし、その人物像は全く不明であった。「幻のちあき」と言われながら時間だけが過ぎて行った。

「吉田ちあき」が、歴史・地理学者の吉田東伍④の次男であり、「吉田千秋③」だと判明したのは平成五年（一九九三年）である。新潟県の地方紙に掲載された、滋賀県今津町教育委員会の落合良平氏が「琵琶湖周航の歌」で町興しを企画しており、作曲者「吉田ちあき」の消息を探している、という小さな記事が、偶然にも、新潟県阿賀野市で、吉田東伍展の準備をしており、吉田家の系図を書いた旗野博氏の目にとまったのであった。

吉田千秋の訳詞、作曲した「ひつじぐさ」と、小口太郎の作詞した「琵琶湖周航の歌」の歌詞、その両者の旋律を比較した楽譜もあわせて掲載した。

「ひつじぐさ」　訳詞・作曲　吉田　千秋

おぼろ月夜の　月明かり
かすかに池の　面《おも》に落ち
波間に浮かぶ　数知らぬ
ひつじ草をぞ　照らすなる
雪かとまがふ　花びらは
黄金の蘂《しべ》を　取り巻きつ
波のまにまに　揺るげども
花の心は　波立たず

「琵琶湖周航の歌」　作詞　小口　太郎

われは湖の子　さすらいの
旅にしあれば　しみじみと
のぼる狭霧や　さざなみの
志賀の都よ　いざさらば
松は緑に　砂白き
雄松が里の　乙女子は
赤い椿の　森蔭に
はかない恋に　泣くとかや

「ひつじぐさ」と「琵琶湖周航の歌」の旋律比較

一、私立東京農業大学予科と吉田千秋

インターネットで琵琶湖周航の歌、あるいは吉田千秋と検索すると、東京農大予科、病気で中退と出てくる。

しかしながら、千秋が入学した当時の農大予科に関する情報は全くと言ってもいいほど無い。かろうじて、飯田忠義氏が農大を訪問し、前述の著書『琵琶湖周航の歌 ～小口太郎と吉田千秋の青春～』の中に千秋の残した日記「しのぶ草」を記載しているのが唯一であろう。

百年前の私立東京農業大学の大学部予科とは、どの様な学校であったのだろうか。

私は農大予科に俄然興味がわいた。飯田氏の書かれた農大に関する記述をなぞりながら、私の千秋と農大探しが始まった。

・明治二八年　二月一八日　新潟市秋葉区大鹿に生れる
・明治三〇年　二歳　父の元へ上京
・明治三四年　六歳　小学校入学　大鹿へ転校
・明治四五年　一七歳　東京府立第四中学校卒業　東京農業大学予科入学
・大正三年　一九歳　病気の為退学

・大正四年　二〇歳　帰郷　「ひつじぐさ」訳詞作曲「音楽界」に発表
・大正六年　二二歳　大鹿教友会（キリスト教）で賛美歌指導
・大正七年　二三歳　方言研究　父東伍死去
・大正八年　二四歳　二月二四日死去

千秋（十七歳）
東京府立第四中学校（現東京都立戸山高等学校）
卒業当時

二、私立東京農業大学予科の設立

◆明治四四年（一九一一年）

一一月一五日（水）大学学則が認可される（文部省）

なお、明治四五年三月までは大日本農會設立　私立東京高等農学校であった。

◆専門学校令による私立東京農業大学　明治四四年一一月〜大正一四年五月

明治四四年一一月一六日、私立東京高等農学校は、私立東京農業大学と改称した。そして、従来の課程を高等科とし、新たに大学部本科および大学部予科を設置した。わが国初の農学系単科大学の誕生であり、その意義は大きい。定員総数は大学部本科二四〇名．大学部予科一六〇名、高等科三〇〇名の計七〇〇名となった。

同日、校長横井時敬は初代学長に就任した。また、庶務主任、農場主任を置くこととなり、桑田佑栄が庶務主任に、下川義治が農場主任にそれぞれ就任した。私立東京高等農学校商議員は、私立東京農業大学商議員と改称した。その後学則を大正四年、六年、八年、九年、一〇年及び一一年に改正した。

三、私立東京農業大学学則（抜粋）千秋に適用された学則

（明治四四年一一月制定学則）

第一章　総　則

第二条　本校ニ大学部ヲ置ク　大学部ハ予科及本科ニ分ツ

第二章　学年学期及休業

第四条　学年ハ四月一日ニ始マリ翌年三月三一日ニ終リ之ヲ左ノ三学期ニ二分ツ

第一学期　四月一日ヨリ七月三一日マテ

第二学期　八月一日ヨリ一二月三一日マテ

第三学期　一月一日ヨリ三月三一日マテ

第五条　年中休業日左ノ如シ

大祭日　祝日　日曜日　開校記念日　（一月一六日）

春期休業日　四月一日　至同月一〇日

冬期休業日　一二月二〇日　至翌年一月一〇日

夏期休業日　七月一五日　至八月三一日

但シ夏期休業中ハ生徒ヲ数組ニ分チ交互ニ実習ヲ課ス（大学部予科第一学年及高等科第一学年生徒ニ限リ農場實習ヲ課シ其他ノ生徒ニ在リテハ各受持農場ノ必要ニ應シ實習ニ従事セシム）

第三章　大学部

第六条　大学部修業年限ハ予科二箇年本科三箇年トス

第九条　大学部ノ入学期ハ四月一日ヨリ三〇日以内トス

第一〇条　大学部予科ニ入学ヲ許スヘキ者ハ年齢満一七年以上ノ男子ニシテ左ノ各号ノ一ニ該当スル者タルヘシ

1　中学校ヲ卒業シタル者

2　専門学校入学者検定規程ニ拠ル試験検定ニ合格シタル者

第八章　入学及退学

第三〇条　入学志願者ハ卒業シタル学校ノ証明書（専門学校入学者検定規程ニ依ル試験検定合格証明書）ヲ添ヘテ甲乙号書式ニ倣ヒ入学願書及履歴書ヲ差出スヘシ

第三〇条　大学部予科及高等科ノ入学志願者カ募集人員ニ超過シタル場合ニハ中学校卒業ノ程度ニヨリ選抜試験ヲ行フ、前項ノ場合ニハ受験料トシテ試験前日迄ニ金二円ヲ納付スヘシ

第三六条　入学ヲ許サレタル者ハ入学金トシテ金二円ヲ納付スヘシ

第三七条　入学ヲ許サレタル者ハ本校ノ公認シタル生徒規約ニ遵ヒ行動ヲ慎ミ生徒ノ本分ヲ守ルヘキモノトス

第三八条　退学セント欲スル者ハ其理由ヲ詳記シ保証人連署ヲ以テ願出ツヘシ

第九章　試験及卒業

第四〇条　試験ヲ分チテ臨時試験及学年試験ノ二種トス
臨時試験ハ各科受持講師便宜ノ時期ニ於テ之ヲ行ヒ学年試験ハ学年ノ終リニ於テ之ヲ行フ

第四一条　試験評点ハ農場実習ハ二〇〇点他ノ各科目ハ一〇〇点ヲ以テ満点トシ総科目平均60点以上ヲ合格トス
但シ四〇点以下一科目若ハ四〇点以上五〇点以下二科目アル時ハ不合格トス

第四二条　試験ニ欠席シタル者ニハ零点ヲ付ス
但シ欠席ノ情状酌量スヘキモノアリト認ムル者ハ試験当日迄ニ相当ノ手続ヲ為シタル者ニ限リ補欠試験ヲ行フコトアルヘシ

第四三条　一学年中六箇月以上休学シ又ハ授業日数ノ二分ノ一以上欠席シタル者ハ其学年試験ヲ受クルコトヲ得ス

第四四条　学年試験ノ成績ハ臨時試験ノ成績ヲ参酌シテ之ヲ定ムルモノトス
第四五条　学年試験合格者ハ上級ニ昇進セシム
第四六条　大学部各科及高等科ノ課程ヲ卒リタル者ニハ卒業証書ヲ授与ス
　大学部本科ノ卒業証書ヲ得タル者ハ東京農業大学農業学士ト称スルコトヲ得

第一〇章　欠席及休学

第四七条　疾病其他止ムヲ得サル事故ニ依り欠席セントスル時ハ本人ヨリ届出ツヘシ
欠席三日以上ニ亙ル時ハ其理由ヲ詳記シ保証人ヨリ届出ツヘシ
病気欠席ノ場合ニハ医師ノ診断書ヲ添付スヘシ
第四八条　疾病其他止ムヲ得サル事故ニヨリ三箇日以上引続キ出席スルコト能ハサル時ハ学長ノ許可ヲ得テ一箇年以内休学スルコトヲ得　休学中ハ授業料ヲ徴収セス

第一一章　授業料

第四九条　授業料ハ左ノ区別ニ依ル
大学部予科　一箇年金三六円
第五一条　授業料ハ四期ニ分納スヘシ其納期左ノ如シ
第一期　自四月一一日　至同月一五日

◆明治四五年（一九一二年）一月一五日（月）

「生徒募集　本学に於ては來る四月より新学年開始に付き大学部予科及高等科各第一学年生を通じて約一八〇名募集し、選抜試験の上入学を許可すべき見込なり、其の詳細は前付廣告欄參照せられたし」（下図）

千秋が東京府立第四中学校を卒業し、私立東京農業大学大学部予科への入学、宣誓式までの気持ちを次のように書いている。

「四月、第四中学校卒業。高等学校へ入学せんかと思ひたれど健康をきつかひ私立農業大学の入学試験に應ず。受験者も多からざりしかど一番なり。又最年少なりき。級長を命ぜらる。」

（「しのぶ草」千秋　一七歳）

大日本農會報（第三六七号）

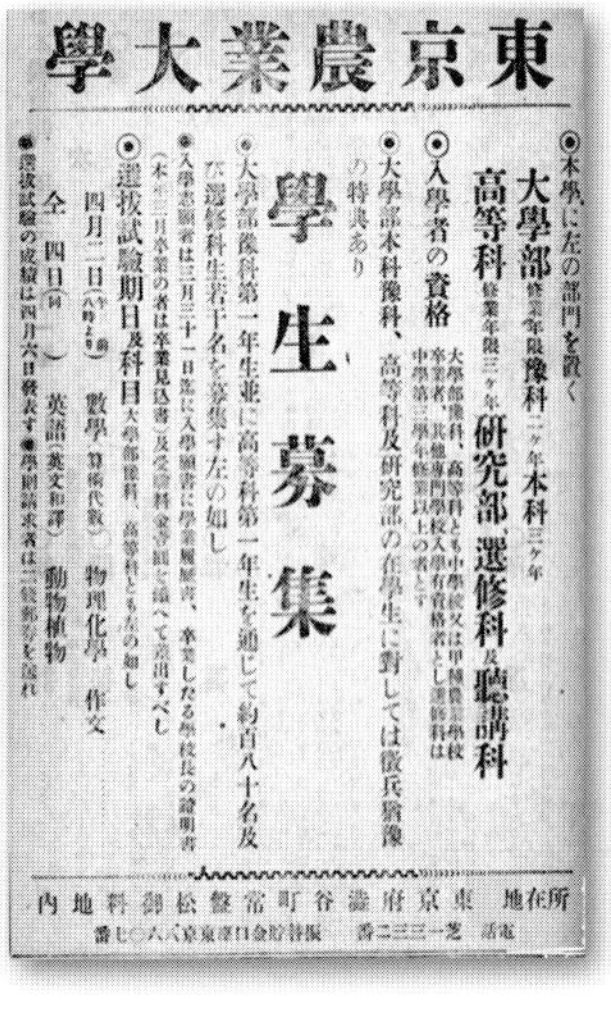

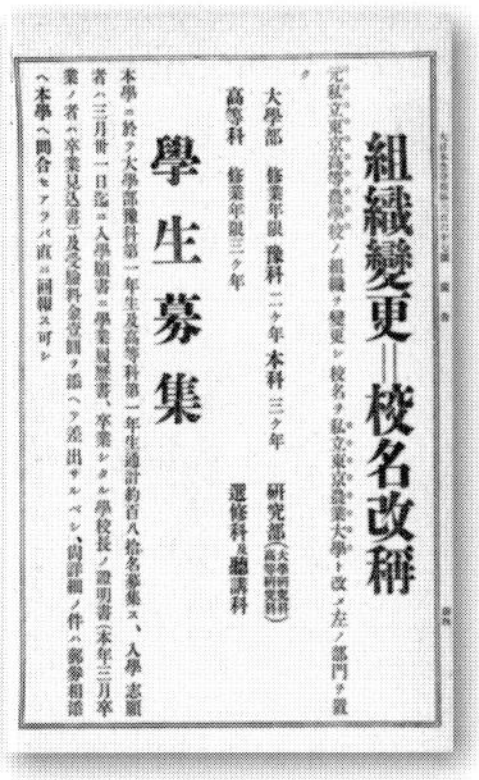

千秋が見たと思われる
学生募集広告

学則の第五条に「春期休業日　四月一日　至同月一〇日」、また第三章第九条には「大学部ノ入学期ハ四月一日ヨリ三〇日以内トス」、さらに第五一条に「授業料ハ四期ニ分納スヘシ其納期左ノ如シ　第一期　自四月一一日至同月一五日」と規定されている。

しのぶ草の記述とこの条項から考えると、府立四中の卒業式は四月一日から一週間程度までのいずれかの日であったと思われる。大正二年、千秋が予科の二年生になった時の入学試験は二日にわたって行われている。

四月二日（水）朝八時から数学、物理化学、作文が行われ、一日置いた四日（金）も同様に八時から英語、動物・植物の試験が行われ、合格発表は六日（日）であった。

千秋の出た東京府立第四中学校（現都立戸山高校）は、第一中学校（現都立日比谷高校）と旧制高等学校、陸軍士官学校、海軍兵学校への進

第二節　学科課程及毎週教授時数

第七条　大学部予科ノ学科課程及毎週教授時数ハ左表ノ如シ

大学部予科学科課程及毎週教授時数表

学科	第一年 科目	第一年 毎週時間数	第二年 科目	第二年 毎週時間数
修身	人倫道徳要旨	一	同上	一
国語漢文	講読文法及作文	三	同上	二
英語	読方訳解及文法作文	一〇	同上	一〇
独逸語	読方訳解及文法作文	五	同上	五
博物	動物学	二	植物学	二
	鉱物学	一	地質学	一
理化	無機化学	二	有機化学	二
			物理学	二
数学	三角法・代数学	三	解析幾何	二
論理	論理学	一		
心理	心理学	一		
農業			農業論	一
図画	投影画・幾何画	二		
測量			測量学	二
合計		三一		三〇
実習及実験		無定時		無定時

学を競う程の名門校であり、新設された農大予科の試験は千秋にとって簡単であったと思われる。健康を気遣った千秋が高等学校進学を諦めた時、幼少の時から興味を持っていた動物、植物を教授する学校として、組織改革を行い、校名を私立東京農業大学とした農大予科の募集が目に入ったのではあるまいか。

千秋が学ぼうとした大学部予科並びに本科の学科課程及び毎週教授時数表は右記のとおりである。

大学部予科二年間で、動物学、植物学、鉱物学、地質学、無機化学、有機化学、農業論、語学等々の科目が配され、大学部本科三年間では、作物、蔬菜、畜産、養蚕、害虫、植物病理、獣医、植物生理等々が教授されることから、千秋としても自らの興味に合った科目が学べると考えたのであろう。

第八条　大学部本科ノ学科課程及毎週教授時数ハ左表ノ如シ

大学部本科学科課程及毎週教授時数表

学科	第一年 科目	毎週時間数
修身	人倫道徳論要旨	一
英語又ハ独逸語	読方訳解及	三
	文法作文	二
法制及経済	法学通論・経済学通論	三
作物	作物汎論・作物各論	三
園芸	蔬菜論	二
畜産及酪農	畜産汎論・畜産各論	二
養蚕	養蚕法	一
作物病虫害	害虫論	二
農業工学	農具論	一
林学	林学大意	二
教育	教育学	一
植物生理	植物生理学	一
気象	気象学	一
合計		二五
実習及実験		一七

第二年 科目	毎週時間数
同上	一
同上	三
憲法行政法大要	二
農業法規	一
農業経済学・農業評価学・農業簿記学	三
作物各論	二
果樹論	二
畜産各論	二
蚕体解剖・蚕病論	二
植物病理学	二
土壌論	二
生物化学	一
合計	二三
実習及実験	二〇
養蚕実習	無定時

第三年 科目	毎週時間数
同上	三
自治制	一
財政学	二
農政学	二
家畜飼養論・酪農論	二
肥料論	二
農業土木論	二
農産製造論	二
獣医学大意	一
特別講義	五
合計	二三
実習及実験	二三
卒業論文	

備考　外国語ハ英語若ハ独逸語ニ就キ其一ヲ選ハシム

予科に入学した一学年生徒は総勢八三名で、その首席が千秋であった。（名簿上記三〇名、以下五三名割愛）

四月一九日（金）「級長ヲ命ス」の辞令が千秋に渡された。学則上では受験料は二円であるが、大学部予科、最初の学生募集である。広告に書かれている受験料は一円であり、千秋が納付した金額は、受験料一円、入学金として二円、授業料は三六円であった。

◆五月一日（水）生徒規約宣誓式を挙行

（大日本農會報　第三七一号）

「東京農業大学に於ては本年度新入学生對する生徒規約宣誓式を五月一日午後一時より挙行したり、其順序は入学生徒総代先づ規約文を誦讀し、次で生徒各自が宣誓簿に署名し、夫より学長農学博士横井時敬氏式辞を述べられ、最後に在学生総代の祝辞あり、之にて式を終り、別室に於て茶菓子の饗応ありたり、同日の出席者は来賓及び同校職員生徒等全て七百余名、学長の式辞左の如し。」

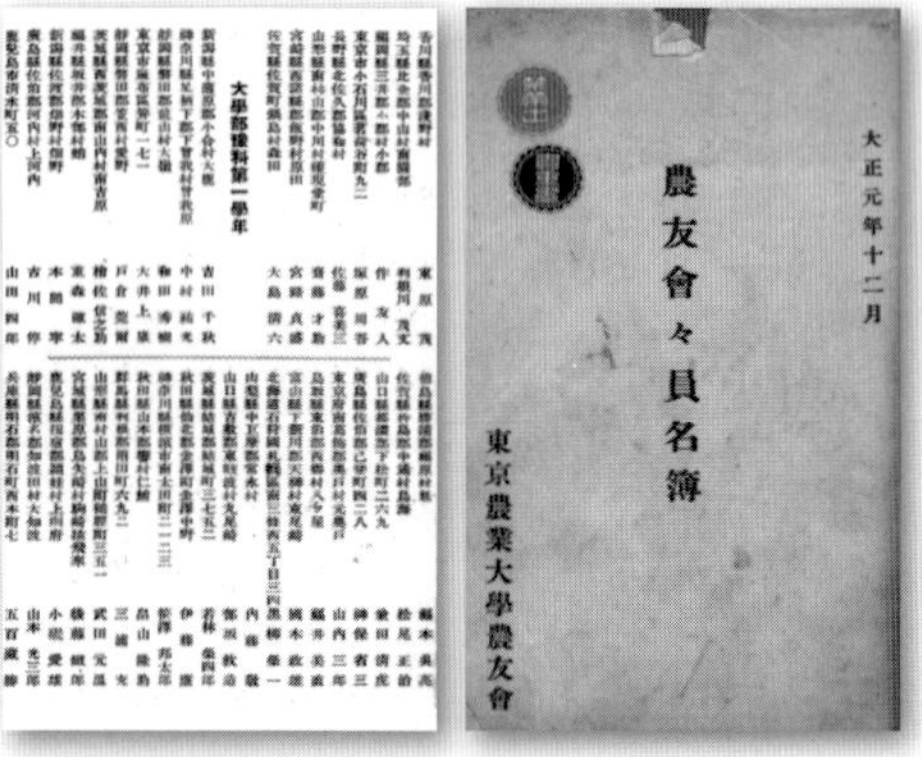

農友会会員名簿に千秋の名

農会報の記録には、「入学生徒総代先づ規約文を誦讀し」とある。

この入学生徒総代の名前は残っていないが、大学部予科が新設され最初の級長を命ぜられた千秋が、其の大任を負ったのではないかと思われる。

学則第三七条に「入学ヲ許サレタル者ハ本校ノ公認シタル生徒規約ニ遵ヒ行動ヲ愼ミ生徒ノ本分ヲ守ルヘキモノトス」とある。また、規約は農学校時代のものを若干ずつ改定しながら来ている。千秋が読んだ生徒規約はどのようなものであったろうか。

おそらくは、次に掲載した東京農学校生徒規約を東京農業大学予科と読み替え、誦讀したのではないかと思われる。

生徒規約（**東京農業大学五十年史**）

新体制を整へたる明治三一年一二月に至り、生徒取締の必要上、其の自治精神を刺戟する為、次掲の如き東京農学校生徒規約を制定せしめ、翌明治三二年一月一六日、開校記念に際し、全校生徒の宣誓を行はしめ、爾後学制の改変其他に當り、若干の修正ありたるも、昭和五年四月一五日、入学式当日に至る三〇有余年間、連年新入生学生の之を遵奉宣誓する所となれり。

明治三五年三月一五日、一部改正を行った本校則に附帯せる東京高等農学校生徒規約は、東京農学校生徒規約に、若干の修正を加へたるものであり、さらに明治四四年制定された学則に附帯せる東京農業大学生徒規約は、東京高等農拳校生徒規約を若干改正の上、之を踏襲せるものなり。

（学則に附帯せる東京農業大学生徒規約は、大正一四年一二月一日、更に其の一部を改めたりしが、昭和三年五月一八日、最後の宣誓式挙行を契機として、之を廃止せり。）

東京農学校（東京農業大学）生徒規約

明治三一年一二月制定、明治三二年一月一六日　第一回宣誓である。

一、我等東京農学校（東京農業大学、高等農学校）生徒ハ自治ノ精神ニ基キテ茲ニ此規約ヲ設ケタルモノニシテ学校ノ監督ノ下ニ之力履行ヲ誓フモノナリ

一、我等生徒ハ教頭講師ノ教訓ヲ順奉シテ互ニ相勧戒シ徳ヲ修メ智ヲ磨キ以テ東京農学校ノ風紀ヲ拡張スルニ勤ムル事

一、信義禮譲ヲ重ンシ秩序ヲ保ツ事

一、校規校令ヲ遵守シ敢テ違背セサル事

一、講師校員ニ敬事恭順スル事

一、勉メテ勤労ニ三服事シ以テ筋骨ヲ鍛錬ス可キ事

一、華美柔弱ノ風ヲ斥ケ素朴ト勇壮トヲ旨トシ農学校生徒タルノ本分ヲ守ル可キ事

一、卑陋ノ行ヲ斥ケ勉メテ高尚ノ品格ヲ養フ可キ事

一、学校ニ封シテハ特ニ左ノ各項ヲ守ル可キ事
一、上校ノ時ハ勿論外出ノ際ト雖モ、本校規定ノ徽章アル帽子ヲ戴キ制服又ハ袴ヲ着スヘク若シ制服或ハ　袴ヲモ着セサルモノハ教場ニ入ル可カラサル事
一、校内ノ植物ヲ損傷スル事、藩屏屋背ニ攀登スル事、戸壁ニ楽書スル事、瓦石ヲ抛投スル事等　ハ堅ク禁止シ、又構内ハ常ニ清潔ニ保チ壁硝子其他器具器械等ヲ損傷セサル事
一、授業中ハ妄リニ教場ヲ出テス不得止場合ニハ必ス講師ノ許可ヲ受ク可キ事
一、放課時間ト雖モ教室内ニテ喧騒セサル事
一、教場ハ勿論構内ニテハ湯呑所ノ外喫煙セサル事
一、實習中ハ左ノ事項遵守スル事
一、就業中ハ喫煙シ又ハ猥リニ休息セサル事
一、農場内ノ試作物ハ許可ヲ得スシテ他へ持チ去リ、或ハ採取使用セサル事
一、農具ハ之ヲ丁寧ニ取扱ヒ、又實習終了ノ上ハ清除シテ直チニ之ヲ定メノ場所ニ安置スル事
一、實習服ハ必ス特ニ足メテレタル着換ノ場所ニテ着換へ、又定メノ場所ニ掛ケ置ク事
一、右規約ニ明文ナシト雖モ学生間ニ不應為ノ所行ハ厳ナサル事
一、規約ノ各項ニ違フモノハ情状ノ軽重ニヨリ左ノ罰ニ処セラルル事
説諭掲示・留置労働・停学・放校

一、右規約ノ各項ヲ實行スルニ就キテ各級ニ於テ級長及副級長ヲ選挙シ以テ之カ処理ヲ托スル事

一、級長及副級長ハ各級ニ於テ二名ノ候補者ヲ選挙シ其ノ中ニ就キテ学校ヨリ指定セラルル事

一、級長及副級長ノ任期ハ一ヶ年トス　但シ再選スルコトヲ得

一、此ノ規約ノ條項中改正若クハ加除ハ学校若クハ五名以上ノ請求ヲ以テ生徒ノ會議ヲ開キ總員ノ三分ノ二以上出席セル協議會ニ於テ過半数ヲ得テ決定スルモノトス

午後一時より挙行された宣誓式は、「入学生徒総代先づ規約文を誦讀し、次で生徒各自が宣誓簿に署名し、夫より学長農学博士横井時敬氏式

宣誓簿に署名する新入生

辞を述べられ……」とある。千秋が拝聴したであろう横井学長の式辞は以下の通りである。

横井学長式辞（大日本農會報　第三七一号）

「諸君、今日は新来の学生を迎へ貴賓の来臨を辱ふして此に宣誓式を挙ぐるは實に本學の名誉とする所であります。扨て宣誓を終へたる諸君、諸君は此にいて本大學々生の資格を得られたのである、入校は濟んで居つても此の規則に従ってよく行動するの誓を終へて初めて本學の學生たることが出来る。宣誓式は諸方に行われて居る、然し本學の宣誓は特別である。苟も人間の誓を変えざること水の如しとあるは一度誓ったことは再び是を変えないといふ事である。誓ふといふ事は只無意味にいふ事ではない、一度誓った以上は必ず之を實行せねばならぬ、我々の誓は別に六ケ敷い事ではない、今の規約は誰にも為し得るもので、守り得ないと云ふ事ではない、一旦記名した以上は、何時迄も諸君の名は證拠として學校に残っている、其の名に対して背いたならば、其の人は誓に背いたのである、誓った事を食むと云ふは人としてなすべきことではない、男子として、ましてや日本國民に於いてをやである。斯く考ふるときは、今日誓った事は特別の意味がある、勿論人間には過はある、誰でも過はあるけれども、過ったる以上は之を改めて行かねばならぬ、之を改むる事の出来ないのは誓に背いたものである、萬一誓に背いた人があったならば、我々は諸君に向って制裁をなし、甚しきに至っては學生の資格を剥ぐのである、どうか諸君、我が農業大學は前に述べた如く學風を生命として居るので、諸君は既に十数日本学に在って甫て誓を爲られたのであるから、一旦誓った以上は本心より之を守らねばならぬ、小さい事が實行が出来ない様なものは、如何に學問が出来ても役に立たない人である、深く我々の意のある所を察して、決して誓に背かざる様にして貫いたい、一言之を告ぐるのである。」

横井学長が式辞の中で誓いの順守を繰り返し強く求めたのは、この明治四五年だけである。新生なった大学部予科と高等農学校に入学した学生、生徒に対し、これまでの農学校とは違う、大学であるという横井学長の強い思い入れが伝わる式辞である。

生徒規約宣誓式を終え、千秋の大学予科生活が始まった。

学則第四条に規定されているように、学年は四月一日に始まり翌年三月三一日に終了する三学期制をとっている。第一学期は四月一日から七月三一日、第二学期は八月一日から一二月三一日、第三学期は一月一日より三月三一日であり、各学期末試験が行われた。

千秋の予科一年の成績を調べてみた。語学に関しては抜群の成績である。英語は九三点、九〇点、九二点、平均で九二点。ドイツ語も八七点、九七点、九一点で平均九二点を取っている。

また動物学は一学期に、植物学は二学期に、それぞれ満点を取るなど千秋の本領を発揮している。

しかし、理数系科目については、どちらかと言えば不得手の科目であったと思われる。

さて、千秋の健康上の問題である。

NATURE 216

千秋は幼少の時から肺結核であった。

大学の夏期休業日は七月一五日から八月三一日までである。「夏期休業中ハ生徒ヲ数組ニ分チ交互ニ実習ヲ課ス、大学部予科第一学年及高等科第一学年生徒ニ限リ農場實習ヲ課シ……」と定められていることから、千秋も必修としての実習に出席しなければならなかった。朝から夕方までの実習は、千秋にとってはかなり過酷なものであったろう。

体調悪化は手製雑誌の最終号からも想像できる。

小学生だった明治三九年に創刊した「SHONEN」は、四中五年生の四四年八月の二〇五号で終り、同月に発行した二〇六号から「NATURE」と名前を変えている。その「NATURE」の発刊にあたり千秋は「今後は文学的な記事はやめ、科学的な記事を増やし……」と学術的な色彩を強めることを強調したものの、四五年七月二四日を最後に二一六号で廃刊になっている。

この最終号の表紙は赤インクで描かれた図案化した朝日

の下にフランス語で「自然科学の雑誌 THE NATURE 216」と書かれ、続く二ページは見開きの英文紙面で「ハームズワースの博物学」及び語学研究会、コスモス、バンコク切手会の広告を色鉛筆を交えて描かれている。千秋にとって必修である農場実習が、肺結核を悪化させ七年間書き続けた「NATURE」を廃刊せざるを得なかったのではなかろうか。

その体調の変化をしのぶ草に以下のように記している。

◇**大正元年（一九一二年）**

「此年の一〇月ごろより時々ねあせ、せき等にて苦しめらるる事あり。大いに不安を感じ悶々す。一二月診察をこひたるに肺右（?）肺先に少々異状あるらしけれど心配すべき事なし摂生を守られよと。医師の語にはげまされ別に深くも心配せざりしが兎に角一種の不安は常に胸中を往来せり。」

（「しのぶ草」千秋一七歳）

このように大学の夏季休業中の農場実習、雑誌「NATURE」の廃刊等を時系列で重ねていくと、肺結核が次第に進行していることが窺われる。九月の二学期からは登校したり、自宅で休んだりの繰り返しになっていったのであろう。

◇**大正二年（一九一三年）**

「常に身体に不安を感じ居たりし為に学事手につかず。中以下の成績にて二年級に進む。夏休みの頃より病気を案ずる結果学校を厭ひ、一〇月ごろ来年三月までの休学願を出す。此年の秋より急に音楽に趣味を覚え多くの唱歌集を求む。」

（「しのぶ草」千秋一八歳）

千秋自身が書いているように、予科二年に進級した千秋の成績は予科生徒六六名中五一番目の成績であった。

生家には学校からの、「吉田千秋殿　近来出缺常ならず……　二月三日（月）付け」のはがきが残されている。

◇**大正三年（一九一四年）**

「四月より悄然として登校したるも兎角健康思はしからず六月頃学校を退き茅ヶ崎の南湖院に入院す。海辺の病院にて呼吸器病を専門とす。健康やや快復す。耶蘇教に封し少しく信仰を起こす。院長高田畊安氏ハ有名なる基督信者なり。秋の初退院。外国語、和声学等の研究をなす。動物、外国語等の書に親しむ。和声学等の研究をなす」

（「しのぶ草」千秋一九歳）

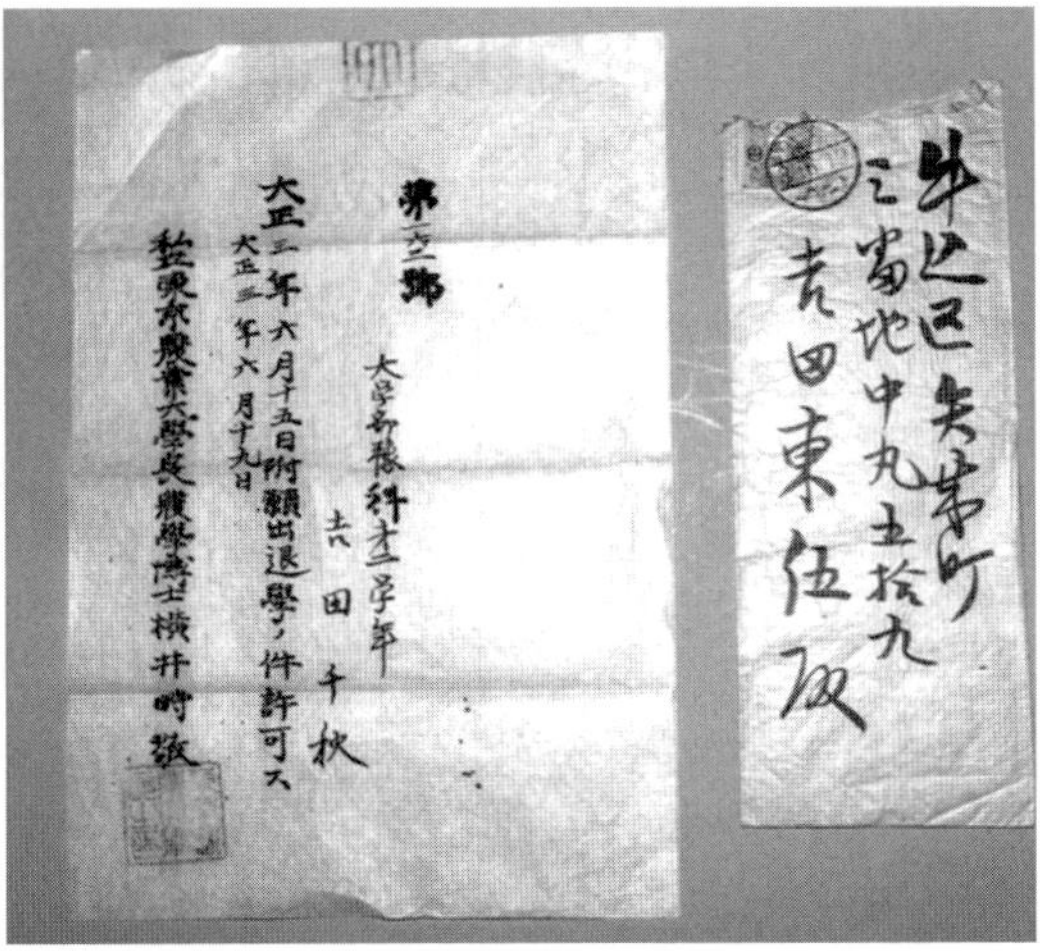
第六三號
大學予科第三学年
吉田千秋
大正三年六月十五日附願出退學ノ件許可ス
大正三年六月十九日
東京農業大學長農學博士横井時敬

千秋氏退学

体調悪化に伴い、勉強好きの千秋にとって心の葛藤は想像にかたくない。自ら退学を決断し、願い書を出し、「六月一五日（月）附、願出退学ノ件許可ス」のとおり六月一九日退学届が受理された。

　大学に残っている記録では退学願の理由が「家事都合」と書かれてある。

　千秋は、なぜ、家事都合と退学願いに書いたのだろうか。千秋自ら進んで入学した農大予科であったことから、病気を理由にして退学することは、自分から逃げることであり、許せなかったのではなかろうか。

　一年間ほど休学して療養生活を送った後、再び通学することが学則では可能であった。にもかかわらず退学することになったのは、病状がそれだけ悪化していたということなのであろう。農大を退学した千秋は療養のために神奈川県茅ヶ崎町（現・茅ヶ崎市）にあった「南湖院」に入院する。

健康でありさえすれば、好きな生物についての学問を十分に学び、学者であった父東伍に勝るとも劣らない日本有数の生物学者吉田千秋が誕生していたかもしれない。

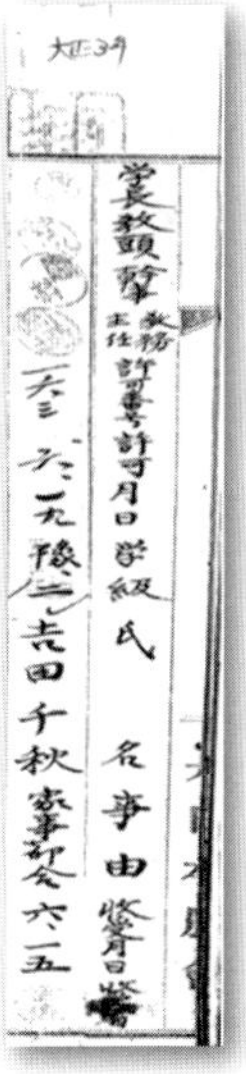

植物学、動物学、農学、語学、音楽、スケッチと、稀有な才能を一気に開花させ二四歳で病没した千秋。中退したとはいえ本学予科に足跡を印し、「琵琶湖周航の歌」の原曲者として、一二〇年を迎える東京農業大学の歴史に残すべき一人である。

注解

①小口　太郎

明治30年（1897年）生まれ。長野県岡谷市出身。

第三高等学校（現京都大学）に学び、のち東京帝国大学（現東京大学）に進む。三高在学中の大正6年6月28日、ボートで琵琶湖周航の途次、今津の宿で周航の歌の詞を仲間に披露した。「有線および無線多重電信電話法」の特許を取るなど、多才であった。26歳で永眠。

②ひつじぐさ

雑誌「音楽界」の大正4年（1915年）8月号に掲載された。

「ひつじぐさ」とは睡蓮の和名である。歌詞には「Water-Lilies（睡蓮）」という英国の児童唱歌（原作詩者不明）の訳詞が用いられており、この訳詞もまた吉田千秋自身によるものである。

③吉田　千秋

明治28年（1895年）生まれ。新潟市秋葉区出身。

若くして肺結核を患う。現東京農業大学に学びながら、音楽やローマ字関係の雑誌に投稿を始め、大正4年、雑誌「音楽界」8月号に「琵琶湖周航の歌」の原曲とされる「ひつじぐさ」を発表した。24歳で永眠。

④吉田　東伍

元治元年4月14日（1864年5月19日）－大正7年（1918年）1月22日

千秋の父。

吉田東伍は日本の歴史学者で、かつ地理学者。（歴史地理学）新潟県出身。「大日本地名辞書」の編纂者として知られる。

第五部　鈴木梅太郎と東京農大

昭和三八年一月一日発行の農大学報に、三代目学長の佐藤寛次先生が「農大の急場に処した思い出」を寄稿した中に、次のような記述が有る。

「……（前略）時代の要請もあり、学科増設や校舎新築の如き構造拡大も可能となったので、昭和一五年五月には、専門部に農業工学科を設け、同一六年五月には、専門部に農業拓殖科と農村経済科を増設し、一七年には造園科を設け、一八年四月には学部に農芸化学科及び農業工学科を増設した。

前者は農学博士 鈴木梅太郎氏①が明治四二年以来鋭意経営を続けられた東京肥料分析講習所から発達したものであり、専門部工学科と学部工学科とは、農学博士 上野英三郎氏②が、農商務省の委託により明治三六年以来引受けられた耕地整理講習事業から生れた成果である。これ等、二先生が農大発展のために寄与された功績に対して関係者は忘れてはならない。……（後略）……」

私は農芸化学科（現生物応用化学科）出身であったことから、梅太郎先生が学科の創設者であることは知っていた。学科会議室には鈴木梅太郎先生の写真が飾られていた。

先生は、二三歳で農科大学（現東京大学）を卒業した明治三〇年、院生時代から本学で教鞭を取られている。昭和一八年（一九四三）逝去される二ヶ月前には、最後の講演をされた。

先生はどの様に本学に関り、さらに母体であった大日本農会と関わられたのであろうか。本学史料室に保存されている資料から先生に関係した記録をまとめてみた。

（以下文中敬称略）

一、大正一四年一〇月二一日発行「東京農業大学要覧」より

○大正二年三月、農学博士鈴木梅太郎氏、その主催に関わる東京肥料分析講習所を本学に寄付せるを以て、東京農業大学肥料分析講習部と称し、同氏を部長として、設備の完成を図り、専ら《もっぱ》③土壌及び肥料分析技術者の養成に努めたり

○大正四年三月、肥料分析講習部を拡張し、東京農業大学農芸化学講習部と改称し、長期および短期講習部を併置せり

○大正六年九月、農芸化学講習部を拡張し、東京農業大学農芸化学部と改称せり

○大正七年農芸化学実験室及び教室を増築せり

○大正一二年、農芸化学部を拡張し、農学博士鈴木梅太郎氏外農芸化学部卒業者有志の寄付のより教室を新築し、二ヵ年制に改む

○大正一四年五月一八日、財団法人東京農業大学として大日本農会の経営を離れ、大学令による大学設立の認可を得、大学部及び同予科を設置し、且つ従来の高等科及び農芸化学部を改めて、専門部とし、農学科及び農芸化学科を置くことの認可を得たり

二、大日本農会経営時代

明治三〇年一月一五日、大日本農会付属東京農学校職制が制定され、これにより大日本農会は、農芸委員横井時敬を本校教頭に任命した。

明治三〇年八月、大日本農会常置議員会は横井の提案を受けて、付属東京農学校校舎増築を決議。しかし、建築に取り掛かる寸前の九月九日夜半の暴風雨で校舎倒壊の悲運に見舞われる。教頭横井は大日本農会幹部に諮り前校主榎本と、かつて御料局長だった品川弥二郎の助力を得て、明治三一年一〇月九日、校地を小石川区大塚窪町から渋谷村常盤松御料地の一部を校地に借用することに成功した。この時、東京農学校の講義を受け持ったのは、横井をはじめ大部分が農科大学（帝国大学農科大学）の教師だったことから、常盤松御料地は交通上極めて便利だったのである。

さて、本学に深く関わり大きな影響を与えた鈴木梅太郎は、明治二六年、一九歳で農科大学予科を卒業し農科大学へ進んでいる。この時、入学生総代として誓約書を朗読し、明治二九年優秀な成績で農科大学農芸化学科を卒業した。卒業式において東京帝国大学農科大学、文科大学をはじめとする各分科大学卒業生総代として答辞を朗読し、卒業後は大学院に進学。明治三三年には二六歳で農科大学助教授に任ぜられ、翌三四年に農学博士の学位が授与されている。明治四〇年、三三歳で東京帝国大学教授に任ぜられ、盛岡高等農林学校教授を兼任している。

梅太郎は、設立してまだ六年しか経っていない東京農学校の大塚時代から渋谷常盤松の東京高等農学校、専門学校令による東京農業大学、そして大学令による東京農業大学になってからも、逝去される直前まで、親身になって農大のために心血を注ぎ、大学と学生を見守り、育くんでくださった。

現在の東京農業大学応用生物科学部生物応用化学科（前農芸化学科）の前身となった東京肥料分析講習所から、梅太郎の足跡を追ってみよう。

明治三〇年、二三歳になった梅太郎は、政府委託の桑の萎縮病についての研究の傍ら、院生として東京農学校の学科担当教員の講師として、肥料学ほか三科目を担当している。

梅太郎二四歳の翌年明治三一年一〇月一四日には、講演を行っている。農友会報には、「新校舎に於いて農友会の例会を開き名誉会員鈴木梅太郎農学士は、植物体中蛋白質の生成に就き研究の結果を演説せられた」とある。それから三年続けて講演を行っている。

学科課程表

第一年 前期	無機化学	物理学	動物学	植物学	生理学	鉱物学	経済学	農具論	普通作物論	畜産学（繁殖）	園芸学（蔬菜）	算術	農場実習
第一年 後期	無機化学	物理学	動物学	植物学	生理学	地学	経済学		普通作物論	畜産学（繁殖）	園芸学（蔬菜）	代数	農場実習
第二年 前期	有機化学	気象学	昆虫学	植物栄養論	工芸作物論	土壌学	養蚕論	肥料論	普通作物論	畜産学（管理）	園芸学（果樹）	幾何	農場実習
第二年 後期	有機化学		昆虫学	植物栄養論	工芸作物論	土壌学	養蚕論附桑樹栽培	肥料論	普通作物論附牧草	畜産学（管理）	園芸学（果樹）	三角法	農場実習
第三年 前期	農産製造論	森林学大意		植物病理学	工芸作物論	土地改良論	農業経済論			家畜飼養論	製茶論	測量術	農場実習
第三年 後期	農産製造論	森林学大意		植物病理学	工芸作物論	土地改良論	農業経済論			家畜飼養論		測量術	農場実習

明治30年当時の授業科目

明治三二年五月一四日には「植物生理学に於ける細菌の進歩」について、翌明治三三年二月二五日には「エンチームに於ける最近諸家の研究報告」という演目の講演をしている。梅太郎、二五歳、二六歳のことである。

以下、梅太郎の足跡が残っている記述を抜粋しておく。

○肥料分析講習　明治四二年九月一五日（梅太郎三五歳）

明治四二年、東京肥料分析講習所は今回實用的分析技術者養成の目的を以て東京高等農学校構内にこれが講習を開設すべし。

講習の修業期間は六ヶ月にして分析実験を主とし一般定性分析より肥料土壌の定量等に及び毎日三時間から六時間を課し又、化学分析化学を始め肥料学、植物栄養論、肥料鑑定論、土壌学、細菌学等を授け、専ら甲種農学校卒業生等の尚少しく研学せんと欲する者の便を計れり。

而して次回の講習は来る一一月一日より開始その人員は本科約六〇名、入所の資格は甲種農学校若くは中学校卒業以上、特別科若干名は特に實業家の依頼もあれば高等小学卒業以上とし、何れも申込み順により入校を許可すといふ。その学科及び担当講師は次の如し。

植物栄養論　　　　　　　　農学博士　　鈴木　梅太郎
農用細菌学及び分析化学　　農学士　　　黒野　勘六
農芸化学　　　　　　　　　仝　　　　　岡崎　寅吉
肥料及び土壌学　　　　　　仝　　　　　木田　芳三郎
肥料鑑定論　　　　　　　　農商務技手　小林　傳四郎

○東京高等農学校講師の委嘱　明治四四年一月一五日（梅太郎三七歳）

今般本会設立東京高等農学校講師を、農学博士鈴木梅太郎氏に委嘱す

○東京農業大学講演会　明治四五年六月一五日（梅太郎三八歳）

明治四五年五月五日、午前九時より静岡市物産陳列館において静岡県人会主催となり東京農業大学講演会を開催せり。来賓狩野県試験場長、鈴木県農会長、細田県立農学校長、仁田大八郎氏、織田利三郎氏等を始め県庁、試験場吏員、郡県農会当事者、県下の篤農家、学生等来会者六八〇余名、極めて盛況を呈せり。当日の講演者及びその演題次の如し。

米国加州の園芸　　　卒業生　　　　　杉山　昌治
最近農芸化学の進歩　講師　農学博士　鈴木　梅太郎
帝国主義と農業　　　講師　　　　　　中島　信虎
農業教育　　　　　　学長　農学博士　横井　時敬

○本会分析部の新設

大正二年一月一五日（梅太郎三九歳）

本会は今回時勢の要求に従い私立東京農業大学内に本会分析部を設置し、主として土壌及肥料成分の分析を行い本会々員諸君を始め一般営業者の便益を謀る事となれり。それらその分析依頼に関する要項は本誌広告欄に就き知了ありたし。

○分析部部長、顧問委嘱

大正二年三月一五日（梅太郎三九歳）

本会総裁より農学博士 横井時敬氏に本会分析部長を、農学博士 鈴木梅太郎同じく麻生慶次郎の両氏に分析部顧問を委嘱せらる。

○東京肥料分析講習引継式

大正二年三月一五日（梅太郎三九歳）

本会設立東京農業大学に於いては、従来農学

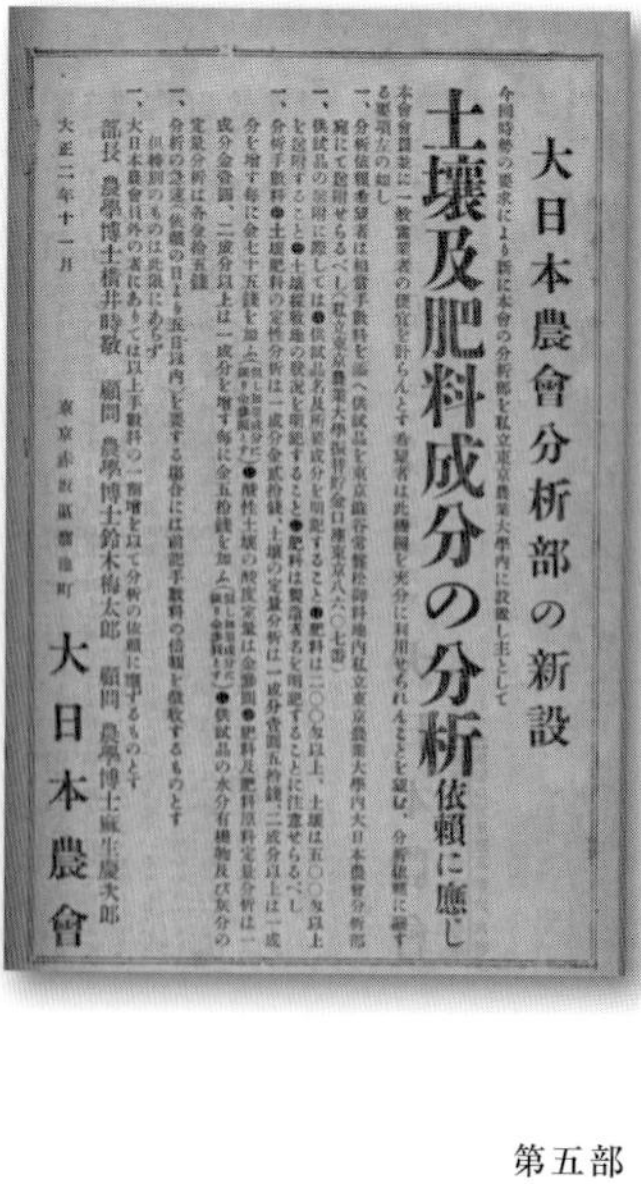
大日本農會分析部の新設
土壤及肥料成分の分析依賴に應じ
大正二年十一月
部長 農學博士橫井時敬 顧問 農學博士鈴木梅太郎 顧問 農學博士麻生慶次郎
大日本農會

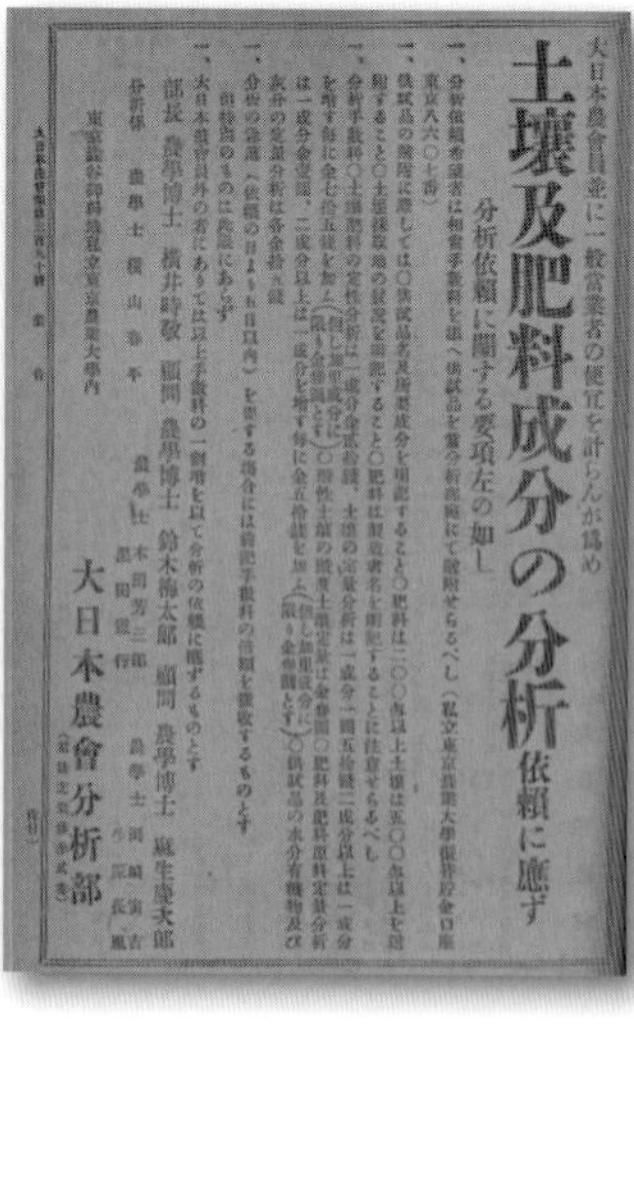
大日本農會員並に一般營業者の便宜を計らんが爲め
土壤及肥料成分の分析依賴に應ず
分析依賴に關する要項左の如し
部長 農學博士 橫井時敬 顧問 農學博士 鈴木梅太郎 顧問 農學博士 麻生慶次郎
大日本農會分析部

博士 鈴木梅太郎氏監督の下に同校構内の一部を使用し授業せし東京肥料分析講習所を、今般関係者の厚意によりその設備全部を同校へ寄附せられ、将来は同校の一部として該講習を経営する事に取運びたるを以て、三月二日午後一時よりその引き継ぎ式を同学講堂に於いて挙行せり。当日参列者は来賓職員及び講習生等八十余名にして一同着席するや、岡村同学幹事開場を宣し元肥料分析講習所長農学博士 鈴木梅太郎氏の引き継ぎ挨拶ありて、学長農学博士 横井時敬氏との間に財産目録の授受あり。次いて横井学長の式辞及び講習生総代の祝辞ありて岡村幹事閉場を告げ、これにて式を終り別室にて茶菓の饗応ありたり。

因みに記す。同大学の管轄に移りし肥料分析講習は従前通りこれを継続し、次回は来る五月一日より開始す。その講師氏名次の如し。

農学博士 鈴木梅太郎、農学博士 麻生慶次郎、農学士 木田芳三郎、農学士 岡崎寅吉、農学士 奥田譲、農学士 賀川弥四郎、農学士 古賀弥太郎、農学士 中村一平、農商務技手 小林伝四郎、下川義治、栓尾孫四郎。

○講師委嘱　大正二年三月一五日（梅太郎三九歳）

本月一日本会総裁より農学士 木田芳三郎、同奥田譲、同賀川弥四郎、同古賀弥太郎、同中村一平、小林伝四郎、松尾孫四郎の諸氏に本会設立東京農業大学肥料分析講習部講師を委嘱せらる。

夏期講習

【農政及農業經濟】
自一日―至六日（一四時間）　農学士　佐藤　寛次
【作物】
自一日―至四日（一〇時間）　農学士　吉川　祐輝
【園芸】
五日及七日（四時間）　農学士　大澤　一衛
【農業教授法】
自五日―至一〇日（四時間）　農学士　佐々木　祐太郎
【土壌及肥料】
自八日―至一四日（一〇時間）　農学博士　麻生　慶次郎
【畜産】
自九日―至一四日（一四時間）　農学士　岩住　良治
【農学実験】
自一日―至三日（九時間）　農学士　大澤　一衛
【化学実験】
自四日―至八日（一五時間）　農学士　岡崎　寅吉

科外講演

【綿に就いて】一一日
自一時―至四時（三時間）　農学士　吉川　祐輝
【最近農芸化学の進歩】一三日
自一時―至四時（三時間）　農学博士　鈴木　梅太郎

○部長、主事、主任委嘱

大正二年三月一五日（梅太郎三九歳）

講師農学博士　鈴木梅太郎氏に肥料分析講習部長を農学士　木田芳三郎氏に同主事を、農学士　中村一平氏に同実験主任を学長より委嘱せり。

○東京農業大学農業教育研究科会聯合夏期講習会状況

大正二年九月一五日（梅太郎三九歳）

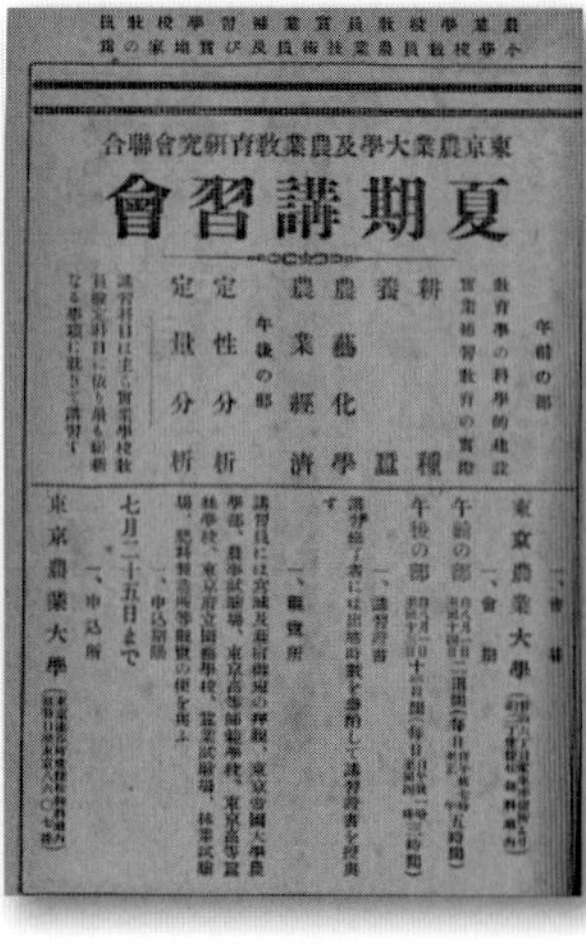
東京農業大學及農業教育研究會聯合
夏期講習會
午前の部
教育學の科學的建設
實業補習教育の實際
耕種
養蠶
農藝化學
農業經濟
午後の部
定性分析
定量分析
東京農業大學
一、會期
午前の部
午後の部
一、講習證書
一、觀覽所
一、申込期限
七月二十五日まで
一、申込所
東京農業大學

本学及び農業教育研究会連合夏期講習会は、予定の通り大正二年八月一日開講し同月一四日終了し、同日午後零時半より本学講堂に於いて講習証書授與式を挙行し、教務主任農学士 岡綺寅吉氏講習状況の報告あり。教頭農学士 吉川祐輝氏講習生に講習修業証書を授與して式辞を述べられ、ついで講習生総代船津常吉氏の答辞ありて式を終われり。講習の状況次の如し。

○肥料分析講習部修業證書授與式　大正二年一一月一五日（梅太郎三九歳）

一〇月二七日本学肥料分析講習部第一〇回修業証書授與式を挙行せり。学長農学博士 横井時敬氏先づ講習生総代に修業証書を授與し、続いて式辞を述べ総代の答辞ありて式を終れり。式後茶話会を開催す。席上部長農学博士 鈴木梅太郎氏の訓辞、福引余興等ありて盛んなりき。因に第一〇回修業者は三八名にしてその人名次の如し　（割愛）

○肥料分析講習部開講式　大正二年一二月一五日（梅太郎三九歳）

一二月一日、第一一回肥料分析講習部開講式開講式を挙ぐ。学長農学博士 横井時敬氏の式辞、部長農学博士 鈴木梅太郎氏の訓辞等ありて式を終れり

○肥料分析講習部組織変更　大正四年三月一五日（梅太郎四一歳）

大正四年二月、今般肥料分析講習部の組織を拡張し、名称を農芸化学講習部と改め短期講習（六ヶ月修業）及び長期講習（一一ヶ月修業）の二種を設置し、両講習とも来る五月一日より開始すること、なれり

○農芸化学講習部修業証書授與式　大正四年五月一五日（梅太郎四一歳）

四月二四日午前一一時本学農芸化学講習部第一三回修業証書授與式を挙行せり。学長農学博士横井時敬氏まず議習生総代に修業証書を授與し、続いて式辞を述べ次に来賓米山農学士の祝詞ありて後、修業生総代新井慶太郎氏答辞を朗読し式を終れり。式後一同撮影し茶話会の催しありたり。学長の式辞次の如し

横井学長式辞

今日は農芸化学講習部の修業証書授与式を挙行するに当たりまして多数来賓のご来臨を賜わいましたる事は深く御礼申し上げます。さて修業証書を持ちたる諸君、本学講習部も漸く発展しまして肥料分析講習部が農芸化学講習部となりまして初めて修業せられたのは諸君であります。従ふて前よりは一段と進んだ感がありまして深く賀する次第で御座います。

日本も戦争毎に発展致しまして一等国たる位置に進み名実共に備わりその事情のもとに農業益々進んで来たのであります。農業不振の国は何れも発展は致しませぬ。彼の英国の如き国でも本国におきましては幾分不振の傾はありますが、その植民地に於きまして益々発展しておるのでありますから、この国は愈々栄えるのであります。農業が発達しますれば肥料の必要は益々多くなるのは当然のことであります。従ふて農芸化学を研究することは愈々必要を感ずるわけであります。

こう云う次第で肥料分析講習部も範囲をひろくして農芸化学講習部と改めたのであります。

（以下割愛）

○農芸化学講習部修業証書授與式　大正四年一一月一五日（梅太郎四一歳）

東京農業大学農芸化学講習部に於いては、一〇月二三日午後三時第一四回短期講習修業証書授與式を挙行したり。学長農学博士　横井時敬氏の代理として部長農学博士　鈴木梅太郎氏修業生一五名に証書並に優等修業者に優等賞状を授与し、次いで一場の式辞を述べられ来賓祝辞、修業生総代矢野竹三氏の答辞ありて式を閉じたり。部長式辞、修業者氏名次の如し（氏名割愛）。

鈴木部長式辞（梅太郎が学生に話した式辞が記録として残っているのは唯一これだけである。）

本日は学長が来られる筈でしたけれど止むを得ざる用がありますので、私が代理として一言申上げます。諸君は第一四回講習の修業生としてここに目出度く証書を得られましたことは、誠に喜ばしい次第であります。この講習部は肥料分析講習部と称しその以前には肥料分析技術員養成所と云いましたが、それ以来七、八年を経過しその修業生は六〇〇名の多数に達して居ります。そうしてこれ等修業生の大部は各修得した学科に関する仕事に従事して居りまして、大体に於いて本部の目的を逢して居るわけであります。

近頃はこの化学に関することは、俄かにやかましくなった様でありますが、これは欧州戦争の結果ではありませぬ。当局者は以前からこの学科に関することの必要であることを認めていました。この講習部の如きも、つとに必要を感じ設置せられたのであります。かくの如き時勢に会々欧州の大乱となり薬品類が急に騰貴しまして輿論が化学の必要を叫ぶ様になったのであります。本講習部は初めの間土壌肥料分析鑑定を主科目としていましたが、時勢の進むにつれ、これだけでは物足りないから一般農芸化学に関することを教授する様になりましてその仕事は益々拡張したわけであります。

そうして直接農家に科学を應用する事を益々大ならしめんとする考えであります。かくの如くでありますから、諸君はここに修得した事を孜々として修養し怠らなかったならば、必ずこの目的を達することが出来るのであります。しかし諸君は極めて短期間の間に多くの学科を修得したのでありますから、決してこれを以って満足してはなりませぬ。将来なお充分学問技術を練磨しなければなりませぬ。

目的を為し遂げこれを発展せしむるには、途中に如何成ることがあらうともこの希望をくじく様なことがあってはなりませぬ。僅かの失敗に屈せず永遠の目的を達せなければならぬのであります。ことにこの化学に関することは困難でその終局の目的を達するためには、堅忍不抜の精神を要するのであります。兎角社会の事はすべて複雑にしてこれに処するには非常の努力がいると云ふことを記憶しなければなりませぬ。本講習部も経営上可なりの困難変動がありましたけれども、屈することなく益々発展せしめようと勤めて今に至りて止まないのであります。

本講習部の発展については一に諸君の努力に待つことが極めて大なるのでありまして、諸君の評価の如何は直に本講習部にかゝってくるのでありますから、諸君は単に自身の事のみを思わず、将来後進者の為に関することを思はなければなりませぬ。

この精神はやがて本講習部の発展を意味するのであらうと思われます。どうかこのことを十分記憶せられんことを希望します。終りに諸君の健康を祈ります。

東京肥料分析講習部（明治42年）から
東京農業大学 農芸化学部（大正14年）までの卒業者数

<table>
<tr><th>参考資料</th><th colspan="4">卒業者数（名）</th></tr>
<tr><td rowspan="4">東京肥料分析講習部</td><td rowspan="4">明治</td><td>42年</td><td colspan="2">70</td></tr>
<tr><td>43年</td><td colspan="2">63</td></tr>
<tr><td>44年</td><td colspan="2">77</td></tr>
<tr><td>45年</td><td colspan="2">93</td></tr>
<tr><td rowspan="2">東京農業大学　肥料分析講習部</td><td rowspan="2">大正</td><td>2年</td><td colspan="2">85</td></tr>
<tr><td>3年</td><td colspan="2">75</td></tr>
<tr><td rowspan="4">東京農業大学　農芸化学講習部</td><td rowspan="4"></td><td rowspan="2">4年</td><td>長　期</td><td>短　期</td></tr>
<tr><td>ー</td><td>45</td></tr>
<tr><td>5年</td><td>14</td><td>37</td></tr>
<tr><td>6年</td><td>18</td><td>51</td></tr>
<tr><td>東京農業大学　農芸化学部</td><td></td><td>14年迄</td><td colspan="2">354</td></tr>
</table>

○化学実験用タンクの建設　大正六年七月一五日

（梅太郎四三歳）

「大根おどり」として有名な「青山ほとり常盤松　聳《そび》ゆるタンクは我母校」の歌詞にある、聳ゆるタンクである。詳しくは次項で詳説する。

ここに図を掲げたる化学実験用タンクは大正六年二月竣工したるものにして、その鉄骨塔の高さ地上四拾尺、鉄製タンクは四尺立法尺なり。揚水にはＴＹ複式ポンプを使用し一馬力モートルの電力に依りこれを運転す。右設備中鉄骨塔及び鉄製タンクは三松合資会社長横山長次郎氏の寄付に係り、その他の設備中五〇〇円は農学博士　鈴木梅太郎氏の寄付なり。

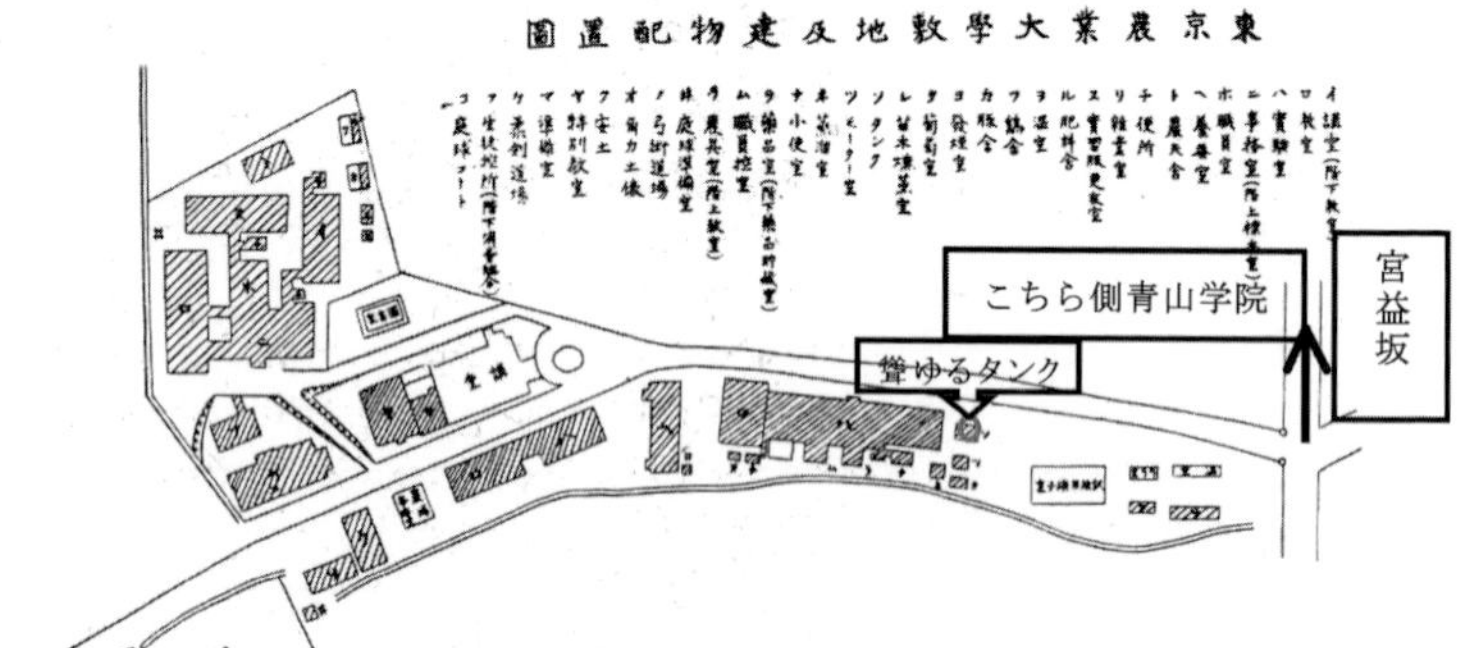

東京農業大学　敷地及び建物配置図

今次に建設経費を揚げて参考に資せんとす。

タンク建設經費

金弐千七十六圓三十二銭五厘也　タンク建設費總額

内譯

金　九百八十五圓也　銕骨塔及銕製タンク見積價格

金　百九十四圓八十四銭也　タンク建設工事費

金　四百八十五圓五十銭也　ポンプ、モーター價格並ニ地下迄の排水設備費

金　百壱圓十四銭也　モーター器械室一棟建築費

金　百四十七圓七十銭也　實驗室内へ配水設備費

金　七十九圓五十銭也　電氣動力線工事費

雑費

金　八十二圓六十四銭五厘也　銕材部ペイント費、銕管防寒装置水量報知設備其他

○化学実験室の新築　大正一二年六月（梅太郎四九歳）

大正一二年六月、水槽棟（タンク）西北側に、農学博士鈴木梅太郎ほか農芸化学部卒業生有志の寄付による教室木造スレート葺き二階建て二一四・八三平方メートル（六五坪）を新築し農芸化学部を拡張し、七月一日落成式を挙行した。

○鈴木研究室の寄贈　昭和一一年七月（梅太郎六二歳）

昭和九年一二月、東京帝国大学農学部の移転にかかわる本郷拡張復旧計画が決定され、翌昭和一〇年七月、農学部の位置を東京市本郷区向ヶ岡弥生町に変更し引越作業が始まった。その際、農学博士鈴木梅太郎が化学研究室一棟及び付属廊下二六一・一〇平方メートル（七九坪）を寄贈し、渋谷常磐松の本学構内に移築された。

三、東京農業大学農芸化学部の沿革

応用生物科学部生物応用化学科の創設が肥料分析技術員養成所を起源にすると、今年（平成二七年）は一〇三年目にあたる。以下は『東京農業大学五十年史』に記載されている農芸化学部の沿革である。

東京農業大学農芸化学部は、始め肥料分析技術員養成所と称し明治四一年一月、加藤鎮之助氏の創設になる。当時、その校舎は東京市本郷区龍岡町三一番地に在りて、職員は所長文学博士 小杉榲邨、教頭農学士 横山春平、講師農学博士 鈴木重禮外数氏なりしが、幾許もなくして、鈴木氏は海外に留学し、横山氏は任を農学士 佐々田源十氏に託して渡清、後農学士 岡崎寅吉氏に代り、講師農学士 黒野勘六、小林傳四郎の諸氏と共に、同所の発展に盡瘁《じんすい》④せしも、種々の事情続出して、殆んど講習を中止するの巳むなきに至れり。然るに、関係諸氏深くこれを遺憾とし、経営者加藤氏と図り農学博士 鈴木梅太郎氏を推して所長となし、明治四二年三月二日、東京肥料分析講習所と改称、農学博士横井時敬氏の賛助を得て、東京高等農学校内に移転し、加藤鎮之助氏と関係を絶ちて、講習を継続する事となれり。則ち、岡崎氏は監事、黒野氏は教頭となり後、黒野氏辞するに及びて、農学士 木田芳三郎氏これに代わり、職員一同施設の整備に勉め、漸次隆運を致すことを得たり。

ここに於いて、鈴木所長その他関係者の好意に依り、大正二年三月一日、その設備全部を挙げて本学にこれを寄付せられる、に至れり。これより同所は、本学の経営に移管せられ、東京農業大学肥料分析講習所と改称、鈴木所長を所長、木田教頭を主事、農学士 中村一平氏を実験主任に、農学博士麻生慶次郎氏外一〇名を講師とし、益々設備の完成をはかり、専ら土壌及び肥料分析技術者の養成に努力し来たりしが、大正四年三月一日、更にその規模を拡大して、東京農業大学農芸化学講習部と改称課程を高むると共に、規則の刷新を行い、短期（六箇月）及び長期（一一箇月）の両講習部を並置せり。

前者には、無機、有機、生物、分析化学、土壌、肥料、農業細菌、農産製造及び酪農、農学大意、肥料鑑定等の諸学科（毎週一六時間）に、定性、定量分析の実験（毎週一八時間）課し、後者は二期に分ち、第一期には、前記の外ドイツ語及び応用化学大意（毎週各一時間）を加え、第二期には、ドイツ語、農産製造及び酪農、農業細菌、食品及び家畜飼養、生物化学、

農学大意、応用化学大意等の諸学科（毎週一〇時間）竝《ならび》に定性、定量分析の実験（毎週20時間）の外、若干の特別講義を課せり。而して、前者及び後者第一期の入学資格は、中学校又は甲種農学校卒業程度とし、後者第二期のそれは、前者の修業者及び元肥料講習部卒業者となせり。

その後二年を経て大正六年に至り入学志願者激増せるを以って、同年九月一五日規則を改正し東京農業大学農芸化学部と改称、短期及び長期科に英語（毎週二時間）を加え、その他若干の科目を変更、大正一一年五月より短期科を廃止し、大正一二年二月一〇日、修業期間を二ヶ年に延長、更に大正一四年五月一八日、本学昇格と共に、東京農業大学専門部農芸化学科に改編せられたり。その間、東京肥料分析講習所として四回、東京農業大学肥料分析講習所として二回、東京農業大学農芸化学部として短期三回、長期二回、また東京農業大学農芸化学部として短期五回、長期九回、合計25回の講習を行い、修業者総数九七六名を出せり。

○農芸化学部修業證書　大正七年一二月発行　私立東京農業大学一覧（梅太郎四四歳）

当該年度発行の大学一覧の中に農芸化学部規定が掲載されている。本規定第二二条の条項である。

第二二條　試験を分かちて臨時試験及び修業試験の二種とし合格者には修業証書（様式第四号）を授与す

修業証書は、農芸化学部長の梅太郎が学科目合格の証明を行い、学長横井が修業証書を授与した。

四、梅太郎の住所

本学の校友会、農友会等の名簿に講師、商議員、評議員として名簿に記載されていた梅太郎の住所である。

明治三八年　　外国留学中

（出典：東京高等農学校 校友会・農友会 会員名簿）

明治四一年二月　東京府豊多摩郡原宿一八五

（出典：私立東京高等農学校・農友会一覧）

明治四四年一二月　東京府豊多摩郡渋谷町渋谷一四一

（出典：東京高等農学校 校友会・農友会 会員名簿）

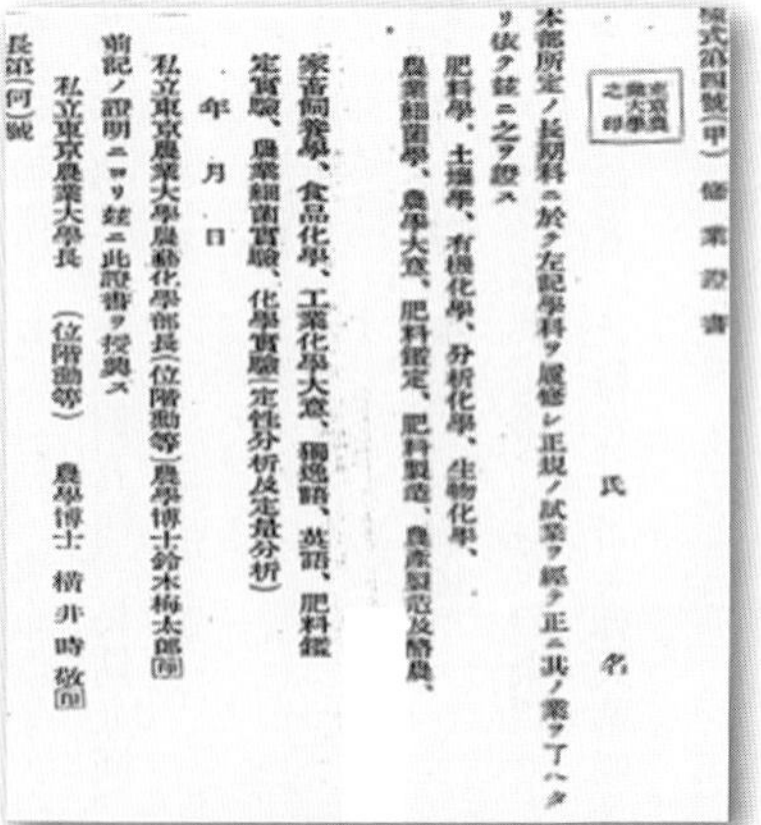
様式第四號(甲)　修業證書

東京農業大學之印

氏名

本部所定ノ長期科ニ於テ左記學科ヲ履修シ正規ノ試業ヲ經テ正ニ其ノ業ヲ了ヘタリ依テ茲ニ之ヲ證ス

肥料學、土壌學、有機化學、分析化學、生物化學、
農業細菌學、農學大意、肥料鑑定、肥料製造、農産製造及醸造、
家畜飼養學、食品化學、工業化學大意、獨逸語、英語、肥料鑑定實驗、農業細菌實驗、化學實驗(定性分析及定量分析)

年　月　日

私立東京農業大學農藝化學部長(位階勳等)農學博士鈴木梅太郎印

前記ノ證明ニ依リ茲ニ此證書ヲ授與ス

私立東京農業大學長(位階勳等)　農學博士　横井時敬印

長第(何)號

農芸化学部　修業証書

大正三年一月　　東京府豊多摩郡渋谷町上渋谷一四一
（出典：東京農業大学 校友会・農友会 会員名簿）
昭和一六年一〇月　東京市渋谷区宇田川町三八
（出典：東京農業大学 校友会・報国農友会 会員名簿）

五、財団法人大日本農会における梅太郎の役割

○農芸委員委嘱　（明治四〇年九月一五日）（梅太郎三三歳）

梅太郎と本校の経営母体である大日本農会との関係は、明治四〇年本会総裁伏見宮貞愛殿下より本会農芸委員を委嘱されたことから始まっている。

〈北海道〉農学博士 新渡戸稲造君、〈東京〉農学博士 横井時敬君、〈同〉農学博士 高橋偵造君、〈同〉山県宇之吉君、農学博士 古在由直君、〈同〉農学博士 麻生慶次郎君、〈同〉農学博士 澤村眞君、〈岩手〉農学博士 鈴木梅太郎君（盛岡高等農林学校教授時代）

（二一五六名の委員中、著名な農学者を著者抜粋）

○本会書記長農学士安藤安君逝去　（明治四三年九月一五日）（梅太郎三六歳）

本会の書記長並びに東京高等農学校幹事兼講師従七位農学士安藤安氏の逝去に対し、梅太郎は学士会総代として弔辞を送呈した。

「学士会は会員農学士 安藤安君の長逝を悼み滋に恭しく弔詞を呈す」

明治 四三年八月二五日　学士会総代　農学博士　鈴木梅太郎

○東京高等農学校講師の委嘱　（明治四四年一月一五日）（梅太郎三七歳）

今般本会設立東京高等農学校講師を、農学博士 鈴木梅太郎氏に委嘱す

○大日本農会第三一回大集会にて表彰　（大正二年九月一五日）（梅太郎三九歳）

本会第三一回大集会は余報の如く九月七、八の両日福島県郡山町金透小学校に於て開会したり。諸員正午休憩、午後一時再会、山本農務大臣は道家農務局長、安倍秘書官を随へて臨場あり。諸員席定るや松平会頭は総裁殿下より下し賜ひたる令旨を奉読せらる。最敬礼終わって山本農商務大臣の祝辞あり。終わって有功章授與式に移り松平会頭は、総裁殿下御代理として壇上に進まるや横井副会頭は、会頭に代り有功章贈與人名簿を奉呈して有功章の授與を稟請し、左記農事上及本会に對する功勞者　東京府　農学博士 鈴木梅太郎外七七名に有功章

を授與せらる

紫白綬有功章　　東京府　農学博士　鈴木梅太郎

○有功章の章状文　（大正二年一〇月一五日）（梅太郎三九歳）

紫白綬有功章　東京府特別会員　鈴木梅太郎

夙《つと》に農芸化学を修め海外に遊んで攻究する所あり　精博通期学の泰斗を以て推されて久しく至高教育の職に在り子弟を薫陶し学理を闡示《かいじ》し實務を啓導し貢献する所頗る多し　また大日本農会の農芸委員に選ばれてよくその任に盡し励精多年期待斯《この》業の振作を襄成し功績特に大なりとす　且嘗《かつ》て起こせる所の東京肥料分析講習所の設備を奉げて大日本農会に提寄したりよって更に大日本農会の紫白綬有功章を贈與し以てその名誉を表彰す

○常議員改選　（大正二年一二月一五日）（梅太郎三九歳）

本会常議員任期満了を以って本会規則第八章第三一条に依り、一一月一八日東京赤坂溜池町本会会堂に於いて本会特別会員の投票を以って之が改選をなしたりしが、投票開査の結果左の諸氏当選せられたり（割愛）

この時には麻生慶次郎と共に梅太郎は落選した。

○常議員改選　（大正四年一二月一五日）（梅太郎四一歳）

本会常議員任期満了を以って本会規則第八章第三一条に依り、一一月二〇日（土曜日）東京赤坂溜池町本会会堂に於いて本会特別会員の投票を以って之が改選をなしたりしが、投票開査の結果左の諸氏当選せられたり

当選者として鈴木梅太郎、古材由直、吉川祐輝、澤村眞、麻生慶次郎等の名前が見られる。

この時落選した中には新渡戸稲造、高橋偵造の名前がある。

六、財団法人東京農業大学経営時代

○財団法人東京農業大学設立　大正一四年五月一八日（梅太郎五一歳）
財団法人東京農業大学設立、東京農業大学となり新学則を定め、職制を制定す。
当時の財団役員及評議員は次の如し。

理　事　理事長　横井時敬　片岡親一　野村益三　恩田鉄彌
監　事　桑田佑榮　佐藤寛治
評議員　足立豊　針塚卯八　橋口兼清　井下清　石田収蔵　石渡繁胤　板井中生
吉川祐輝　桑田佑榮　松本都蔵　門田亀一　中村彦　小畑大太郎
岡田鴻三郎　岡村猪之助　大橋新太郎　澤村眞　鈴木梅太郎　戸倉莞爾
月田藤三郎　恒藤規隆　有働良夫　吉田信郎

○財団法人東京農業大学評議員　昭和一六年一〇月末　（梅太郎六七歳）
昭和一六年一〇月末日現在、財団法人東京農業大学の評議員として梅太郎の名がある。

七、梅太郎の主張

○ビタミンの発見者は私である（梅太郎四九歳）

日本人の食物に就いて（大日本農会報　第五〇五号　大正一二年三月）

農学博士　鈴木　梅太郎

私は最近栄養学上の見地より日本人の食物に就いて総括的の判断を下したいと思い、数年間継続試験中であるが今までに得たる結果を簡単に御話致します。

その前に私は現今栄養学上非常に重要視せらるビタミン学説の最初の提唱者は私であるということを明らかにしたいと思います。御承知の通り近頃の栄養学の進歩は殆んどビタミンの発見の賜と云ふて宜しい。蛋白、脂肪等の栄養価を比較するとか、或は無機成分の生理的意義を明かにすると云うことは恰植物に於て水耕試験を行ふと同様に、動物に純粋の蛋白、脂肪、その他の成分を配合したる所、謂人工飼料を与へて試験しなければ到底完全なる結果は得られないのである。

斯る実験が可能となったのはビタミンが発見せられたからで、此人工飼料を用いて動物を完全に生育せしめ得べきことを最初に実験し、ビタミン（オリザニン）が栄養上欠くべからざることを確証したのは私が最初であると信ずる。斯くの如くビタミンは重大なる意義を有するにより現時ビタミンに関する研究の発表せらるゝものが、毎年数数百編を下らない。

而して世人はこのビタミン説なるものは外国より来りたるものと誤信して居る様である。是は私に取りて不本意であるばかりでなく日本学会の不利益であると思ふ。

今より十数年前（明治四三年より四四年、即ち一九一〇年より一一年）私が初めて糠の有効成分を抽出してこれをオリザニンと命名し数多の動物試験を行ひ、人工配合飼料中オリザニンを欠けば假令他の成分は充分なるも動物は生育することが出来ず、之を與ふれば完全に生育する故にオリザニンが動物の生育に欠くべからざる一栄養素であることを断定したのであるが、その当時日本に於いては殆んど注意する者なくその研究が欧米に移りまして近頃又日本へ舞戻って来たのである。

私と同時にフンク氏が英国に於いて糠の成分を研究し、鳥類の脚気を治癒する物質を純粋に分離し得たと称し之れをビタミンと名づけた。その製法は或程度まで私と同様であったが、氏の製品が私のものより純粋であると信じたのは誤りであって、氏の得たる結晶は私の先に分離したるニコチン酸であって有効成分ではなかったのである。又氏は人工飼料によって動物試験を一つも行って居らぬ故に、この成分が栄養上如何なる意義を有するかを決定することは出来なかった。それで氏は私の論文が独逸生理化学雑誌（一九一二年六月）に発表せられた後、数箇月を経て初めてビタミン学説（Vitamin labre）なるものを公表し盛んに宣伝したので、欧米の学者もビタミンなる名称を一般に用ふるに至った。併し私の実験がなければ氏の唱へたることは全部想像説に止まったのであります。故に私は糠の成分を研究したのはフンクと偶然同一時代であったが、その成分の栄養上の意義を明らかにし今日のビタミン学説を作り上げたのはフンクにあらずして、私であると主張するのであります。さて私は日本人の常食とする白米、大小麦、大豆、豆腐．魚肉その他の蛋白の栄養値を比較する為に白鼠を用ひてその飼料中の他の養分は皆同一にし、只蛋白の種類分量のみを種々に変じて恰も植物の肥料試験を行ふ如く数年間実験を行ったその結果に依ると、米の蛋白は肉類の蛋白に比して少しく劣り肉蛋白ならば飼料中七％で白鼠を完全に発育せしめ得るが、米蛋白ならば一〇％なければ同様の発育を遂げしむることが出来ない。……　（以下割愛）

また梅太郎は、『ヴィタミン研究の回顧』の中で、一つのエピソードを述べている。

（前略）私が青山の農業大學へ教へに行った時のこと、途で一人の學生が他の學生の肩につかまつて來るのを見た。どうしたんだと聞いたら、脚氣で動けないのだが、今日は試驗があるから助けて學校へ連れて來たといふ。それで私が藥をやるからといつて、直ちに三共會社から「オリザニン」を二瓶取り寄せて、くれてやった。すると二、三日後にその學生が私の宅までやって來て、先生に藥を貰つて飲んだところが、不思議に早く癒つた、自分は青山の四丁目に下宿して居るが、今日は御禮に來たと云って、普通の人の様に、歩き方も確かであった。その時分は電車もなかったので、無論往復一里餘も徒歩だったのである。その學生は一瓶で治ったから、殘りの一瓶は大切に保

存して置くと云って居た。（後略）

昭和一八年四月二九日、梅太郎は農芸化学者として、初めの文化勲章を受章した。同年九月二〇日東京慶応病院において腸閉塞症のため逝去された。

梅太郎生前最後の講演が、農大横井講堂で行われた。

八、生前最後の講演（於いて農大横井講堂）

私は、梅太郎最後の講演の大要（農大新聞　第二〇一号　昭和一八年七月二〇日）を何とか読んでみようと試みた。戦時中の危急の時、研究者はどの様に食糧増産、栄養問題に取り組んだのか、それを知ることが出来るのではないかと思ったのだが、たいへん残念ながら、潰れ字が多く、解読不能であった。

意味不明のまま掲載するのは梅太郎に対し失礼にあたると考え、新聞記載の最初の出だしと講演最後の箇所のみを掲載する。

六月二六日、午後二時より、食品加工研究会主催になる「現下の栄養問題」と題して、栄養化学の世界的権威東大名誉教授　鈴木梅太郎博士の特別講演が行われた。

階段教室にぎっしりつまった学生、その中に実験着をつけた助手、並びに各教授等数多くの若き研究者らはビタミンB1を発見者鈴木博士の一言一句も聞き逃すまいと心と耳を一にした。この間或いは写真紙上でお馴染みの鈴木博士は、壇上より聴講者の顔を見廻して百姓仕事に携わる赤黒い農大生は心強いと傾頭して次の如く話された。

現下の栄養問題

農学博士　鈴木　梅太郎述

（文頭）農林省は増産、増産と意気込んで生産方面のみ奨励していたが、貯蔵法は余り考えていなかった。米に就いてみると、米自体呼吸することによって消耗し又病害虫によって三年目には三分の一に減り、四年目には誰も食わない様な米になってしまうのである。学理的に貯蔵法を研究しなければならない。又食い方も合理的に食って目的に達せしむる所に栄養化学の目的があるのである。

米を増殖せんとしている。

しかしその増殖法と共に貯蔵法も研究されねばならないのである。（以下解読不能）

（結語）以上を要約して、貯蔵法の研究、蛋白、カルシウムの補給法、有畜動物の飼料の研究こそが現下の栄養問題である。（了）

明治三〇年（一八九七）から昭和一八年（一九四三）まで四六年間。約半世紀にも亘り、鈴木梅太郎先生は農大の発展のため、また農大生に、心から愛情を注いでくれた。

先生の伝記の中でほとんど書かれていなかったのが本学と大日本農会における活躍であった。その一端を明らかに出来たことはうれしい限りである。

注解

①鈴木　梅太郎（すずき うめたろう）

明治7年（1874）～昭和18年（1943）文化勲章受章
明治29年（1896）東京帝国大学農科大学卒業後、大学院に入って植物生理学を専攻。明治33年（1900）同大学助教授、翌年文部省留学生としてヨーロッパに渡り、スイス、ドイツに遊学、とくにベルリンのE・フィッシャーについてタンパク質の研究にあたった。帰国後盛岡高等農林学校教授、農科大学教授、明治43年（1910）米ぬかから抗脚気の有効成分ビタミンB_1の抽出に成功、オリザニンと命名した。

②上野英三郎（うえの ひでさぶろう）

明治4年（1871）～大正14年（1925）
日本の農業土木学者である。農科大学教授。日本の農業土木、農業工学、農業農村工学の創始者であり、東京農大生物環境工学科（農業土木）の祖、また東京・渋谷の忠犬ハチ公の飼い主としても知られる。

③　**専ら（もっぱら）**

［副］他はさしおいて、ある一つの事に集中するさま。また、ある一つの事を主とするさま。ひたすら。ただただ。「―練習に励む」「休日は―子供の相手をする」「―のうわさだ」

④　**盡瘁（じんすい）**

［名］（スル）《「瘁」は病み疲れる意》自分の労苦を顧みることなく、全力を尽くすこと。「国政に―する」

◆追　補◆

大澤貫寿理事長から「これを入れて欲しい」と渡されたのは、初稿校正の寸前であった。

それは『農友』（農友会雑誌・卒業生、在校生、特別会員）の開校一五周年記念号に梅太郎先生が寄稿した「農芸化学の変遷」と題する一文である。先生はその文中に、「……我が東京農業大学が……」と書かれている。その抜粋は以下の通りである。

農芸化学の変遷

名誉会員　農学博士　鈴木梅太郎（大正三年　四〇歳）

前半は明治一六年の駒場農学校の農芸化学の始まりに続き、外国人教授の努力で立ち上がり、無機化学・土壌学を中心に進展を見たものと書いている。その後、植物生理学、植物の成分の研究法、食品細菌学、発酵学と、多岐に広がったことを述べている。

さらに先生は、農芸化学出身者の就職状況を調べ、「試験場、農林関係、大蔵省に多く入り、その他高等農林学校、蚕糸専門学校、水産をはじめ、朝鮮、台湾、満州等に奉職していることから、これらの学問は官立のための農芸化学であり、卒業生は皆、役人・教師・技師を望んでいる」と憂いている。

……余は来るべき十五年間には私立の農芸化学即ち人民の農芸化学を建設し化学の知識を応用して事業を経営する人民が沢山に輩出せんことを希望するのである是までは百姓に教える人、勧める人ばかりであったが今後自ら人民となって活動せなければならぬ今までは学問に使われる人ばかりであった、今後は学問を充分に振りまわし得る人民が多くならなければ到底富国の目的は達せられないのである。

斯の如き見地から余は　我農業大学が率先して私学の農芸化学即ち人民の農芸化学を建設普及する様に尽力せられんことを望むのである。数年前より開始せる肥料分析講習事業の如きは即ち其意味を有せるものであるが、一層之を拡張して独立自尊の精神を以て研究もやれば事業家にもなる所謂いず孰れの方面にも融通の利く農芸化学者を養成する様にしたいと思う之が余の本学に対する希望である。

『農友』第三六号、大正三年一月一五日（一七日）、一二九〜一三三頁

第六部　青山ほとり常盤松

聳《そび》ゆるタンクは我母校

〜九五年ぶりに発見した「聳《そび》ゆるタンク」の詳細〜

農大を巣立って行った卒業生はみな知っている。農大生なら誰でも知っている。

そう、あの歌である。現在ではテレビ、新聞等により「大根踊り」の愛称で全国の人々に親しまれ、農大と言えば、あの「青山ほとり」と言われるまでになった。

箱根駅伝をはじめとする色々なイベントで、全学応援団の学生が大根二本を両手に持ち片足を右、左に蹴り出し、それに合わせて両手に持った大根を振り上げる、一回見れば直ぐに覚えることが出来る、実に単純な踊りである。

一、青山ほとり

ご存じだろうが、その歌詞をまずは掲載しておく。

「農大生元気あるかい『押忍《オス》　押忍《オス》　押忍《オス》』
苦しきときの父となり　悲しきときの母となり
楽しきときの友となる
いざ歌わんかな　踊らんかな
農大名物青山ほとり」

平成23年度全學応援團 團長 細野恭太君を中心に力強く踊る“青山ほとり”

一
青山ほとり常盤松　聳《そび》ゆるタンクは我母校
何時も元気は山を抜く　農大健児の意気を見よ
今日も勝たずにおくものか　そりゃ突き飛ばせ　投げ飛ばせ

二
お前達や威張ったって知っちょるか　お米の実《な》る木は知りゃすまい
知らなきゃ教えてあげようか　おいらが農場へついてこい
金波銀波の打つ様は　そりゃ踊りゃんせ　踊りゃんせ

三
農大健児はすまないが　お米の実る木がついている
昔も今も変わらない　人間喰わずに生きらりょか
命あっての物種じゃ　そりゃ惚れりゃんせ　惚れりゃんせ

四
お嫁に行くならお娘さんよ　お百姓さんに行きゃしゃんせ
難しい事は抜きにして　ちょっくら考え御覧《ごろう》じろ
お腹の貧《ひも》じい事はない　そりゃ結婚せ　結婚せ

この歌の誕生は、大正一二年（一九二三年）、今から約九〇年前である。当時本学の専修科に在学中であった市山正輝先輩が作詞したもので、農大を讃え、東京府民に農業の尊さを訓えたユーモアたっぷりの歌詞である。曲は市山さんの出身地北海道湯の川温泉付近で歌われていた曲を取り入れたと言われている。

当時の学生の気質に一致し、学生に広く愛唱され、野球や相撲、陸上競技の応援で歌われた。

農大新聞（昭和七年五月刊）次の様な記事がある。

昭和七年五月七、八日「青山ほとり」に大根を持って応援

関東学生相撲連盟大会が国技館に於いて華々しく開かれた。

農大応援団は、白紋付き姿の団長人参一本を片手にやおら立ち上がり、人参一振り、三百の農大軍大根を片手に「お嫁に行くなら」の蛮声をはり上げ場内を圧した。

多分当時の応援は各自が大根を振りながら蛮声を張り上げたのであろう。

二、大根踊り誕生

では、今のような踊りのスタイルになったのは何時からだろう。これは実にはっきりしている。作ったのは、加藤日出男先輩（現「若い根っこの会」会長）である。

数年前に、堀江優美子さんのインタビューに次の様に話されている。当時の記事をそのまま転載する。

復興の街笑い呼ぶ「大根踊り」箱根応援でおなじみに

（〃東京の記憶〃読売新聞　企画・連載　二〇〇七年一一月一三日）

初演は一九五二年一一月、渋谷のハチ公前だった。トラックに乗って現れたのは、東京農大の「収穫祭宣伝隊」の学生たち。法被姿で、両手に大根を持ち、歌と太鼓に合わせて踊り出した。

突然の光景に、道行く人はあっけに取られて足を止めた。だが、ユーモラスな踊りを眺めるうちに、みるみる笑い顔が広がった。踊り終えた宣伝隊は、用意した大根一〇〇〇本をただで配った。

騒ぎを聞きつけて集まってきた人たちは、われ先にと大根を奪うように取っていったが、誰もが笑顔で「学生さん、ありがとう！」と声をかけた。

大成功に終わった通称「大根踊り」の初舞台。

仕掛け人は、当時収穫祭実行委員会副委員長を務めていた加藤日出男さんだった。

「人々に笑いがなかった。この国にユーモアを復活させたかったんです」

秋田県に生まれ、戦時中、少年飛行兵を志願した。しかし、父親は「生きてこの国を守れ」と息子をしかり、勝手に志願を取り消しに出かけていった。帰ってきた父の顔は、あざだらけになっていた。終戦後、農民作家を志して農家の使用人になり、その後、上京して農大に入学。シベリア抑留者が帰還すると聞いて品川駅に出迎えに行くと、革命歌の大合唱が聞こえた。「みんな自分の中に矛盾を抱えて生きていた。国が二分されるような気がして、寂しかった」

大根を持って踊ったら、誰もが笑うはず。直感だった。漬物やみそ汁の具として子供のころから親しんできた大根。その「愛嬌《あいきょう》ある姿」を思い浮かべ、確信した。

大根を持って踊れというのか。バカにするな

最初、応援団員は猛反発した。大根役者ならぬ「大根応援団」を引き受けるなど、もってのほか。要は、格好悪いというわけだ。踊った後に大根を配ってはどうかとも提案した。

「我々も腹をすかせているんだ」。さらに反発された。理屈でだめなら、実際に見てもらうしかな

収穫祭宣伝隊　大根を無料配布（昭和27年頃）

い。自分で考えた踊りを後輩たちの前で踊ってみせると、みんな腹を抱えて笑った。

加藤さんも踊りながら笑った。腹の底から笑い合った後、「平和というのは、人々に笑える自由があることではないのか」と気づいた。大学当局からも説明を求められた。「農大は、作物の収穫増だけを追求していればいいのでしょうか」。

大根踊りで笑ってもらい、その大根を配って喜んでもらう。それこそ、本物の収穫祭だと熱弁を振るった。加藤さんには一つの計算があった。街の真ん中で大根を持って踊れば、きっと新聞に載る。白くて太い大根なら、写真も映えるはず。にらんだ通り、全国紙に大きく採り上げられた。（以下割愛）

三、聳《そび》ゆるタンク

この歌詞の冒頭はこうである。

「青山ほとり　常盤松《ときわまつ》　聳《そび》ゆるタンクは我母校……」

「青山ほとり　常盤松」はどこだ。どこにあったのだろう。

卒業生、学生、我々関係者は、この歌詞を深く考えず一〇年一日の如く、今日まで歌い踊ってきた。二〇一六年の今年、本学は創立一二五年目である。

明治二四年に徳川育英会を母体に、榎本武揚を黌主として育英黌農業科が発足した。その後皇族が総裁を務められている大日本農会に経営が託された。明治三〇年本校の校舎増築を決議し、建築に取り掛かる寸前の九月九日夜半の暴風雨で校舎倒壊の悲運に見舞われた。

教頭横井（横井時敬初代学長）は大日本農会幹部に諮り、前校主榎本とかって御料局長だった品川弥二郎の助力を得て、明治三一年一〇月九日、校地を小石川区大塚窪町から渋谷村常盤松御料地の一部を校地に借用することに成功し、東京高等農学校を経て旧東京農業大学がそこにあった。

渋谷停車場から宮益坂を登り青山学院の正門を過ぎ塀に沿って右手に入り、さらに道なりに右の道を行く。当時の地図（明治四四年逓信省）と現在の航空写真を同じ位の大きさにして眺めてみると、当時の（東京高等農学校）農大は現在首都高速の下、青山学院中等部、多分このあたりになるようだ。渋谷駅から歩いて一〇分位の地である。世田谷に移った現在の大学は、戦後のことである。

さて、「聳ゆるタンク」についてである。

私がたまたまビタミンB_1を発見した鈴木梅太郎先生と現在の生物応用化学科（旧農芸化学科）の関係資料を調べていた時のことだ。大学図書館に保管されている大日本農会報の中（大正六年七月一五日刊）に、農芸化学のタンクの写真とその説明を見付けた。その時は本当にうれしかった。原文のまま記載する。

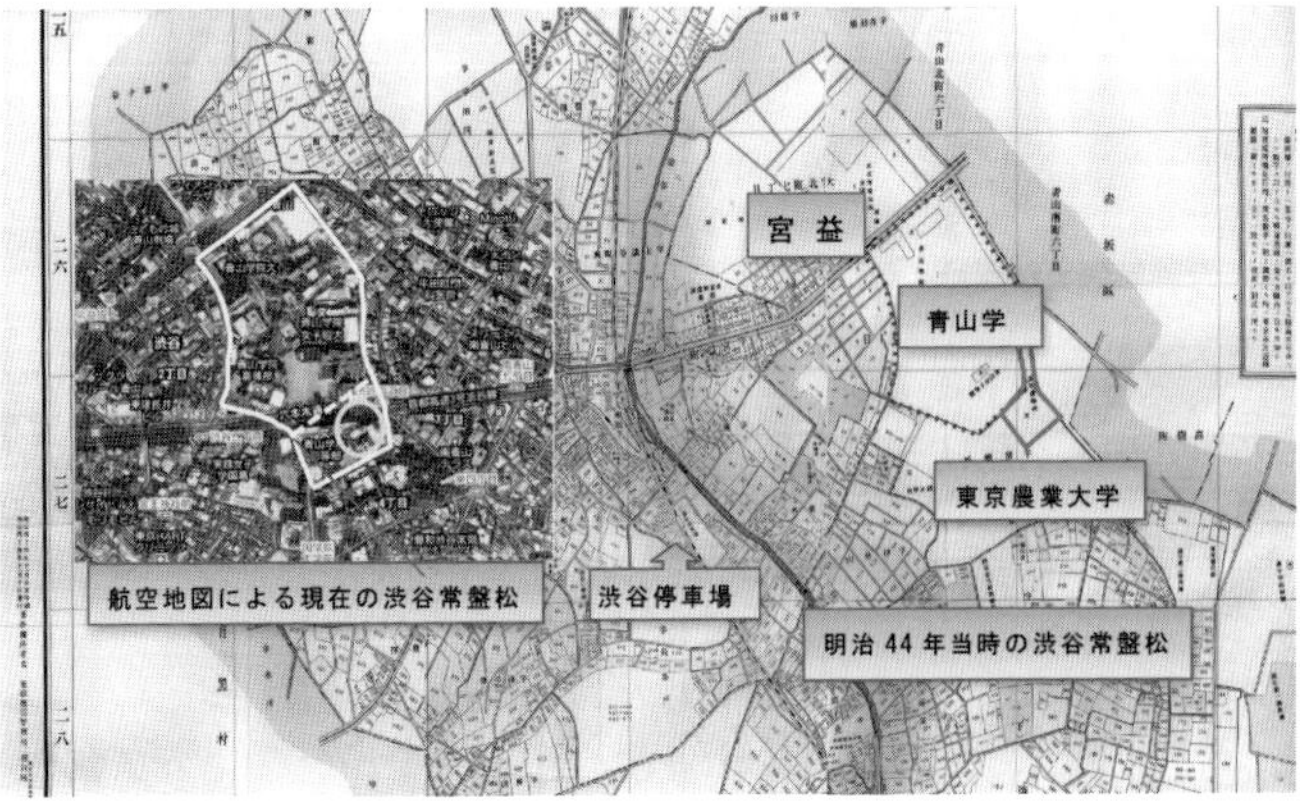

渋谷常盤松古地図

化學實驗用タンクの建設（梅太郎　四三歳）

茲に図を掲げたる化學實驗用タンクは大正六年二月竣工したるものにして其の鋨骨塔の高さ地上四拾尺、鋨製タンクは四尺立法尺なり。揚水にはＴＹ複式ポンプを使用し壱馬力モートルの電力に依り之を運轉す。右設備中鋨骨塔及鋨製タンクは三松合資會社長横山長次郎氏の寄付に係り、その他の設備中五百圓は農学博士鈴木梅太郎氏の寄附なり。今左に建設經費を掲げて參考に資せんとす。

タンク建設經費

金弐千七十六圓三十二銭五厘也　　タンク建設費總額

内譯

（※内訳は一五一ページ参照）

化学実験用タンク

農場実習地の方から見たタンクと化学教室

鈴木梅太郎先生がタンク建設のため寄付した五百圓は、現在の貨幣価値に換算すると五〇〇万円～六五〇万円に相当する。

四〇尺はたったの一二メートルである、今なら低いかもしれない。しかし九五年前のことである。

古き良き時代に思いを馳せ、常盤松にあった農大に通学する学生が、朝に夕に宮益坂を上り下りしながら、青山学院の甍《いらか》の上にそびえるタンクを目にし、母校農大ここに在りの感を強くしていたのではないかと想像した時、常盤松時代を全く知らないながらも何となく懐かしく、そしてうれしく感じるのは私だけであろうか。

戦後復活第1回（通算第34回）
収穫祭宣伝隊（昭和21年）

収穫祭宣伝馬車（昭和 25 年頃）

第79回収穫祭宣伝隊
（昭和46年頃）

今では農大と言えば「大根踊り」と言われるほど
有名になった応援団の演舞「青山ほとり」

第七部　全学応援団の誕生

東京農業大学全学応援団が誕生したのは、今から八〇年前、昭和六年である。ただし、それ以前にも応援団は存在していた。明治四五年に大学と成り、予科に専門部にそれぞれの応援団があった。それぞれが統制のないまま学生相撲大会が始まるころに有志が集まり応援団を名乗り、国技館で蛮声を張り上げ、大会が終わると自然消滅する、所謂離合集散型の応援団であったようだ。

しかし、野球や陸上競技等の対抗戦で他大学が統制のとれた応援をするのを目の当たりにし、本学の学生も正式に応援団という組織が必要であると考え、全学生が応援団の設立を熱望したのである。応援団を作りたいという思いはどの様なものであったのだろうか。

農大新聞にはその詳細が載せられている。本項では時系列に従い応援団が出来た経緯、団旗制定、団歌、国技館での一コマなど追っていく。

一、応援団問題

（農大新聞昭和六年六月一日）

毎年の関東学生相撲大会が終われば農大の応援団はその存在を認められないほど淋しくなり、しかして相撲大会に備える一時的の応援団としか思えない状態にあり。且つ農大応援団と称するもその実、予科、専門部の学生に限られた感が有った処、野球部が五大学リーグに加わり他校の応援団に対する熱狂と真剣が我が農大学生を刺激し、近時名実共の農大応援団設立の必要叫ばれ遂に先般の相撲大会終了後専門部応援団長荒川氏、予科応援団長太多氏はじめリーダーの諸氏はよりより協議し全学生を網羅したる農業大学応援団を組織し、しかしてこの応援団を永久に存続せしめ且つまた学校当局より正式に応援団を認めせしむべく奔走中と聞き、吾々両氏の努力を心より感謝しその成功されんことを望むものであるが、先般斯友会へ農大応援団長の名の下に応援団において応援歌懸賞募集するに付いて斯友会にてこれを後援されたいとのことを提出されしが、ここに吾人は一言呈したいことはもし斯友会の後援を望むものなれば、須らく全学生を総合したる応援団を組織せし後においてなさなければならぬと信ずるものである。農大応援団長がどこより選出されまた何時農大応援団が組織されしかを疑うものである。もし専門部、予科の両応援団の合併したものであるとすれば決して農大応援団と称すべきものではなく、また団長も選出されるべきものではないと信ずる。

ここにおいて吾人は一日も早く、これに学部も加えて農大応援団を組織されん事を希望して止まない。しかしてこの組織せる応援団認可問題については相当の難色有るものと見なければならぬ。

何故ならば専門部会並びに予科会すらも当局は正式に認めざる今日果して応援団を認めるや否やは多大の疑問であるが荒川、太多両団長はこの問題を斯友会に提出し、斯友会の手を経て当局に当たる方策を持せし所前々予科団長吉條氏が応援団の威厳を失うと強硬に反対せし為立ち消えの形と成ったという事であるが、恐らく応援団独自でこの認可問題を解決せんとするは恐らく不可なことであろうと信ずる。折から須らく虚を捨て実を重んぜられん事を願うものであると共に、吾人は荒川、太多両氏の善処と手腕を望み且つ期待するものである。

二、農大応援団設立され今後の活躍注目さる

（農大新聞昭和六年七月一日）

去る五月一〇日頃より学生有志により総合的な大応援団を設立せんとの企画あり。寄り寄り協議の所俄然急転直下し、去る六月上旬の斯友会委員会に提案せられ、爾後再々同委員会により論究せられし結果、過日の斯友会総会に議題として提出されるや、満場一致可決なり、ここにめでたく設立さる。

従前は予科応援団、専門部応援団が便宜的に本学を代表せしもので、毎年の関東学生相撲大会が終われば農大の応援団はその存在を認められないほど淋しくなり、而して相撲大会に備える一時的な応援団としか思えない状態にあって、形式的に言うも何らの統制もなく組織立ってはいなかった。

これは学部学生を含まざるに因るのであろう。然るにこの度、学部学生を包含した大応援団が設

立されたのである。この意味において従来のそれとは頗る意味を異にすると雖も、その使命とせる点に於いては、些少の異論をはさむ余地なく顧みれば、学生思想界混沌し本学園において選手制度改正等が叫ばれている秋に当り、本学に遅蒔きながらも、本応援団の設立されしは誠に欣快の至りに堪えない。成るの難きを、突破せるを一般学生より喜ばれるを聞く。

この勢いにて守るの難きも、本学学生の前には物の数でもないだろう。

三、応援団長に吉條久孝氏と決定、副団長も選出さる

（農大新聞　昭和六年七月一日）

名実共に備わった処の農大応援団設立と共に問題は団長副団長であるが、去る六月二五日専門部、予科の旧応援団の荒川、太多両団長はじめ各幹部並びに学部の予科時代の幹部を加えて将来の農大応援団並びに応援歌作歌に関する件等を審議し、団長には学部三年の吉條久孝氏が推薦され、副団長には予科二年の太多武夫、専門部三年の荒川斗苗氏選出に決定す。新団長吉條氏は余りにも知られた農大の熱血児で、過去における氏の経歴は殆ど応援団に尽力して来たというより外になく、最も適任の評がある。副団長もまた定評ある人格者として知られ農大応援団の団長をよく補佐し、他の各大学に比し劣らぬものとして、名声を博せしめ且つ運動部の為盡されるを期待されている。

四、応援歌　新作募集

（農大新聞　昭和六年七月一日）

去る六月一九日の斯友会総会の席上において応援歌レコード吹込みが否決され、ここにレコード吹込みは一頓挫を来し、新応援団主催、斯友会後援の下に応援歌募集する由、一般学生もこの休暇を利用して、どしどし応募して貰いたいと。なお、審査方法並びに曲に賞金等応募規定は九月の新聞紙上に発表されるとのこと。

五、内容充実に邁進する応援団
～吉條団長以下大奮迅～

（農大新聞　昭和六年一〇月一日）

去る六月一九日斯友会総会の席上生まれた農大応援団は、その後夏季休暇となりたる為本質的活動に移る事出

応援歌募集

規　定	一、四節以内なること 一、農大の特色を鮮明にする事
賞　金	一等　金五〇円也　　一名 二等　金三〇円也　　一名 三等　金一五円也　　一名
選定委員 （氏名は追って発表）	一、専門家　　　　　一名 一、教授講師中より　二名 一、学校当局関係者　二名 一、学生より　　　　三名 一、応援団幹部　　　若干名
応募資格	農大関係者並びに校友学生
〆切期日	一〇月三〇日まで
当選発表期日	一、一等に該当する者無き時は二等を以て之に充つ以下之に準じ 一、一一月中旬学生掲示場並びに農大新聞紙上
申込場	農大斯友会新聞部応援歌募集係宛提出すること
その他	一、版権は当応援団の所有とす 一、一人の応募数に制限なし 一、二等三等選歌は第二第三応援歌とす 一、一等に該当するものなき時は二等を以て之に充つ
以下之に準ず　　農大応援団（農大新聞昭和六年一〇月一日）	

来なかったが、九月の新学期に到り、吉條団長及び荒川、太多両副団長に学長より正式の辞令書が交付されるや、直ちに基礎確固たる名実共に備わる応援団充実の為、幹部総動員の下にその資本の募集を開始し、将来団としての運用を十分ならしむる為に奔走しつゝあり、また農大学生は団費として一人金一〇銭也を寄付行為の形式により徴収することに確定した由である。

六、五大学リーグ応援団競技

（昭和六年一〇月一日）

去る九月一五日報知新聞紙上に発表されし五大学リーグ応援団長会議は本学応援団長吉條久孝氏の提唱せるものにして、当日協議されしことは次の如し。

一、五大学応援団連盟を組織すること

一、野球団相互に抗争するが如き場合も、応援団は連盟の結成により円満なる行動を取る事

七、儀仗兵の旗竿の下付を得 団旗制定さる
～全国に其の例を見ず～

（農大新聞昭和六年一一月一日）

団旗制定については早くより吉條団長以下幹部総動員の下に奔走を続けた結果遂に中央に鶏入りの染め抜き製の立派なる団旗が完成され、その団旗竿は学長はじめ森教官（配属将校・軍事教練）等の尽力によって、未だ全国にその例を見ない近衛儀仗兵の旗竿の下付を許可されることになった。この旗竿こそ畏くも聖上陛下を護衛し奉り、二重橋上をお供申し上げ良しなき光輝ある、且つまた神聖な歴史を有するものであって、この旗竿は去る一〇月二四日付陸軍大臣より下付許可証が下り二七日授与せられたものである。

応援団も益々基礎が固められるに至り、今後とも各方面から実際的活躍を嘱望されている。

八、懸賞応援歌　募集〆切り　選考委員発表さる

（農大新聞昭和六年一一月一日）

九月下旬応援団より応援歌懸賞募集が発表されたのであるがその後一五名の応募を見昨日を以て締め切られた為いよいよ来たる七日午後一時よりその詮衡委員会が開催される事に決定した由である。因みに応援歌詞の選定委員は左記諸氏が快諾され発表された。

選定委員

〈専門家側〉　北村　小松氏

〈学校当局〉　教務課長　住江　金之氏
参事　川村　雄二郎氏
教授関係　教授　宮津　栄太郎氏
講師　田中　準氏
顧　問　川原田　太郎氏
高村　義雄氏

〈学生側〉　斯友会　委員長　鈴木　正之氏
文芸部　安原　正一氏
音楽部　奥野　菊朗氏
団　長　吉條　久孝氏
その他副団長幹事

九、光輝ある団旗の制定式挙行
～内容全く整う応援団～

（農大新聞　昭和六年一二月一日）

去る一一日午後二時より本学構内横井記念講堂に於いて、応援団団旗制定式は次の次第により挙行せられたり。

一、開会の辞
一、団歌合唱
一、団旗授与
一、団旗制定経過報告
一、学長の告示
一、団長の挨拶
一、斯友会委員長の祝辞
一、各運動部の祝辞
一、各学芸部の祝辞

団旗制定式

一、各研究団体の祝辞
一、学歌合唱
一、閉会の辞

当日学長閣下をはじめ、教職員及び、都下各大学応援団長列席せられ、いとも厳粛裡に終始せり。まづ、吉川祐輝学長より吉條団長へ団旗の授与せらるゝや、全員起立拍手を以て迎えられ、ここにめでたくその第一歩は完了せられ、次にプログラム通り懇篤なる学長閣下の告示あり。終わって吉條団長の挨拶ありて後、来賓各大学応援団長の祝辞に移り、以下斯友会委員長の祝辞を始め各研究団体の祝辞朗読も終りて、最後に吉條団長の発声にて万歳を三唱して、めでたく散会せり。

団旗

授与された団旗は縦一・〇六メートル、横一・〇六メートル、濃緑塩瀬地の中央に直径六三・六センチの円内の下部に雄鶏を純白に染め抜いたものである。旗竿は近衛儀仗兵が用いたもので、二・七メートルの樫材に三〇・三センチの槍穂がついたものであった。

公明正大　人道に従えと　学長告示

告　示

本学学生諸氏ここに応援団を組織し頃日団旗を作りて茲にその制定式を挙行す。

思うに競争が事物の進歩発達を促すの勃大なるは論を待たずと雖もその目的は公明正大にしてその手段は人道義理に従うことを要す。単に勝ちを獲るに熱中して手段を選ばざるが如きは最も慎むべきなり。応援団は競技選手に統制ある声援をなし、その奮闘を完からしむるを以て主要目的とする。而して団旗は実にその精神の標象なり。願わくば団員諸子常に本来を忘れず、気道を重んじ、秩序を保ち、協心努力目的の達成に努め、以て団旗の光栄を発揚せんことを一言初心を述べて告示となす。

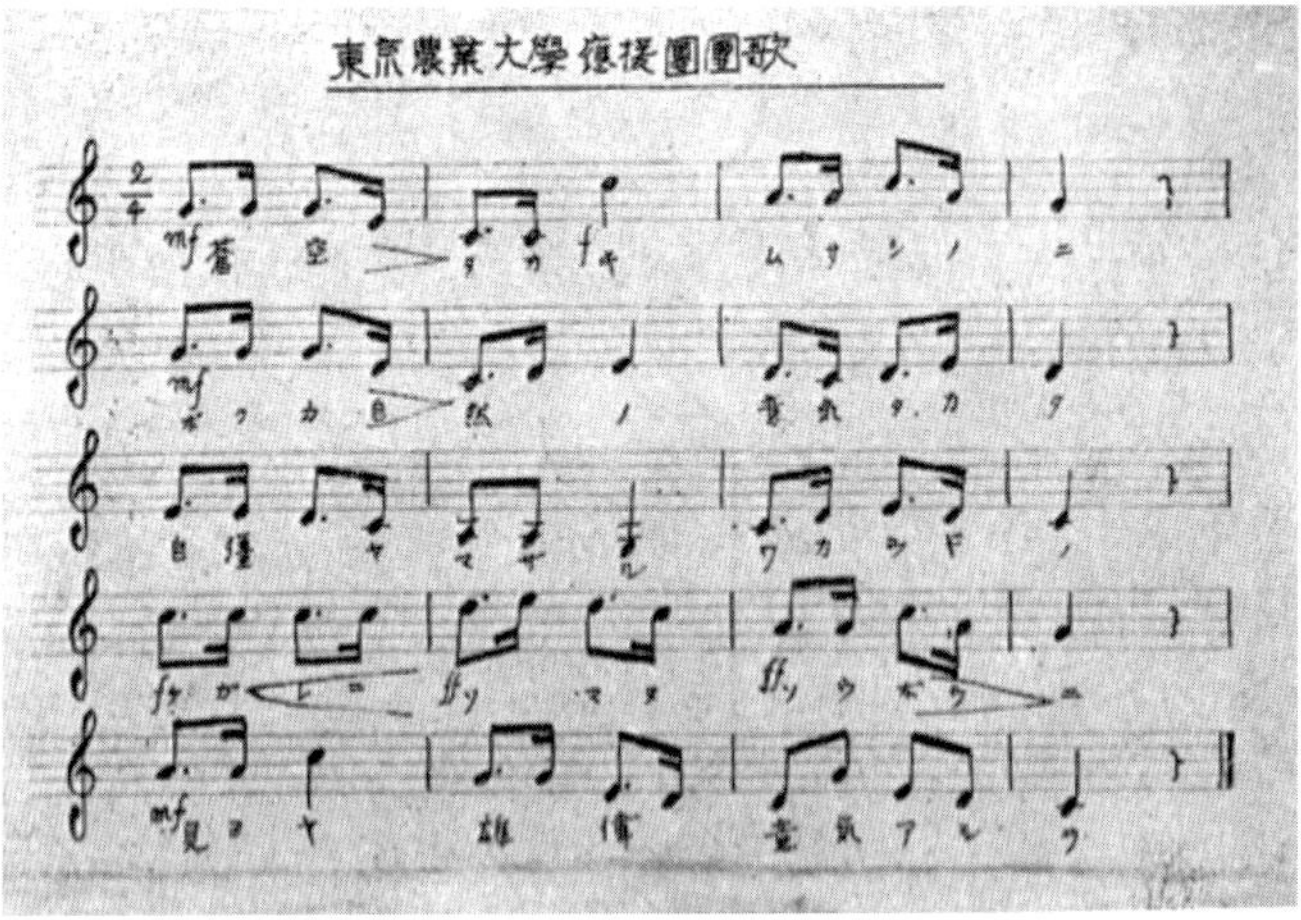

東京農業大学 応援団団歌

蒼空高き　武蔵野に
牧歌自然の　意気高く
自彊止まざる　若人の
穢れに染まぬ　双眸に

一〇、学園を巣立つ人々

（農大新聞昭和七年一月一五日）

吉條久孝君

あらゆる意味において余りにも有名な人。予科時代予科応援団長として令名綽《しゃく》々《しゃく》と輝き学部入学以来常に農大応援団の未組織を悲憤慷慨し学三になるやあらゆる犠牲と努力を払い全く文字通りの万難を排し今日の全学生を抱有する応援団を築きあげた生みの親である。又一方農大の健全なる発達の為陰に陽に一志会を引具して鈴木委員長の片腕となって尽力した人で、鈴木、和田亮君と共に農大三羽烏とまで言われている。予科時代君の傍らで艶談すれば卓を叩いて憤慨したものだが、現今ではエロ番付が発表されゝば必ず三役中に入るほど事ほど左様に変わったものだが、性至って一徹情熱家の典型的標本である為往々人から誤解を受けるが、ともかく生一本の愛すべき人間だ。有名な芝生掛かり説教は知る人ぞ知るで髭茫々、紋付袴の「団長型とは違い中々艶聞の持ち主で、近頃禁酒断行との事でどうした気の迷いかと新聞部の雀が気にしている。スポーツを愛し左傾向分子を嫌う点に於いては恐らく農大第一で運動部はある意味に於いて大いに感謝の意を表すべき人であろう。農大の名物去る、何となく淋しい気がする。

卒業論文題目　学部（野口助教授）大和西瓜に依る各種試験結果の統計的調査

荒川斗苗君

副団長としての荒川君は余りにも有名だ。羊羹色の紋付に麦藁帽で寒空の帝都を闊歩する快男児。その武骨そのものの彼もやはり天下の大学生だ。何故って？　近代人としての素質をもっている。曰く麻雀、曰く玉突き等だが彼も人間である以上欠点もある。その欠点も時には長所として氏の偉大さを十分発揮するもの即ち、衆人承知の他の追従を許さざるヘンクツだ。確かに良い意味にも亦凡人でない彼の性を知り得よう。が又人間荒川を見逃してはならない。それは彼が日常肌身離さず持っている数珠が物を言うだろう……。

卒業論文題目　専化（長侶助教授）薬學上より見たる植物

一一、学色も鮮やかに標旗新調さる
～校旗の代用として全学生の先頭に立つ～

（昭和七年二月一日）

光輝ある農大の学旗は神厳そのものであり学長が必ず扈従せねばならぬ事になっている。従って何等かの理由で学長が如何にしても出席出来ぬ折は学旗も出すことが出来ないことになっていた。

そこで当局では最近、本学を象徴する学旗に代わるべき標旗とも称すべきものを三越に注文していたが先月二九日完成した。新標旗は鮮やかな松翠の塩瀬地の中央に白く農大と染め抜き、金モールの縁を取った立派なもので、旗竿は応援団旗と同様に近衛騎兵が御供奉の折使用せる由緒ある槍付のものである。三〇日の閑院参謀総長宮殿下御就任国民感謝大会に参加の時早速持ち出し燐然たる光輝を放った。今後も学校全体として行動する場合にはしばしば使用される事であろう。

一二、団長に長谷川君　充実の応援団
～第一回の総会を開く　団費改正案可決す～

（昭和七年三月一日）

本学応援団は従来団費の円滑なる運用を欠き諸事情を施行するにあたり幾多の支障を来たせる結果該件協議の為総会を開催せり。

○期日　二月九日正午
○会場　専一階上教室
○議題

一、団則改正の件
団則第九条
本団の経費は団員及び後援者の寄付金を以て之にあてるものとす
改正案
本団の経費は団員より年額五〇銭を徴収するものとす（可決）

一、徴収方法の件
徴収方法は幹部に一任のこと（可決）
徴収方法の可決により幹部の協議せる結果
但し第一学期授業料と共に納付するものとす（可決）
徴収方法の可決事項は当局の希望により
一六日農友会総会後同席せる団長より報告有り
満場一致承認可決せり

一、応援団予算案
応援団新入生入団式費　一〇円〇〇
各部シーズン応援費　二四〇円〇〇
相撲応援費　八〇円〇〇

野球応援費　七〇円〇〇
各部連絡会費　一〇円〇〇
連盟との関係費　一五円〇〇
表彰式費　一五円〇〇
雑費　一〇円〇〇
総計　四五〇円〇〇

（可決）

かくて二時閉会直ちに学校当局に可決案を提出、大体の承認をえた。

昭和七年度決定役員　団　長　長谷川　三郎
副団長　月成　元忠
井上　励

一三、待望久しき応援歌生る
～作詞は田中準氏、作曲は井上武士氏～

（昭和七年四月二〇日）

応援団設立されて以来応援歌の作成が待望されて久しい今日ようやくその発表を見、春たけなわの今、唱和の声学園に満ち満ちている。この応援歌はやがて作成される筈の北村小松氏①、堀内敬三氏②作曲の応援歌に対して副応援歌として用いられることに決定した。

農大応援歌（副）
作詞　田中　準
作曲　井上　武士

常盤が丘に　きたえたる
あふるゝ力
血潮は燃ゆる　たゝかわん
覇権は我が手
常盤が丘の　濃みどりに
鍛えし腕
いざたゝかわん　くだかけの
雄叫びの声　空高く
いざひびかせん
ララ農大　農大　ラララララ農大

一四、入学式に引き続き応援団入団式を挙行し厳粛な宣誓行わる

（昭和七年五月一〇日）

四月二一日常盤松の学園に三〇〇有余の新入学生を迎えて入学式を挙行す。引き続き応援団入団式が挙行された。これは本年最初の催しで学生相互の親睦をはかる上からも直接的行動に移る上からも最も重要なる事である。殊に農大応援団は他校のものとは趣を異にし学生全員をもって組織することは他の意味から考えても有意義の事であると思われる。応援団の使命が一般に単なる季節的の応援団である事のみをもって、本質とした事から脱して運動その他のマッチ及び大会にはもちろん応援するが又一面から考えて真に学園の為に第一戦の行動を応援するのも又その一つでなくてはならぬ事に意を注いだのは諒とすべきである。これ等の点から考えて、農大の応援団は最も模範的なる組織であると言わねばならぬ。而してここに新たに三三六名の新団員が入団して一層その応援団及び母校の発展につくす事大であると思う。九時五〇分より一同起立して団旗入場、続いて校歌合唱、終わりて着席、長谷川団長より新入生に対して希望を述べて挨拶となし、直ちに新入団員総代の宣誓があった。

宣誓

生等三三六名の新団員の健児は

東京農業大学応援団々則に恥じざることを約し

以て本団進展の為に寄与せんとす

右宣誓す

昭和七年四月二一日　新入団員総代　喜田　芳夫

次いで高村顧問より挨拶あり。応援団員総代の歓迎の辞あり。一同応援団の真の精神を知り今後一層力を合わせて母校の為に努力するの気概が見えた。

一五、関東学生相撲大会　東京薬専に快勝

～応援団も大成功に～

（昭和七年五月一〇日）

東都例年の名物、関東学生相撲連盟大会は五月七日、八日国技館に於いて華々しく開かれた。

本年本学選手団は名将和田君を失い、続いて三田君の不出場により多少の淋しさを思わせたが、中田主将以下毎日火の出る様な猛練習をなしていたが、中田、光本、谷口、末永、前田の五君の涙

の出る様な奮闘もその功ならず、第一回戦の東京薬科専門学校に快勝した外他の三校には惜敗した。

これより先、初日の七日午前一〇時半より長谷川、月成正副応援団長の率ゆる数百の応援団員は校庭に集合後団長の指揮を受けて国技館に行き三階正面に陣取り手に手に人参や大根を持って新応援歌を始め親しみ多い相撲の応援歌を高唱熱誠を込めた応援をした。第二日目も同様整然たる応援をして、場内の観衆をして感歎せしめていた。

第一回戦　本学三　二東薬（東京薬科専門学校→東京薬科大学）
第二回戦　本学二　三東医（東京医学専門学校→東京医科大学）
第三回戦　本学二　三法大（法政大学）
第四回戦　本学二　三日医（日本医学専門学校→日本医科大学）

一六、国技館風景 熱狂のクライマックス 場内を圧する蛮声
～様々の各校応援団～

（農大新聞　昭和七年五月一〇日）

▼午前九時テニスコート前に集合すべしというので、記者何時になく早起きして見物に行く。白紋付姿の長身団長、木刀を下げ五寸の高下駄を履いて、悠々テニス審判台に納まり、蛮声を張り上げて三〇〇の団員を叱咤激励、その他応援団幹部連何れも黒紋付き成る程これは団長の日頃言うが如く、子孫末代まで団長はさせるべきじゃないとは御尤も、御尤も。

▼続いて行われた出欠たるや極めて厳重、一々カードを渡すあたり学校の出欠よりは遥かに上出来。幹部連直ちに引率して電車に乗り一路国技館へ！　途中、幹部の眼を盗み円タクを捕えて行かんとする者を応援団幹部乗っているを引きずり降ろす。運転手もあっ気に取られて暫し呆然！

▼両国より隊伍堂々国技館へ乗り込む。館内での農大応援団三階の貴賓席より右側に陣取り、落ち着きを見せ悠々他の試合を観戦、東薬戦迄後二試合という時、白紋付姿の団長人参一本を片手にやおら立ち上がり、人参一振り、三〇〇の農大軍大根を片手に「お嫁に行くなら」の蛮声を張り上げたのは場内を圧した。観衆何れも農大応援団に注目、若い御嬢さん連微苦笑を湛えているのは満更

土俵に見合ふ
大學選手と
熱誠溢れる應援振り

関東学生相撲大会

でもないらしい。

▼場内を一覧するに各校応援団それぞれ特色を発揮して、色とりどり体操学校のエッサッサ、水産講習所のマストの応援振りは見事、農大応援又肥え桶を振り振りの百姓振りは満点「常盤が丘に鍛えたる」の新応援歌も中々宜しい。熱狂せるヒゲ副団長の羊羹色の麦わら帽子をかぶった姿は又一偉観であった。一回戦は熱狂裡に農大軍実力を完全に発揮して勝った。応援団の熱狂振り又物凄きばかりであったが、記者編集の都合上残念ながら二回戦を見ることが出来ずして帰校す。

（チュウインガム記者）

一七、併せて「農大エール」もコロンビアレコードに吹込み

～演奏は陸軍戸山学校軍楽隊～

（農大新聞昭和七年六月一日）

常盤が丘に……　と副応援歌が広く唱和されながらも、新応援歌の完成がしきりに待望されていた折柄、応援団幹部の奔走によりようやく発表さる運びに至った。作詞は中堅劇作家として著名な北村小松氏、作曲は人も知る堀内敬三氏で地味ではあるが軽快なリズムを醸し我等が農大応援歌として相相応しいものである。同じ作者によって作られた農大エールも我等の気概を如実に表現している立派な作品であるのを疑わない。この吹込み後練習会は去る三〇日斯友会総会後、陸軍戸山学校軍楽隊によって行われ大喝采を拍し、同日直ちにコロンビア会社にてレコード吹込みが行われた。作詞、作曲演奏とこの素晴らしいトリオは作品の価値と相まって必ずや広く好評を得るものと信ぜられている。

応援歌

北村　小松　作詞
堀内　敬三　作曲

ああ若人の血は踊り
青春の意気ここに燃ゆ
戦わんかな　勝たんかな
くろがねの腕愛撫して
たてますらをよ我健児
おお農大　農大
土の覇者　農大
紺碧の空にいや高く
母校の旗を掲げん哉

農大エール

北村　小松　作詞
堀内　敬三　作曲

勝って兜の緒をしめろ
緊褌一番頑張るぞ
緑の旗はだてには振らぬ
おいらの腕は野良育ち
よいしょ、よいしょ、よいしょ
農大勝つぞ、フレー
　　フレー、フレー、フレー
男を上げるぞ、フレー

一八、実現されたレコード吹込み

〜斯友会と応援団協力し直ちに予約募集に着手〜

（農大新聞　昭和七年六月一日）

三年来の斯友会の懸案であった校歌、応援歌のレコード吹込み問題は去年開催された斯友会委員会で実行委員付託になって以来、それら委員及び応援団幹部の必死の努力によって急転直下解決の緒を得早速先月三〇日の斯友会総会にかけて通過したので同日午後コロンビアレコードに吹込み本月中旬頃には斯友会の手で発売されるに到った。昨年はトンボ印に吹き込む予定で実行に移ったがこの度の実行委員が八方奔走の結果、山田氏（山田耕筰）の作曲はコロンビアレコード以外では吹き込めないという作権に関する重大事項を知り、結局コロンビアレコードのみに交渉することになって、連日同社に行き兎も角も斯友会にとっては比較的好条件で請け負って貰う事になった。同時に委員は既成の校歌、応援歌のレコードを研究、伴奏に対しても深甚の注意を払って、どうしても吹奏でなければならぬと云う事になり、我国で最上の吹奏楽隊である陸軍戸山学校軍楽隊に依頼する事になり、辻隊長に直接交渉をしてその御好意により至極都合よく発根で無理な注文を引き受けて貰えたので早速三〇日午後三時半から先ず練習の意味で斯友会総会後横井講堂で演奏をした。

軍楽隊は全部で二五名、伊藤楽長が指揮の任にあたり堂々たるその美しき旋律は満場の学生を恍惚足らしめたが、更に吹込みの折は合唱との具合も非常にうまく出来て、現在出来ている大学校歌レコード中の白眉であることは疑う余地がない。本レコードは五〇〇枚だけは斯友会が売却する義務があり、一枚一円二〇銭という廉価で売り捌く権利がある事となった。そして以前の予約（一枚一円）申し込みは一切これを解除して新しく予約申し込みを受け、会社への支払いを便ならしめ、且つ事務の簡易を計る為に予約申し込みと同時に全額一枚一円二〇銭の割で前払いをして貰い、もし前払いをせずして申し込んだ所でその申し込みは無効にするし予約締め切り後は一枚一円五〇銭にする。地方の申込者は送料三五銭を添えて為替で送金の事。

一一月一七日、作詞を詩人北村小松、作曲を音楽家堀内敬三に依頼した。数ヶ月間の構想の後、示された歌詞、作曲は詞の雄々しさ、曲の若々しさは農大の応援歌として万全のもので、昭和七年五月三〇日万雷の拍手の内に新応援歌として承認を得た。

一九、応援団物語

初代団長吉條久孝（昭和七年学部卒・校友）氏の『応援団物語』と題する回顧録をそのまま掲載する。

〈一〉はじめに

軍事教育―学校教練の華やかだった頃昭和五、六年わが母校農大でも学生間の思想問題が多く、左右の対立というか、同窓相喰むことも再々であった。一志会を中心とする皇室中心勢力と読書会を中心とする革新勢力の暗斗はかなり激しいものがあった。

この秋に、左右同窓生の対立解消を念願して「何とか農大学園を一本にしたい」「その中心になるものをどこにおくか」と熟慮の末、同期の斯友会委員長、鈴木正之君（第二次世界大戦で戦死）相撲部の重鎮、全国学生相撲会の第一人者の和田久義君（和田製糖ＫＫ社長）等と下相談の上、配属将校　森陸軍大佐、恩師　住江金之先生、川越進先生、川原田太郎先輩等の賛同を得て、農大応援団を創設して、農大学生運動の中心母体となるように努め、農大応援団を創設することになった。

いよいよ農大応援団が新発足と決定しても、ありふれた応援団、暴力団マガイの応援団では嫌だ、学生らしい応援団、名実ともに兼ね備わった、農大学生を代表する立派な団体行動のとれる応援団であるためにとその中心をどこに置くかということでも頭を痛めた。

農大応援団を代表する応援団旗を日本一立派なものにし、これを農大学生の心の拠り処にすることにした。

〈二〉農大応援団旗の由来

このようにして、農大応援団旗を作ることにして非凡な、全日本に冠たる応援旗、農大ならではという応援団旗の作成と取り組んだ。

旗は簡単だ。松屋に、農大のスクールカラーに白地で鶏を染め抜いて、羽二重の上等生地で創成した。

次は旗竿の方だ。いかに軍閥華やかなりし頃とはいえ、「天皇皇后両陛下を御警衛申し上げ、二重橋橋上をお供申し上げ、あるいは皇室の公式儀式に儀仗申し上げた近衛師団、近衛騎兵の鎗を農大応援団の旗竿にと、恐る恐る払い下げ方を陸軍省に申請した。

関係者一同はことの成否よりも、その申請のスケールの大きなことに驚嘆された。

陸軍省でも経験のないことであり、全く異例のことでもあって、払い下げ決定には暇取った。ところが、当時の陸軍大将陸軍大臣南次郎③閣下の大英断により、近衛騎兵の鎗柄が下付された。併せて南陸軍大臣からは激賞をされた。これに加え、陸軍省発行のパンフレット『つはもの』にも報道され、農大一同は面目を施すことになった。

いよいよ払い下げと決まり、陸軍省からの公文書に接して、恩師川越進先生の御指導のもとに、吉條応援団長は近衛野砲兵連隊の陸軍倉庫へ払い下げの授受のために行った。その時の感激はいまだに忘れることができない。

これで、全国唯一の応援団旗ができあがった後は、ただ応援団旗の制定式を待つばかりとなった。昭和六年一一月一一日、横井記念講堂で全学生参集して、農大応援団旗制定式が挙行された。農友会加入も未加入も、運動部、学芸部、各種研究会の主将、代表者一人一人から、丁寧に奉書に浄書された祝辞を頂いた。

時に、「本旗をもって、わが農大の応援旗といたします」と力強く制定した時は万雷の拍手を受け矢張り涙が出た。

日本全国に応援団は数多いが、近衛騎兵の鎗柄を旗竿に頂いている名誉と光栄に輝いているのは、実にわが農大応援団だけで、誇りと心強さは一入なものがあった。この感激は独り吉條だけではなかったろうと思う。

〈三〉**農大応援歌の新作**

お蔭様で立派な応援団旗はできあがった。つぎは応援歌だ「お嫁に行くならお娘さんよ！」ただ一つだけでは物足りない。農大の内外にも呼びかけて、新作を公募したが思わしいものはなかった。それで、作詞を北村小松氏（当時松竹目蒲撮影所）に、作曲を堀内敬三氏に依頼した。両氏とも快諾されて、今日の「緑の旗は伊達には振らぬ　俺等の腕は野良育ち　ヨイショヨイショフレーフレー　農大勝つぞ！　フレー　フレー」を歌うようになった。これは、コロムビア・レコードに吹き込まれたことは衆知のことだ。

この作詞依頼に北村小松氏宅を洗足に再々お伺いしたその時、吉條をモデルにされて、『応援団長と靴』が小説化され週刊朝日昭和六年八月号に登載されたというエピソードもある。

無骨者の服装に頓着しない吉條でも、名士宅を訪ねる時は一応気を遣ったもので、顔剃りから服装と靴に至るまで心配した。靴だけは新調して行ったが、靴下がツギハギだらけだったので、太田武雄副団長、荒川斗苗副団長等から、「警察の前が平気で通れるかい?」とヒヤカされたことが中心だった。ゴツゴツした一面にも一片のユーモラスも染み出ている、楽しい想い出の一つだ。

〈四〉**応援団費**

つぎは応援団費を授業料と同時に納入することに決定した経緯だが、運動クラブの遠征や行事週間開催には部員が奉賀帳を持って、同窓の誰彼の区別もなく片端から寄付を強要している姿が校庭の各所で散見せられた。もちろん会計報告もなく、使途も明らかではなく、一部同窓からは蔑視される行為だった。一方文化クラブでも静かな、淑やかな中にも、矢張り資金カンパが行なわれた。

このいわば悪弊を一掃したかった。斯友会総会に諮り、全国でもまれに見る、応援団費年額五十銭を授業料と同時納入が実現された。校風刷新の一助となったことは高く評価されてよいと思う。実施は昭和七年四月の新学期から実施され、その事務は農大会計に委嘱され、出納運営は応援団長、副団長、応援団顧問の先生、農友会幹事によりあたられることになった。確かに珍らしいケースの一つとして大書されてよい。

〈五〉応援団の活躍

当時、泉山敏雄先輩等相謀って、東都六大学野球連盟が略成され、農大、中央大、専修大、日本大、国学院大、学習院大が参加した。先ず、中央大の林応援団長、日本大の加藤応援団長に呼びかけて、応援団連盟を結成した。これが、後の愛国学生連盟の結成にも拍車をかける動機にもなった。とりわけ同窓の三田道忠君（盛岡の三田牧場主、母校被戦災の折、疎開を快諾され、母校再建に奔走せられた）の大きな推進力も忘れることのできない事蹟の一つだ。

〈六〉おわりに

このような数々の想い出を録して三〇年前を偲び、母校の発展を祈って脱筆しよう。

注　解

①北村　小松（きたむら　こまつ）

（1901－1964）大正、昭和の脚本家・作家。

青森県八戸出身。慶応義塾大学卒。モダンな作風で知られる。松竹蒲田在籍時には「蒲田きってのモダンボーイ」などと言われた。牛原虚彦監督作品『彼と～』シリーズや、サイレント時代の小津安二郎監督作品『カボチャ』『淑女と髯』『お嬢さん』『東京の合唱』、成瀬巳喜男監督作品『限りなき舗道』、日本初の本格的トーキー、五所平之助監督作品『マダムと女房』などを手掛けた。

②堀内　敬三（ほりうち　けいぞう）

（1897－1983）音楽評論家。

東京生まれ。東京高等師範附属中学を経て、アメリカに留学、ミシガン工科大学卒業、マサチューセッツ工科大学大学院修了。留学中も作曲と音楽史を研究した。帰国後、日本放送協会嘱託として洋楽を担当。戦後はNHKラジオ『話の泉』のレギュラー、『音楽のたのしみ』の解説などを通じて、広く洋楽普及に努めた。主著『音楽五十年史』『ヂンタ以来（このかた）』『日本の軍歌』など。オペラアリ・アリア、歌曲の訳詞多数。慶応義塾応援歌『若き血に燃ゆる者』の作詞作曲者でもある。

③南　次郎（みなみ　じろう）

（1874－1955）日本の陸軍軍人。陸軍大将。

大分県出身。陸士六期卒。陸大卒。支那進屯軍司令官、参謀次長、朝鮮軍司令官などを歴任。若槻内閣の陸相に就任。満蒙対策強硬論の立場に立つ。陸相時の柳条湖事件に対して、当初の不拡大方針から拡大派に転じる。関東軍司令官の後、予備役になり、朝鮮総督。戦中は、枢密顧問官、大日本政治会総裁、貴族院勅選議員などを歴任。戦後、A級戦犯として終身禁固の判決を受ける。のち、釈放。

第八部　頓挫した満州農業科設立構想と満州報国農場の創設

本項に掲載する内容は、公式な年史である『東京農業大学百年史』にも記載されていない。文字通り埋もれていた記録だと言っていいと私は思う。おそらく誰も目にしたことがない史実だが、改めて想起するに値する事柄である。

農大新聞を発行していた斯友会学生記者が書いたものを中心に、追っていくことにする。

さて、当時は、たいへんに厳しい時代であったようだ。

全世界が大恐慌①に見舞われ、困窮と逼塞した気分が蔓延していたことは想像に難くない。第一次大戦の最中は「どうだ、明るくなったろう」という船成金が勃興した大戦景気の時代であったが、第一次大戦終結後の一九二〇年になると株価が下落し、戦後恐慌が始まる。一九二七年には金融機関の破綻が相次ぐ金融恐慌など慢性的な不況に陥り、一九三〇年代初頭は世界恐慌の影響で「娘の身売り」や「大学は出たけれど」のことばで知られる昭和大恐慌の時代となる。

昭和七年（一九三二）には震災恐慌、さらには急進的な青年将校らが犬養毅②内閣総理大臣を暗殺した五・一五事件③が起きている。前年の昭和六年九月一八日には、満州（現在の中国東北部に駐留していた関東軍が奉天（現在の瀋陽）の柳条湖付近で南満州鉄道を爆破し、これを中国軍によるものとして攻撃を始めた満州事変④が勃発する。一九四五年八月の第二次世界大戦終結までの長い戦争への発端である。

本学においても「大学は出たけれど」の言葉の通り、就職を希望する学生にとっては非常に厳しいものがあった。

大学当局は新興の満州国⑤の官吏として、農業指導者として、本学学生の就職先を模索し続けたのも事実であった。新興国の農業生産が回転することが、我が国、満州国に利益をもたらすとすれば素晴らしいものとなるとの考えがあったのだろう。

吉川学長⑥の一ヶ月（昭和七年六月八日〜七月八日）にわたる満州視察から帰国後、理事会で満州農業科設立構想が立案提示された。

文部省は、全国に我が国の国策の一環として「満州国の重要性を学校などで講話するようにとの通牒」を出した。それを受けた例として京都府学務部長が管内の学校等に出した通達である。

京都府学務部長発信
学校長、青年訓練所主事殿
満蒙ニ関スル講話ノ件

満蒙ニ於ケル三千万民衆ノ自発的総意ニ依リ本年三月一日ヲ以テ建国ヲ見タル満州国ハ、国防、経済其ノ他ノ上ニ於テ我カ国ト唇歯輔車⑦ノ関係ニ在リ、且此ノ新興国家ノ健全ナル発達ハ、啻ニ⑧日満両国民ノ為ノミナラズ東洋永遠ノ平和ヲ確保シ、世界文化ノ純正ナル発展ニ貢献スル所絶大ナルモノアルコトハ既ニ十分御了知ノ上、平素適宜御教示ノコトト信ズルモ本月一八日ハ満州事変勃発一周年ニ相当スルヲ以テ、コノ好機ヲ逸セズ講話、其ノ他適当ナル方法ニ依リ生徒児童ヲシテ我カ国ノ生命線タル満蒙ニ対シ正確ナル認識ヲ得シムルト共ニ、国家的観念ノ養成ニ努メラレ度右通候也　追テナルベク青年団、処女会、婦人会等トモ連絡ヲ取リ御施行相成度申添候

（『京都府公報　通牒及照会』第五八一号　一九三二年九月六日）七学第三二三二号

この通牒は、京都のみならず国内の大学、専門学校等全ての教育機関にも通達され、本学も直ちにこの通牒に呼応し、本学独自の満州農業科構想が計画されたのである。

満州国に対し、民意の発揚、農業生産の向上を目指し教育構想を打ち出したのは、高等教育機関として本学が最初であった。その構想の詳細が農大新聞に掲載されている。

一、満州農学科新設の議
～学生の目線から見た大学の動き～

（農大新聞昭和七年一〇月二一日）

時局に鑑みて満州農業科新設
日満両国人の教育　就職路開拓の光明

新興隣邦満州国における農業の位置が非常に重大なものであることは今更言をまたない。満州国を開発するのは農村であり、農民で有る事は事理明白である。この意味に於いて本学等において満州農業に関する研究をなすは単に必要なるのみならず満州におけるパイオニアたることを自負せる吾人の当然なすべき事であらねばならぬ。この如き必然性と必要性とは両々相まって本学幹部間に満州農業科新設の議が起こったのである。時あたかも学長が渡満した後の事とて吉川学長の意図も大いに加わりその議は急速度の研究の結果大体の成案を得たので、去る一〇月一三日の大学理事会に諮りその具体案を認められるに到り後は文部省の認可を待つのみの段取りとなった。

しかし漠然と満州農業科を設置してもいかなる種類の農民を作り上げるかという事が第一の経営

方針であるが、それは学長の先頃の満州視察により得た貴い経験を中心に最も合理的という結論に達した自作農の集団移民を作るべく、かの地に於いて実地に農作に従事する人々を養成することになった。即ち短期間の講習的教育ではあるが実際に当たって最も必要な満州語（満州国人には日本語）を重要視し、最初第一学年は殆ど語学の授業に当てる等、兎に角時代遅れに見られ易い農業関係の学校としては最も新しい、時としては寧ろ投機的とすら見誤られ易い。こうした新事業を多大の犠牲を払って他の官立大学すらこれを敢行することは財政的にも非常に苦しいという折柄誠に溜飲の下がる様な近来の快事である。私立大学の不正入学、その他の耳を覆うべき忌まわしい話を毎日耳にするときに於いて、かくの如き大英断的壮挙は本学将来の為、又本学出身者の為、誠に喜ぶべき事である。

（農大新聞昭和七年一〇月二一日）

新味の豊なる学則案大要決定
自作農民育成を主眼として　近々文部省に申請

前途の如く本学に来年度より新設せらるべきこの満州農業科の大要を理事会案について細かく検討する必要があろう。本科新設の目的はかの地における自作農民の育成であるが、最も力を入れようとするのは、移民の教育はもとより満州国人の農業知識の開発である。本科としては現在までの学部、専門部、予科等と同等の格式を備えた科にするべく努力しようとしているが、元来が農民自身を作るのであって、それら既設諸科の目的が農村指導者を養成するのであるのとは全然その趣意を異にしているので、入学資格等は現在に於いては余り厳格な事は必要としないので尋常小学校程度の学力さえあれば簡単な体格試験を課したのみで許可することに決めてある。

学則案

【第一章　総則】
第一条　満州農業科は満州国における農業に従事する者に必要なる専門の教育を施すを以て目的とす
第二条　学年は四月一日に始まり翌年三月三十一日におわる
第三条　学年中休業左の如し
大祭日、祝日、日曜日、東京農業大学記念日（五月十八日）
春季休業　自四月一日　至　四月七日
夏季休業　自七月十一日　至　九月一〇日
冬季休業　自十二月二十五日　至一月　七日
但し休業中農場実習を課することあるべし

【第二章　修業年限　学期及学科課程】
第四条　修業年限は二年とす
第五条　学年は二学期に分かつ
夏学期　自四月一日　至 十月三十一日
冬学期　自十一月一日　至 三月三十一日
第六条　学課課程差左の如し（※二二八ページ参照）

【第三章　入学】

第七条　入学期は学年の始めより三〇日以内とす

第八条　第一学年に入学を許すべきものは本学に於いて入学資格ありと認めたる者とす満州国人にして日本語の堪能なる者は一年各学期より入学を許す事あるべし

第九条　入学志願者が募集人員を超過したるときは選抜試験を行う

第一〇条　入学志願者は入学願書、履歴書及び入学に必要なる証明書を差し出すべし

第一一条　願に依り退学したる者再入学を請う時は詮議の上入学を許す事あるべし

第一二条　入学を許されたる者は東京市又は同市付近の地に家計を立つる者を保証として本学に於いて定めたる様式に依り在学證書を差し出ずべし

第一三条　保証人に移動ある時は速やかにその旨届出ずべし

第一四条　入学を許されたる者は入学金として金五円を納付すべし

第一五条　疾病その他止むを得ざる事故に依り欠席する者は本人より届出ずべし
欠席三日以上にわたる時はその理由を詳記し保証人連署にて届出ずべし
病気欠席の場合には医師の診断書を添付すべし、欠席届は一週間以内に差し出す事

【第四章　試験及び卒業】

第一六条　試験を分かちて学年試験及び臨時試験の二種とす
学年試験は学年の終りに於いてこれを行い臨時試験は必要と認める時にこれを行う

第一七条　試験評点は各学科目一〇点を以て満点とし合計点を試験学科目数にて除したる商六点以上なるを合格とす
但し四点未満一学科目若しくは四点二学科目ある時は不合格とす
農場実習の採点は三学科目として計算す

第一八条　学科目に依りては平常の成績を以て試験の成績に代得ることあるべし

第一九条　追試験は学生の願い出に依り特別の事情有と認めたる者に対してこれを行う事あるべし

第二〇条　学年試験に合格したる者にあらざれば進級又は卒業することを得ず　卒業したる者には卒業証書を授与す

【第五章　休学退学及び懲戒】

第二一条　疾病その他やむを得ざる事故ある時は休学することを得

疾病により休学する時は医師の診断書を添付すべし

第二二条　休学期間と雖もその事故止む時は復学を許す事あるべし

第二三条　休学中と雖も授業料はこれを納付せしむ

第二四条　授業料未納者は完納まで停学を命ずることあるべし

第二五条　退学せんとする者はその理由を記し保証人連署にて願出ずべし

第二六条　左の各号の一つに該当する者は学籍を除く

一、操行不良にして改善の見込みなしと認めたる者

二、学力劣等にして成業の見込みなしと認めたる者

三、引き続き一ヶ年以上欠席したる者

四、正当の理由なくして引き続き一ヶ月以上欠席したる者

五、出席常ならざる者

六、授業料その他の納金の納付期限を経過五週間に及ぶも未納の者

品行修らず又は学業を怠けその他秩序を破り風紀を害する兆しありと認むる者有る時は懲戒に処す

譴責、謹慎、停学、放学

【第六章　学費】

第二七条　授業料年左の区別により納付すべし

全額第一期四月末日迄、第二期九月末日迄、第三期一月末日迄、

九〇円、三五円、三〇円、二五円、計九〇円　冬学期より入学を許す者は月割りにより徴収す

第二八条　既納の授業料受験料及び入学金はこれを返付せず

【附則】

第二九条　本学則施行に関する細則は別にこれを定む

第三〇条　本学則は昭和　年　月　日よりこれを施行す

【講義の部（毎週教授時数）】

学科目	第一学年 夏学期	第一学年 冬学期	第二学年 夏学期	第二学年 冬学期
修身	一	一	一	
日本語（又は満州語）	二二	二	（一）	（二）
英語	五	五	二	二
物理学及び化学		四	一	一
数学		四	二	二
動物学及植物学		四	二	二
地質学及び土壌学		二	一	一
肥料学			二	二
作物学		四	三	三
養蚕学			二	二
畜産学			三	三
害虫及び病理学			二	二
農業工学			一	一
獣医学			一	一
林学			一	一
農政学			二	二
農業経済学			二	二
特別講義		一		
卒業論文				
計	二八	二七	二八	二八

備考　（　）内は日本人に限り満州語（作文を含む）を課す。地質及び土壌学は鉱物学を含む。作物学は農芸作物を含む。農業工学は農具学を含む。特別講義は地理、生物、衛生その他〇〇的学科を含む。

【実験実習の部（毎週教授時数）】

学科目	第一学年 夏学期	第一学年 冬学期	第二学年 夏学期	第二学年 冬学期
農場実習及び見学	八	八	八	八
養蚕実習	不定時	不定時	不定時	不定時
測量実習			三	三
図画実習		二		
農学実験	二	二	二	二
化学実験				二
計	一〇	一二	一三	一五
	不定時	不定時	不定時	不定時

備考　図画実習は測量に必要なる用器画を主として教授す。農学実験は一年夏学期に於いては主として計器取扱い動植物写生等を課す。

（農大新聞昭和七年一〇月二一日）

満州国青年　既に入学申込み
～各方面の期待深し　農村出身者歓迎～

この学則にもある通り修業年限は二ヶ年で夏学期、冬学期に分かち特に第一学年夏学期は語学のみ毎週二七時間外国語（内英語五時間残り二三時間は日本人に対しては満州官語を、満州人に対しては日本語）を科すことになっているのが特徴である。学科課程は中等学校と専門学校との間程度のもので科目種類が非常に多いのが目立つ。卒業論文は満州人に対しては殆ど調査報告をこれに当てしめる筈。本学の特色でもある実習、実験は本科に於いても六種類を含む広範なもので特に見学の時間が多いのは、内地における農業状態の視察を十分ならしめる為である。

学則にもある通りただ今のところでは、月謝は年額九〇円という事に成っていてその内にあらゆる費用を包含している学生の取り扱い方については、現在に於いて農林省委託の耕地整理講習生と同様に斯友会にも農友会にも加入せしめずもちろん消費組合にも応援団にも関係付けずに置くと云う。本案は未だ文部省の審査を得ていないし又一般学生も全然関知しないけれども、既に早くも在満のある純真な青年が入学を申し込んでいる由、吾人が既に前紙に於いて論ぜる如く農業に従事せる者の満州開発は絶対に必用な事であるからこの際一人でも多くの学生の集まらん事を望み、更に満蒙の天地にそれらの青年が鍬を打ち上げる日の一日も早からんことを希望されている。

二、満州農業科の頓挫

新設農業科に満州国の感謝
文部省の認可も近し

（農大新聞昭和七年一一月一〇日）

本紙前号に於いて特報し斯界に大センセーションを巻き起こした来年度四月より新たに開校さるべき満州農業科はその後着々具体的準備を進めていたが最近文部省に申請開講の手続きを完了した。順序ではあるが未だ満州国特派全権大使鮑観澄氏にはその意を通じてないが過般来朝した満州国使節謝介石氏の随員である文教府次官植村哲弥氏に住江（金之）⑨教務課長が面会し本学に於ける満州農業科設置の趣意及び目的に対し詳に説明するところあり。満州農業に於ける日満協力の必要性に付き述べたるに植村氏は自分は帝国教育界の案内により一般的学校に行き視察したが貴校（農大）へは残念ながら行くことは出来なかった。然し次に日本へ来た時には貴校を十分見学視察、尚帰満後は貴校の満州農業科の趣意を宣伝し大いに留学を奨励しよう云々と。かくて満州農業科は外国的にも基礎付けられ満州農業の発展を志す若き日満農学とに開校の日を待たれている。

（農大新聞昭和八年二月一日）

期待外れし満州農業科
文部省より却下

満州国承認に伴って、我が国朝野識者の満州国に対する認識の非常に深くなった折柄、本学当は世間に先立って満州国農業教育の重大性を認め、本学に満州農業科を施置することを発表したが、本件はその後着々当局に於いて計画を立て文部省に申請せし所、学校当局にては具体的なる規定を提出しなかった為、結局不認可となった。これに就いての学校当局の意向を聞くと、最初満州農業科として設置せずに講習の形式にて学生を募集し一定の希望者を講習生として収容した後、その数に応じて具体的な詳細な計画を確立して、二学期頃より再び満州農業科として申請することに内定している由。

時代の要求へ順応か　満州農業講習会開設
～移民に必要な全科目を備え四月中旬より愈々開校～

（農大新聞昭和八年三月一日）

先に教務課によって計画され、又着々と準備されつゝあった、農大の満州農業科の設置問題は遂に文部省の許可の段取りに至って、一蹴された事は既報したところである。この一蹴されたる原因は文部省の消極的政策に基づく結果で有る事に依る。

何故ならばこの満州農業科設置の件は十分に考慮して具体案も立てられて提出されたものであるが、文部省当局側としては「何れの学校にしても新たに科を増設する事は、現在に於いても溢れている学生を一層多くするに過ぎずして且つ又、ないかとの思想的に於いても又就職をも困難をなし赤化思想をも醸す手段になるのではないかとの懸念するからその理由が何れにあるとも許可する事は不可能である」言い分であると言う。その結果満州農業科の設立は遂に一時中止の止むを得なくなったものである。しかし一度思い立った事はあきらめ得ず、又将来に於いても最も重大視せねばならぬ満州農業科についての学科を一般に開講して移民問題の一端でも決したいの一念より考え出されたものが、次に述べる満州農地講習会と言う案である。これならば特別に難しい手続きも必要で無く、科を設置するよりも効果を上げる

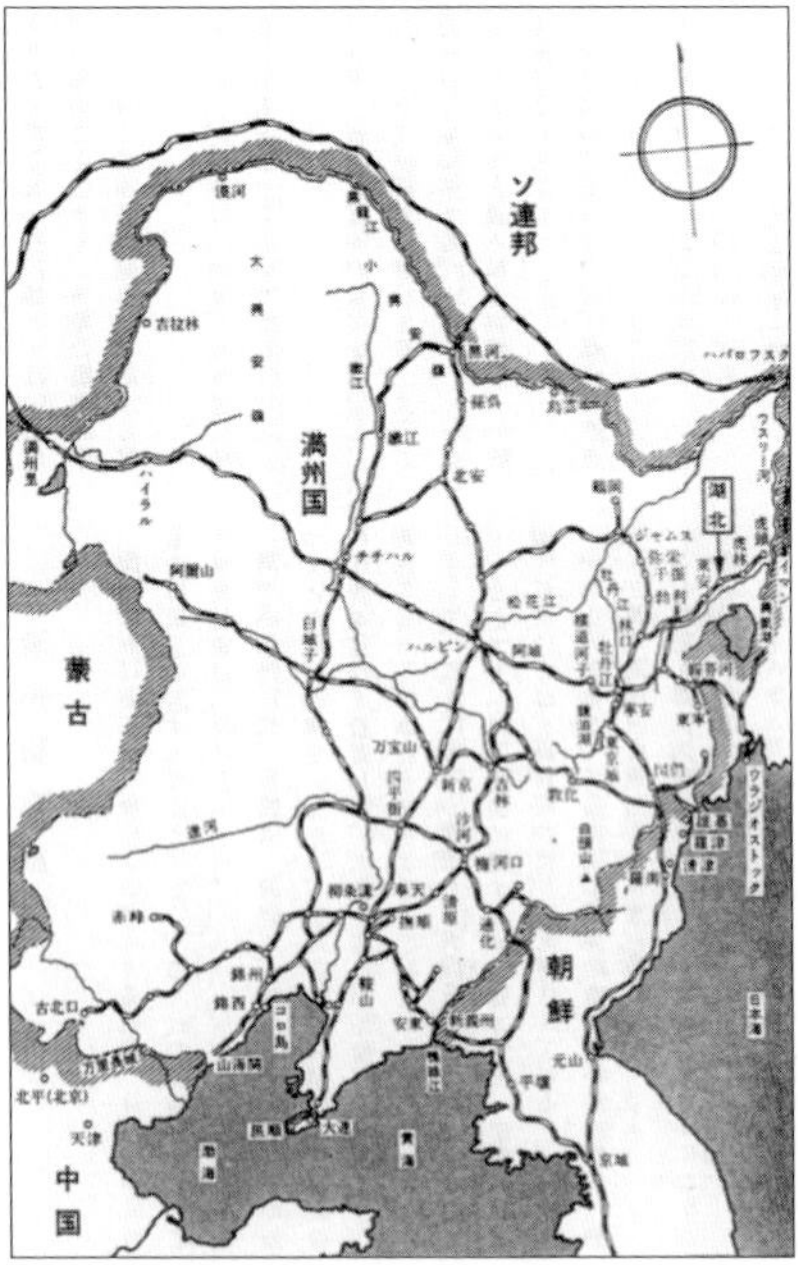

満州国全図（昭和 20 年）

上には思う存分に講義も実習もなし得る点から、むしろ効果を発揮するには良いと考えられたものである。既に当局にては着々準備を進め、直ちに募集に懸るとの事である。
しかしこれに端を発し成績如何によっては将来又満州農業科の設置に導かれるものと推察される。

（農大新聞昭和八年三月一日）

先ず三〇名募集　大工、左官、医者の知識も授く
満州移民の礎石とならん

満州農業講習会は教務課の発表に依れば四月一五日より開始して七月一四日に至る三ヶ月間行うものである。はじめの間の募集は内地人のみとしてその募集人員は三〇名である。その応募者が学力資格及び年齢はすべて制限無く満州に渡り農業を志さんとする人ならば何人も受講し得るものである。（但し女子は除く）又受講料としては三ヶ月三〇円、しかし特別に地方の在郷軍人分会の推薦による者は其の半額の一五円で良いとの事である。

現在の所では講師は決定していないが、その主なるものとしては満州語には満州国公使館より、又満州事情については拓務省⑩より相当に権威者が来ると言う。又その他の学科についても一流の権威者も来る事は言うまでもない。

又講義の外に実習としては、植民に必なる事柄を為すもので、殊に満州は内地の小農経営とはそ

の趣を異にして大農経営である故にそれ相当の準備も必要であり、それ等の実習もする事と決している。

例えば建築の事即ち簡単に家を建てる事や、大農具の取り扱い方や石油発動機の実習、その他移民者に必用なる一切、大工、左官の知識から土地の測量実習に至るまでを包含して教えるものであると言う。特に面白い事は植民地に医者の不足を感ずる所から、日常の簡単なる医者の手術、手常法をも受けせしむると言う事であると。

この農業についての教科は主として農業に必要なる原則を教えるを以て趣旨としているもので有るという。実習は農大の用賀農場にて実施する事と予定している。先にこの満州農業科の設置に志した本校当局も今度こそはと面目一新の点からも、又満州というものが日本にとっては将来に於いて活躍の大天地であり、東洋の永遠確立するその魁としても先ず農業を確立する事は我が国の本質より考えて大いに発展さすべきと力説し、将来の為に又国家の為に貢献する第一歩と努力しているものである。

期待も裏切って満蒙農講会又も姿を消す

（農大新聞昭和八年四月二二日）

昨年一〇月頃より計画されて来た満州農業講習会設置の件については既に数回紙上に掲載せられたるものであるが、その準備も着々と実行され、その科目さえもほぼ決定を見ていたものであったと、この催しは要するに農大当局がかつてこの案の前身として満州農業科の設置が文部省当局より却下されたるが為にその面目案として案出したるものであったが、文部省の色々なる消極的思考がこれを遂に実現せしめず、その関係にあるものをして不満ならしめたものであった。この面目は何としても補わねばならぬと学生も校友方面もかなりに気をいらだたしている際にこの満蒙農業講習会が開催せられる事を耳にし、不平、不満も一時はやわらぎ而してこの成功ある場合は農業科として正式に申請する様子も多分に見えたるが為に、まあそれならばと不平ながらも光明を見出した様な感じがしたものであった。当局も大分腹案もあるらしくさぞ新学期には前途に希望満々たる、青年並びに壮年が沈滞気分にある農大内に生き血を与えてくれると期待をしていたものも多くあったが、一向にその様子も見出されず、一寸変だと思われていた。新入生は皆、角帽又は丸帽のお坊ちゃん姿の学生ばかり、講習生らしい者は一人も見えず、四月一五日より開講する予定と聞いていたが少しも当局さえもそれらしい様子を見せず、もしや入学式にはこんな話も出るんじゃないかとの噂もあったが、それもなく又再び不安な感じに襲われて来た。石橋を叩いて渡る式の農大当局には「まさか」嘘はあるまいと思ってはいたがあちこちと探索して見ると余りこの事に対して広告をせず、一寸小さい記事がある新聞に出たきりで、他はほとんど無く、それに学校の付近に立て看板が三、四枚立てられたに過ぎないことを知って、これでは何が何でも無理だなと言う様に思われた。何しろ現在はその目的が良くとも可なりに宣伝をしなければ到底その効を奏しないもので有る事は当然である。もしこれが事実なりとせば当局も少し無謀の業ではなかろうか。その結果は果たしてどうか、講習希望者は唯の一人あったのみで、退役の将校であったと云う事である。それでは何とも仕方なく開講も致しかねている様子である。当局では止む無く現在でもこの話は少しも出さずそれ申し込みと同時に受け取った講習料を返還しようと色々協議中であるとの事である。

兎も角、最近は満州国が非常に重大使命を以て存在し適当成る方法で知らしむれば一般の応募者はかなりに有るものだろうと考えられ殊に在郷軍人方面に宣伝するならば効果を及ぼしたのではなかろうかと老婆心に言っている人もある。これは未だ当局は取り消したとは発表していないが明らかに失敗をしている様に感ずる。また青山六丁目には依然として四月一五日開講、満蒙農業講習生募集と厳しく看板が立っているのは、知らぬ人には良い様なものの、なんだか皮肉なような気がする。

土の声

満蒙農業講習会又もや失敗、仏の顔も何とやら、お偉い人よ——物笑いの種だけは何ボお百姓でもいい加減にしろ、ダ！

（農大新聞昭和八年四月二二日）

三、満州報国農場

文頭にも記したが、大恐慌の影響を受けて、大学首脳部が本学の発展を望み、また就職が困難であった学生の進路も考え併せた時、国策に沿いながら農業によるアジア諸国への貢献の一環として、満州に進出しようとしたのであろう。この昭和七年当時の方針は満州農学科頓挫の後も引き継がれ、第二次世界大戦末期、本学は満州に報国農場を創設するに至った。

農大の満州農場を語る場合、満州国について述べなければならないことはいうまでもない。

昭和六年九月一八日、満州事変勃発の後、同年一二月一八日、東北行政委員会は会議の結果、国家組織に関する重要事項を決定し、国号を満州国と定め、翌年三月二日、満州国建国宣言を発布して「中華民国との関係を離脱して満州国を創立する」ことを内外に宣言した。

更に昭和九年三月二日より帝政を行い、執政溥儀氏⑪は満州国皇帝に即位されたのである。

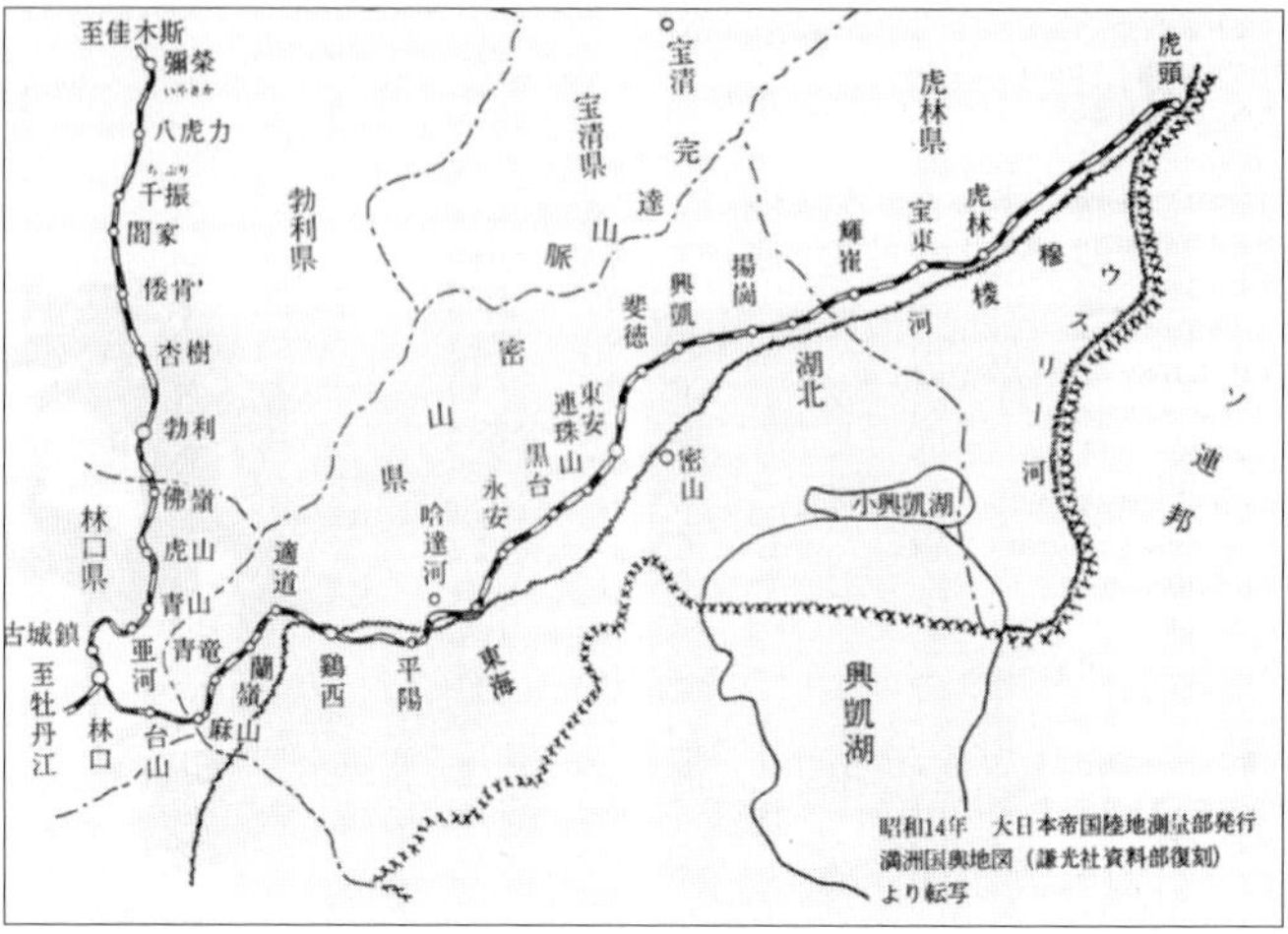

満州報国農場

正式の名称は満州帝国である。

「旭日を高粱の波上に仰ぎ果てなき地平線に赤い夕陽を送る」と表現されるように広くて夕陽の美しい所である。面積一三〇万平方キロメートル余、日本全土の約二倍に当る。

極南…北緯三八度四五分

極北…北緯五三度二〇分

満州平野は国家の中心であり、国民生活の舞台である。

全面積の三分の一が三〇〇m標高にあり、普通南満平野、北満平野と呼ばれている。一望千里、坦々たる殺風景な平野に見える野も、詳細に見ればあるいは高く、あるいは低く、緩やかな波状となり、小丘も見受けられて、楡・柳等の樹木類は至る所に小林を造り「または里程の目標と走って単調さを破ってくれる。満州に不作なしと言われるのはこの高低差があるからである。

土地は肥沃で、肥料を要しないが、土質は南部は高粱、北部は大豆、小麦等の栽培に最も適している。大陸的気候の影響を受けて寒暑の差が激しく、夏冬二期というのが至当である。

南満ではやや春秋を味わう時期があるが、北満ではほとんど冬から夏で、五月中旬頃から原野の眠りは一時に目ざめ、数日にして青葉若葉と変り、日本内地の四季折々の花も満州では一斉に咲き誇って一大自然の花園をつくる。

気温は新京で最も寒い一月は摂氏零下一七度位であり、最も暑い夏で平均三四度位に上がり、夏と冬とでは五〇度以上の差となる。

雨量は少ない。一二月から三月までは降水量が最も少なく、四月から次第に増加して六月下旬から七、八月までが最も多く、八月下旬から次第に減少する。
七、八月の多雨高温なことは、作物にはすこぶる良好な結果を生じ、九月に入って急激に雨量が減少して快晴が続くことは、作物の成熟、収穫調整にとって絶好の条件になる。
さらに九、一〇月に入り、急激に気温が降下しながらも大気が乾燥しているため、降霜少なく、無霜期間の長いことは、満州を農業基地としていちじるしく発達させた一因と言える。

冬期、雪は少ない方で、一〇月頃降る雪は翌年三月まで融けることはないが、量は少ないから見渡す限り真っ白に残ってはいるが、山地帯を除いては交通を妨げる程のことはなく、冬期の酷寒が作物に直接影響することなく、かえって病虫害の発生を予防する有利な条件になっている。

いずれにしても気象学上より見て、満州は、東北、北海道に決して劣らない可能性を具備していると言うことが出来る。

昭和六年、加藤寛治⑫、東宮鉄男⑬、石原莞爾⑭等の意見を採用し、同七年第一次農業移民団四九二名が佳木斯（ジャムス）に、続いて第二次四五五名が実験入植して、後の弥栄村千振郷になる。

昭和一二年には重要国策の一つとして大量入植を実施し、一般移民だけでなく開拓義勇軍も創設された。

昭和二〇年五月の時点で大東亜省⑮の発表によれば、第一三次まで数えた入植者は、移民団四七府県八八一団体二二万三千名、義勇軍一〇万一五一四名、計三二万一五一四名となっている。

満州報国（湖北）農場

国内における事情が移民を必要とする場合、目指す移民地が大量の移民を収容するばかりでなく、移入民の必要性を感ずる場合に移民現象は円滑に発生する。

満州国建国以来、拓務省、農林省、文部省で別個に管理権を持っていた満州対策を一元化し、官民各機関合同の「満州建設勤労奉仕隊本部」を設置して、大東亜省（旧拓務省）が主管となり、関係各省は分掌事務を担当することになった。

そして、これに要する費用も日満両国政府が負担することになり、なかでも「報国農場に関する創設費並びに一定期間の援助費用」については、細目にわたって配慮されている。

昭和一六年になって農林省の債権的な企画が進められ、翌一七年に在満州国報国農場施設の実施を開始する。

この文部・農林両省の勧めにより、東京農業大学に本格的な満州農場建設の機運が高まって来た。翌昭和一八年六月、満州報国農場は日本政府において閣議決定、食糧増産対策の一環として取り上げられ、国家予算計上の対象となるに及んで建設が顕著となり、東京農大においても満州農場創設の方針が決定する。

なお、この機運に乗じて、私設農場を国家委託の報国農場に転化し、運営資金と人材確保を目論む者もいたが、大学に管理を委ねた報国農場は、我が東京農大湖北農場のみであった。

満州農場設立の準備は次のように着々と進行した。

昭和一八年九月　住江教授、太田助教授⑯が満州農場設立準備のため現地へ渡り、関係機関と最終折衝を重ねる。

昭和一九年一月　具体的な準備を始め、太田助教授以下八名が先発することになったが、物資不足の折からすべてに行き届かず、現地調達の方針に切替えざるをえなくなる。

昭和一九年四月　昨年秋の学徒出陣に続いて、全員、「学徒動労奉仕隊」として、農事試験場、農業会等、農業関係諸機関に動員される。

昭和一九年四月二七日　太田助教授以下八名、先発隊として出発。

昭和一九年五月一日　武田助手以下二四名、先遣隊本隊として東京を出発、満州へ向かう。

昭和一八年九月八日及び一一日付の「満州新聞」の見出しと記事の一部を引用する。

なお「満州新聞」は太田正充教授の息女・淑子さんの提供によるものである。

教育の大陸移駐化　農大の報国農場建設　太田助教授語る

（満州新聞昭和一八年九月八日）

大陸農業の開拓は、われら青年学徒の手でと、目下日本各府県の大陸前進基地として、決戦下の食糧増産に聖汗挺身を続ける在満報国農場に、来年度から新たに東京農業大学の実習報国農場が誕生する。此の学園報国農場は、同大学農業拓殖科二年生を中心に、二〇〇ないし三〇〇名の学生を動員、一農年（播種から収穫までの期間）の間、現地における実習教育により、北満農業の実際を体得せしめるとともに、若き学徒の熱汗を捧げて大陸開拓の聖業に投ぜんとするもので、青年学徒の大陸前進基地として満州国農業今後の発展にも多大の貢献が期待される。なお、同農場設置地域その他具体的実虎事項については、目下同大学太田助教授が来京（首都新京）関係当局との間に折衝を進めているが、農場敷地は大体、東満第一線たる東安省に決定することとなる模様である。

学徒の大陸前進基地　東安に東京農大報国農場

（満州新聞昭和一八年九月一一日）

青年学徒の戦時下教育を大陸に移駐し、満州開拓を真に体得させようとする東京農業大学報国農場の設置については、同校太田助教授が七日来京以来関係機関と打合せ中であるが、この計画は同校農業拓殖科三ヶ年の期間中、第二学年一年間を満州で実習し、教育の徹底化をはかろうとするもので、農業教育の大陸移駐及び報国農場増設へ大きな示唆を与えるものとして注目される。右について太田助教授が九日、興農部で次の如く請った。

農大報国農場は専門部農業拓殖科の教育を徹底せしむるためで、従来各学年を通じて一ヶ月宛・一年は樺太、二年は満州、三年は台湾で実習し、更に勤労奉仕隊として三ヶ月間満州へ来ていたのであるが、この三ヶ月の奉仕期間では気候風土に慣れるのに一ヶ月半もかかり、慣れると帰る予定をするような始末で、どうしても半年以上腰を下してやらぬと大陸の心になることが出来ない。

特に冬の体験なくして大陸の心を養うことが出来ないと思う。

ヨーロッパ文明の中心が北欧にあった如く、太平洋文明の中心は満州にあり、冬の間に思想、文化の芸があるものと確信する。

そこで私の大学では二年生は内地で基礎教育をやり、一年生は満州で、三年生を再び内地で仕上げる最後の教育を施そうとするもので教育の大陸移駐である。

この一年間において学生は教学、訓練を通じて真の開拓精神に徹し、日満一体の開拓計画に寄与することが出来る。

また、他の各大学、農業専門学校等がこの計画に倣ったならば勤労奉仕隊も更に活獲化すべく、教育と国策を一にする上からも是非実行したいものである。

なお太田助教授は同行の住江教授とともに一〇日午後、開拓総局で設置地区、施設等について打合せたのち北満の現地視察に赴いた。


昭和一九年八月五日、「毎日新聞」は大見出し付きで次のように報じている。

◆満州の曠野に大学村建設《上編》
開拓の苦難に克つ　逞しくも朗らかな学生の闘魂

（東京発）東京農業大学が満州の曠野を教室として拓殖教育の実践と日満食糧増産を目指す「大学村」建設は東安省密山県広島村に七〇〇〇町歩の大面積を選定、本春渡満した先遣隊は約二ヶ月を費やし既に本部設置を終わったのでいよいよ本格的建設期に入り、本隊百二〇余名は七月二九日東京出発壮途についた。

この計画に最初から当って先遣隊を指揮し、今また本隊を率いて渡満した太田正充助教授は、この大学村の全貌と先遣隊の開拓苦闘史を次の如く語った。

開拓には苦闘が払われねばならぬ。そして高い文化、高い理想が必要である。私は教室で常にこのことを説いたが、学生は夢物語としか聞いていないようだった。それが今度先遣隊として渡り、身をもって体験してその意義が初めてわかったようです。これは確かに大きな収穫でした。

先遣隊三〇余名が最初の鍬を下ろしたのは五月八日で、その日から開拓の苦闘が始まったのです。道なく、家なき荒野と山林ですから一〇数日は現地から一一キロメートル離れている駅（湖北駅）近くの学校を宿舎として氾濫でジクジクの湿地帯を越えての通勤であった。

朝は三時に起きて炊事をし、弁当持って七時に出発、三時間あまりを費して現場に着き、宿舎建ての仕事を終えて帰路に着くのは夕方の五時、それから三時間の徒歩だから夕食は八時過ぎ、寝るのは一〇時を過ぎた。これを毎日繰り返したのです。学生は、はじめは確かに呆気にとられ、がっかりしたようだった。しかし逞しい闘魂をたぎらせた。辛いと口に出している者は一人もなかった。戦場にあると同じ心構えができたのでしょう、召されて征った先輩、学友に負けぬ働きをしようと勇気を振い起したのです。

宿舎つくりは組み立て式に走っている開拓地特有の「移動小屋」で、材料は三〇〇メートル離れた所から運ばねばならなかった。かくして三軒の家が出来ると待望の入植をした、これが五月二一日である。しかし引越しがまた大変であった。車が通わないから食糧・食器・家具・身回品すべて背負袋一点張りで運んだ士気の旺盛さに幾度か私は感激した。

住いの小屋はおのおの八畳二間で、上等のアンペラを敷くようになっている。これに起臥して開墾、道路つくり、整地、種下ろし、宿舎増築、倉庫、家畜舎、苦力小屋など村本部の造成にとりかかったのです。水はいいのがあるが本部から八〇〇メートルも離れているのでバケツで運んだ。薪炭は豊富だがこれも手分けして集めねばならず、苦労の種は尽きなかったが、学生は「君は用水を汲め、われ薪を拾わん」の詩そっくりの生活を朗らかに片づけて行った。

北満の春から夏は百花繚乱、自然の一大花園です。涯しなき野に蒙古百合・大輪の芍薬・姫百合・鈴蘭などが咲き誇り、丹頂鶴がさらに彩りを添え、キジその他の鳥も無数です。この自然美は働く学生の姿を一段と美しくしてくれました。

◆満州の曠野に大学村建設《下編》
鍬で築く理想郷　茶道具持参の学生

以下は、報国農場創設準備のため昭和一九年五月一日～六月二九日までの二ヶ月間の記録を残した専門部拓殖科の学生であった中島敏之氏が残した東京農大満州農場実習記『希望に燃えて』より。

大学村は七〇〇〇町歩、これは旧東京市内より広い大面積です。ここに水田・畠・山林などを組み合わせて食糧自給の基盤を立て、その上で種々の家畜を入れて酪農経営を織り込み、大学の技術と高い文化を植えて開拓農地の理想郷を築くわけですが、学生だけではこの大面横は労力的に無理です。そこで駐満部隊にいて除隊後踏み止まって拓士を希望する者五〇戸と、内地から移住希望のもの五〇戸計一〇〇戸を入れ、がっちりした村をつくり、ゆくゆくは農業学校も建ててその子弟の教育を昂める計画で、これが完成してはじめて大学村の全貌が整うのですが、それには村の中枢となる本部が要る。

ここで経営の模範を示さねばならぬ。先遣隊の仕事はこの本部造成であったのです。内地からの移住者は大学の卒業生関係を主としますが、東京都から是非入植の希望者を容れてくれとの懇望もあるのでこれも快諾しました。かくて大学村の分子は兵農兼備の除隊兵、若く朗らかで科学的な学生、高い文化を身につけた卒業生、東京都民色とりどりで、揃って理想郷へ邁進するわけです。

本部農場は一キロ四方にとった一〇〇町歩で、東西の中央に二〇米幅の幹線大道路を貫き中央から南へさらに五〇米の道路をつくった。そして区画の中央に学生一五〇名を収容する宿舎九棟、炊事場、浴場、馬小屋その他の附属建物を建て、これを囲ってぐるりに長さ二五〇米、幅四米の細長い畑をいくつも地割りした。一つがちょうど一反歩に当たります。仕事はあとではプラウ・ハロー・カルチベータなど大農式の農具を使い馬二〇頭も入れて能率的に耕転したが、最初はシャベルと鍬だけで根気よくやった。草茫々たる平原に立って「さあ、ここから耕やそう」といった時学生はどんなものが出来るのか全く見当がつかないようであった。これがやがて大きな道路となってもまだ輪郭がはっきりわからぬようであった。漫画家が筆をおろした最初の点、線がどんな画になるか見当がつかないのと同じであったらしい。

微力に見えた一鍬一鍬ではあったが、若さと闘魂はいつの間にか幾つもの畑を仕上げた。五〇町歩の本部外郭には幅二米の壕と土手が築かれ、畑には西瓜・南瓜・大豆・茄子・馬鈴薯・玉蜀黍・甘藍などが作付けきれた。ここまできて学生たちはようやく理想郷の輪郭を見ることが出来た。そして外郭の壕と土手は狼と猪の来襲を防ぐ砦と教えられて遠大な計画に感心しながら開拓の喜びを満喫した。

こうして本隊を迎える家も、食糧も、農具も畑も完成したのです。こんど渡満の本隊は一一月初旬まで滞在して五〇〇町歩の開墾と一〇町歩の水田耕作に従事して帰り、明春は新部隊が行きますが、それまで十数名が越冬班として残ることになっています。

学生は純で朗らかで闘志に燃え、生活を楽しくすることにも妙を得ています。ある者はフライパンをしのばせてきて手料理の腕を見せて仲間を喜ばせ、ある者は抹茶の道具持参で茶をたてる風雅さを見せてくれました。川に行って三尺もある大鯉をあげたり鉄砲で鳥を射止めて食膳を賑わしてもくれました。またある者は入植から帰るまで丹念に気象観測を実行し、農事の基礎資料を整え一同を驚かした。こんな具合に学生の日常生活は朗らかで科学的です。本隊も恐らくこの流儀で創意の生活を開くことと思います。一般拓士の企て及ばない力を持っています。私は南米アマゾンの開拓にも手をつけたことがありますが、今度のように感激と張り合いを覚えたことはありません。各方面の期待に背かぬ立派を開拓村を仕上げてみせます。

満州は冬期酷寒の地、すべての屋外作業は雪の降る一〇月末までに終了しなければならない。この間、一日たりとも疎かにすることは許されず、集中して翌年に備えなければならない。

太田先生の脳裡には、当面先遣隊員中の何人かを残留させ、現地労務者による開墾を進めながら七期生の到着を待って相当規模の開墾、整地と併行して住環境の整備凄計り、翌年の雪融けを待って一斉に播種から収穫と、自給率を高めながら順次農場を整え、最終的には学校の建設までを目論む遠大な理想郷づくく少の青写真を知ることが出来る。が、しかし、軍事がすべてに優先する当時、「軍事教練の定期査閲に欠席は許さぬ。満州農場といえども例外ではない」という配属将校・谷川大佐の強硬な発言により、すべてを放棄して全員帰国しなければならなかった。

一ヶ月半に及ぶ手痛い空白を経て、七期生が訪れた農場は、日毎に伸びる雑草に覆われて、原始栽培の南瓜・西瓜など見る影もなく、その上、留守を委ねた現地人労務者の不始末による一棟の焼失により農機具等のすべてを失う結果となって、その後の農場運営に決定的な打撃を与えるに到った。

終戦間際の昭和二〇年八月九日。日ソ不可侵条約が有ったにも関わらず、ソ連は突如宣戦布告し満州に侵攻する。

本学の専門部農業拓殖科学生の訓練実習を目的として昭和一九年に創設した満州報国農場は、当時の満州国東安省密山県湖北にあったが、第一回、第二回農業拓殖科学生を送ったのみで終戦となった。同農場に入植した学生五六名と職員二名が殉職したが、まことに哀悼にたえない。

満州報国農場については、歳月の流れと共に風化しがちだが、一二一周年を機に改めてこの悲劇を想起する必要がある。

東京農業大學樺太農場入口

注解

①**大恐慌 The Great Depression**

昭和4年（1929）から昭和8年（1933）にかけて発生した世界的な恐慌。この世界大恐慌は、次の三つの点で画期的な出来事だった。第一は、それが歴史上最も激しく、かつ世界経済全体（社会主義国のソビエト連邦を除く）を巻きこんだこと。第二に、そこからケインズ理論が生まれ、第二次大戦後の経済政策のあり方を大きく支配したこと。第三に、世界大恐慌は、経済的にはブロック化（ブロック経済）を生んで自由貿易体制を分断し、政治的にはドイツ、日本、イタリアなどでファシズムを生んで、第二次世界大戦への導火線となったことである。

②**犬養 毅（いぬかい つよし）**

安政2年（1855）－昭和7年（1932） 日本の政治家。位階は正二位。勲等は勲一等。通称は仙次郎。号は木堂、子遠。中国進歩党総裁、立憲国民党総裁、革新倶楽部総裁、立憲政友会総裁（第6代）、文部大臣（第13・31代）、逓信大臣（第27・29代）、内閣総理大臣（第29代）、外務大臣（第45代）、内務大臣（第50代）などを歴任した。

③**五・一五事件**

昭和7年（1932）5月15日、海軍の若手将校らが犬養毅総理大臣の自宅を襲撃して暗殺した事件。犬養は「話せばわかる」と言ったが、「問答無用！」と射殺された。政党内閣は終わりを告げ、以後、軍部の発言力が強くなることとなる。

④**満州事変**

昭和6年（1931）9月18日の柳条湖事件から始まる、関東軍による中国東北地方への攻撃。いわゆる十五年戦争の第一ステージ。石原莞爾らを首謀者とし、短期間で東北地方を制圧、満州国を樹立した。現地軍部による独断専行（下克上）とその追認という形で帝国陸軍の統帥が失われていく契機ともなった。

⑤ **満州国**
昭和7年（1932）から昭和20年（1945）まで現在の中華人民共和国東北部に成立した国家。昭和9年（1934）より、満州帝国。日本関東軍により、国家元首には清朝最後の皇帝、愛新覚羅溥儀が据えられ、日本の大陸進出における重要拠点となった。満州国の開発を行うために設立されたのが、半官半民の「南満州鉄道株式会社」で、この会社が果たした役割は、日本のみならず中国においても決して小さくはない。

⑥ **吉川　祐輝（きっかわ　すけてる）**
慶応4年（1868）–昭和20年（1945）明治–昭和時代前期の農学者。慶応4年8月9日生まれ。明治44年東京帝大教授となる。昭和4年東京農大学長。日本作物学会を創設、18年間会長をつとめた。栽培稲の分類に関する研究で知られる。学士院会員。昭和20年2月26日死去。78歳。伊予愛媛県出身。帝国大学卒。著作に「食用作物各論」「工芸作物各論」。

⑦ **しんし-ほしゃ【脣歯輔車】**
《『春秋左氏伝』僖公5年の「諺に所謂《いはゆる》、輔車相依り、脣《くちびる》亡ぶれば歯寒しとは」から》一方が滅べば他方も成り立たなくなるような密接不離の関係にあって、互いに支え助け合って存在していること。

⑧ **啻ニ　ただに（唯に）**
［副］単に。もっぱら。ただ。多く、下に打消しの語を伴う。「―勉学のみならずスポーツにもすぐれている」

⑨ **住江　金之（すみのえ　きんし）**
明治22年（1889）–昭和47年（1972）昭和時代の醸造学者。昭和6年東京農大教授。「発酵微生物の菌学的研究および応用」で日本農芸化学会鈴木賞受賞。酒の博士として親しまれた。熊本県出身。東京帝国大卒。著作に「応用微生物」「酒」など。

⑩ **拓務省（たくむしょう）**
昭和4年（1929）から昭和17（1942）にかけて日本に存在した省で、外地と言われた日本の植民地の統治事務・監督のほか、南満州鉄道・東洋拓殖の業務監督、海外移民事務を担当した。長は拓務大臣。

⑪ **愛新覚羅　溥儀（あいしんかくら　ふぎ）**

明治39年（1906）－昭和42年（1967）　清朝第十二代にして最後の皇帝（在位：1908年12月2日－1912年2月12日）、後に満洲国皇帝（在位：1934年3月1日－1945年8月18日）。1964年より中華人民共和国中国人民政治協商会議全国委員。中華圏最後の皇帝（ラストエンペラー）として知られる。清朝皇帝時代には、治世の元号から中国語で宣統帝と称された。清朝滅亡後に日本政府の支持のもと満洲国の執政に就任、満洲国の帝政移行後は皇帝に即位し、康徳帝と称した。満洲国の崩壊とともに退位し、赤軍の捕虜となった。その後中華人民共和国に引き渡され、撫順戦犯管理所からの釈放後は一市民として北京植物園に勤務、晩年には中国人民政治協商会議全国委員に選出された。

⑫ **加藤　寛治（かとう　ひろはる）**

有職読み：かんじ、明治3年（1870）－昭和14年（1939）　明治、大正、昭和期の日本の海軍軍人、海軍大将。福井市出身

⑬ **東宮　鉄男（とうみや　かねお）**

正字は東宮鐵男。明治24年（1892）－昭和12年（1937）　陸軍軍人。「満蒙開拓移民の父」とよばれる。満州を中心に活動した。張作霖爆殺事件の実行者であり、満州への移民を推進した中心人物として知られる。

⑭ **石原　莞爾（いしわら　かんじ）**

明治22年（1889年）－昭和24年（1949）　陸軍中将。正五位・勲三等・功三級、満洲国より勲一位柱国章（日本の勲一等瑞宝章に相当）叙位叙勲。「世界最終戦論」など軍事思想家としても知られる。「帝国陸軍の異端児」の渾名が付くほど組織内では変わり者だった。関東軍作戦参謀として、板垣征四郎らとともに柳条湖事件を起し満州事変を成功させた首謀者であるが、のちに東條英機との対立から予備役に追いやられ、病気のため戦犯指定を免れた。

⑮ **大東亜省**

東條英機内閣によって、昭和17年（1942）11月1日に設置された、機関（省）のひとつである。拓務省を他省庁（興亜院、対満事務局、外務省東亜局及び南洋局）とともに一元化したものであり、目的は同国の委任統治領であった地域、及び第二次世界大戦において同国が占領した地域を構成統治することにあった。

⑯ 太田　正充（おおた　まさみつ）

明治34年（1901）－昭和21年（1946）　東京農業大学卒業、昭和16年農業拓殖科の助教授として招聘。昭和21年2月21日、家族、学生を引率して農場へ向かう途中、ソ連軍の侵攻に遭遇。東京城において殉職、助教授から教授に昇任。

第九部　渋谷常磐松時代の終焉

母校東京農業大学は今年二〇一三年で創立一二二年を迎える。私は一昨年三月三一日、本学を退職させていただいた。

私が生まれたのは昭和二〇年である。奇しくも渋谷の常磐松にあった旧制東京農業大学が終焉を迎え、世田谷の桜ヶ丘で新たな東京農業大学として出発した年でもある。私は渋谷の常磐松時代も知らなければ、世田谷区桜ヶ丘への移転も知らない。私が入学した昭和三九年は、世田谷に移ってからすでに一九年が経ち、「もはや戦後ではない」の言葉と共に東京オリンピックが行われた年でもある。

しかし、その一九年前にどの様なことで常磐松に別れを告げたのか、そしてどのような経緯で今の地に新天地を求めたのか、それを知る方々はほとんど居られなくなった今、この事実を掘り起し後世に残しておかなければならないとの思いを募らせた。

当時在職された先生方、卒業された方々が語っていることや、残された回顧録等を収集し時系列に従って並べ、終戦前後の関係者の苦労に感謝しながら、改めて母校の歴史と対峙した。

一、渋谷常盤松のおもいで

簡単ではあるが、始めに渋谷の常盤松御料地に移った経緯から改めて振り返る。

東京農業大学は明治二四年に徳川育英会を母体に育英黌農業科として発足した。榎本武揚黌主を校主として、明治二六年五月一一日私立東京農学校と改称し、主務官庁の許可を得て初めて公許農学校の体制を整えた。明治二九年、それまでの四ヶ年の歳月にわたり榎本校主が独力、苦心しながら経営された本校は、一二月一七日になって大日本農会の経営に移すこととなり、榎本校主は本校の一切を挙げて、大日本農会に寄附委譲した。明治三〇年一月一五日大日本農会附属東京農学校職制が制定され、これにより大日本農会は、農芸委員横井時敬（初代農業大学長）を本校教頭に任命した。明治三〇年八月大日本農会常置議員会は横井の提案を受けて、附属東京農学校校舎の増築を決議した。校舎の建築に取り掛かる寸前の九月九日

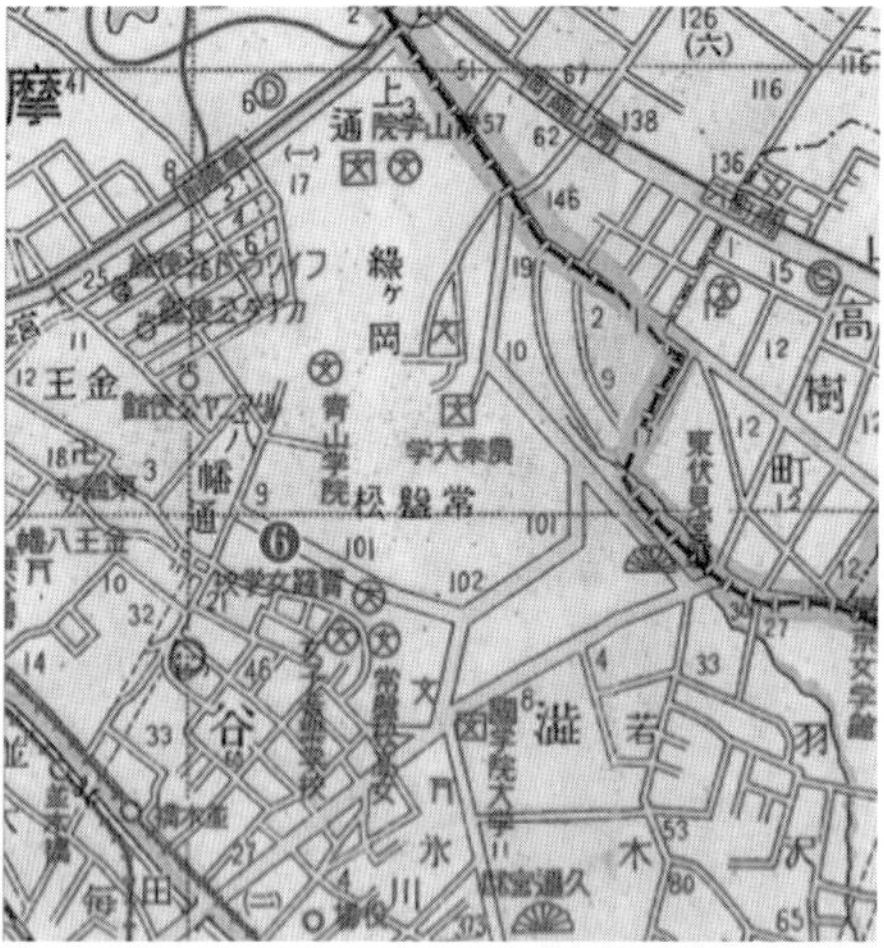

常盤松地図

夜半の暴風雨で校舎倒壊の悲運に見舞われた。横井は大日本農会幹部に諮り、前校主榎本とかって御料局長だった品川弥二郎の助力を得て、明治三一年一〇月九日、校地を小石川区大塚窪町から渋谷村常盤松御料地の一部を校地に借用することに成功する。この時東京農学校の講義を受け持ったのは、横井をはじめ大部分が農科大学（帝国大学農科大学）の教師だったことから常盤松御料地は交通上極めて便利だったのである。このようにして常磐松時代が誕生した。常盤松にあった農業大学に行くには、渋谷停車場（現在の副都心線、渋谷駅南口近辺だろうか）から宮益坂を登り青山学院の正門を過ぎ塀に沿って右手に入り、さらに道なりに右の道を行く。現在の渋谷駅から歩いて一〇分位であろうか。首都高速の下、青山学院中等部、多分このあたりになるのだろう。

第二次世界大戦末期の昭和一九年、専門部農業拓殖科六期の中島敏之氏はこの当時の渋谷常磐松界隈の思い出をこのように記録している。

渋谷駅から宮益坂を上り、都電青山車庫先を右折すると、右側に青山学院があって、その先のT字路を右に入った所に東京農業大学の正門がある。正門を入って左手に横井講堂、右手に二階建の拓殖科教室があって、青山学院とは万年塀を隔てて隣接していた。

正門左手には久邇宮、東伏見宮、李鍵公、李錦公の宮家が連なり、坂を下って国学院大学になる。

農大の正門を通り抜けて裏門右手に本館、狭い通りの向かいが実践女子専門学校（現実践女子大学）で、その横の小路を入った所に頭山満氏①の居宅があった。

政治結社「玄洋社」を主宰し、「国士」と尊称されて、内外から敬愛された頭山満氏は、当時老境にあって、夕方の散歩が日課の様子だった。

和服姿にステッキを持った翁を取り囲むように、数人の偉丈夫が常に行動をともにしていた。稽古を終えて銭湯へ急ぐ相撲部の一団と翁の一団はしばしば出会い、裸姿の一団が直立して「オス!!」と大声で挨拶すると、黙ってうなずかれ、時に「御苦労、しっかりやりなさい」と、言葉をかけられることがあった。

或る日、学校の正門を出たところで、巡回中の数名の騎馬憲兵に出会った。

珍らしさにつられてあとをつけて行くと、「山本五十六」と表札の掲げられた家を中心に行動していることを知った。家の周りには、他に数人の憲兵がいて、物々しい雰囲気に包まれている。真珠湾攻撃で勇名を馳せた、海軍の山本提督の私宅は学校のすぐ近所にあったのである。

それから数日後、同提督が、ブーゲンビルに於いて戦死された旨の報道があった。

相撲部の先輩に朝鮮の宮様「李家」の執事を勤めている方がいて、大掃除や防空籐掘りなどの力仕事の時には動員がかかって、手伝いに行った。

邸内の様子は外からは窺い知ることも出来ないが、赤、白、黄、緑、と、色とりどりの民族衣装の若い女中さんたちは「竜宮城の乙姫様」もかくや、と思わせるほどに美しく、ゆったりとした、長い裾をひるがえして歩く姿は、さながら蝶が舞っているように思えた。そして、それ等の女性たちに差し出される茶菓は、甘露の如く咽喉に沁みた。

二、渋谷常磐松の壊滅

さて、明治、大正、昭和へと時の流れと共に数度の戦争があり、最後の第二次世界大戦も終局近く敗戦の色が濃くなった頃、アメリカ軍による東京への空襲もその数を増してきた。渋谷区内が直接空襲を受けたのは、昭和一九年一一月二七日に始まって昭和二〇年五月二九日に到るまで、前後一二回に及んでいる。

以下、まずは常磐松校舎が空襲に遭った日の公式記録である。

昭和二〇年五月二五日　晴

前日の大空襲に引き続き、二二時二二分空襲警報発令、二六日一時同解除、その間房総半島および駿河湾からB29百数十機が東京上空に侵入、単機または小数機の編隊をもって低空から、市街残存地区に対して焼夷弾攻撃を行った。

これが折からの強風によって、大火流を巻き起し、残存東京市街の大部分を焼き尽してしまったのである。かくて、東京区部における焼夷弾による大空襲はこれをもって殆んど完了し、その後は銃撃などが主となった。つまり、焼くべき家さえなくなってしまったのである。渋谷区は、前日に続いて大爆撃を受け、常磐松町・森岡町・宮代町・若木町・豊沢町・代官山町・金王町・永住町・上智町・豊分町・美竹町・八幡通一丁目・北谷町・神宮通二丁目・上通一〜四丁目・大和田町・桜丘町・南平台町・円山町・松涛町・栄通一・二丁目・宇田川町・田毎町・山下町（以上渋谷警察署管内）、幡ヶ谷一〜三丁目・山谷町・初台町・原町・笹塚・富ヶ谷町・西原町・探町・代々木本町・上原町・大山町（以上代々木警察署管内）、それに原宿警察署管内全域が被災した。

さらにこの日の人的被害は東京全体で死者三二四二名の多きを数え、渋谷区内でも死者九〇〇名、重軽傷三八六〇名もあり、全焼家屋二八六一五戸、罹災者一一六三七七名という莫大な被害を受け、前日の被害を大幅に上まわるものであった。

防禦活動には、自動車ポンプ三六台、ガソリンポンプ一台、官設消防隊員二五九名、警防団員一五四名がこれに当った。なお、渋谷消防署では、一九名が警察賞与を授与された。

『農大百年史』には次のように記載されている。

さて、昭和二〇年に入ってから、アメリカ軍の日本空襲は頻繁に、そして大規模になり、全国各都市に集中された。とくに東京はB29爆撃機による焼夷弾投下で一二万人が死傷し、多くの家屋が焼失した。

五月二五日夜、B29一五〇機の夜間無差別爆撃で、本学は横井講堂、図書館書庫、動物教室を残したのみで灰燼に帰した。明治三一年一〇月、常磐松御料地に移って以来四七年間、営々として築き上げてきた大学の機能は一夜の空襲によって壊滅したのである。

六月四日、財団は戦災対策協議のため、緊急理事会を開催。次いで六月一五日、校友会は役員会を開催して、母校戦災復興について緊急協議を重ねた。また学生に対しては、その筋の示達に従って、七月一日に学徒動員配置状況を発表し、激変する戦局に対処した学部と専門部農芸化学科一年は、焼跡の武道場を仮教室として重点教育実施。学部と専門部農業土木科一年は、秋田県田沢湖畔の農地開発営団および県庁の作業に従事。予科一年は栃木県に出動して松根油の製造。予科二年は岩手県小岩井農場と東北種馬育成所で食糧増産に従事。専門部農学科一年は、用賀農場で修練を兼ねて農耕に従事農業拓殖科一年はすでに満州報国農場に出動。専門部農業土木科二、三年と緑地土木科二年は東北、関東各県に出動して農地開発営団に配属。専門部農村経済科二年は富士修練道場に、同一年は群馬巽に出動して農家の作業にあたる。専門部緑地土木科一年は、東京都の各緑地を耕作して食糧増産に従事といった具合に配属された。しかし実際にはそれ以前に、各科の学生は分散して、各県の農業機関に配置されていたのである。昭和二〇年八月一五日正午、天皇の「終戦の詔勅」が放送され、国民は真夏の烈日の下に敗戦を知らされた。長い戦争に疲労困憊した国民の目に、この日の空は青く、まぶしく、静かであった。

三、回顧

農芸化学科小崎道雄[2]教授は、昭和二〇年五月二五日の空襲による農大の状況を、回想録に書き残している。

❖戦時下の農芸化学科の研究室

第二次世界大戦の戦端がきられた昭和一六年末の頃は、農芸化学科の活性の盛り上がった第一期ではなかったろうか。南研は南、米倉、関研は関根、葛西、鈴木、住研は住江、山田、吉見、のスタッフが各研究室に揃い鈴木（関根研）、須藤（住江研）の女性の研究員をはじめ、それぞれの部屋に数名ずつの副手、男性研究員が教育研究を支えていた。また分析化学実験は黒田道行先生と手伝いの若い夜学生で進められていた。この時代の住江研究室は教授住江金之、助教授山田幸男、助手吉見信三のスタッフを支えて、大村良夫（昭和一九応召、北支で戦死、宮崎県延岡出身）、伊藤雄助（昭和二一病死、秋田県横手）、土井（昭和一八応召、戦後帰還、食品企業勤務、昭和五〇年代他界、高知県）、の三名の副手及び、馬慶龍（昭和一八年海軍予備学生、二〇年一時帰還中研究室で終戦を迎える、台湾花連港）、浅井（昭和一九年帰還、二〇年再応召、東京都）、須藤嬢（中国山東省青島の製菓屋の令嬢、食品製造研修）の研究員で構成、研究が進められていた。これに卒論学生五名（川上英夫、鈴木良平、松家芳範、中谷三治、恵良美年）と低学年生（和田寛、小崎道雄、松谷英次郎、川戸龍夫、松本敬太郎）五名が所属していた。また昭和一九年四月から勤労動員により四名の女性（住江、芦田、鈴木、池田）の参加により益々活発になってきた。

専門部農芸化学科の学生はそれぞれ研究室に所属する事になっていたが、その多くは農村や工場へ勤労動員によって派遣されていたが、住江研究室関係は静岡の福泉醸造、四つ菱食品、などであった。

❖戦況悪化と空襲下の回顧

昭和一七年（一九四二）四月一七日、米国空母ホーネットからのB25爆撃機一六機による東京初空襲があった。

農場便りの日曜箱③の玉蜀黍をノートしている時であった。はるか南の空を豆粒位の飛行機が一機西に飛んでゆくのが見えた。空襲と言う実感は全くなかった。　まわりの皆も空襲警報のサイレンに怪訝な顔つきであったのを覚えている。六月に入ってミッドウェー海戦があり、三隻の空母を一挙に失う甚大な敗北を受けたが、大本営の発表は空母一隻を失うも、戦果は大とあった。したがって学生等は従来どおりの生活が続けられた。講義は時間割通りに続けられた。なかでも農芸化学科の大谷教授による生物化学の講義は圧巻だった。毎週八〜一〇頁のノート作成は楽しみだった。

しかし、戦況は厳しく、八月にはガダルカナル島へ米軍が上陸し、反攻がはじまった。昭和一八年後期になると、ガダルカナル島撤退、インパール作戦の退却、山本五十六連合艦隊司令長官戦死など、戦況は急をつげ臨戦体制の厳しい緊迫した状況が続くようになった。しかし農芸化学科と農業土木科の学生は徴兵を延期されていたから、学生は学業に勤しみ三つの研究室はまだ活気に溢れていた。

しかし昭和一九年の後期になると、レイテ沖海戦で連合艦隊は壊滅、レイテ島七万の守備隊全滅、B29の八〇機による東京空襲と悲痛な報道が相次ぎ、国民は国民服に大学は部隊組織に改められ、学生は全て氏名、所属部隊名の布札を着けた制服制帽にゲートルを巻いての登校を厳守させられた。

食糧も極端に不足した。幸い農大の岡村研究室（食糧科学）は軍隊、救荒食としてパン製造を研究中であったから、厳しい食糧不足の戦時下であっても、特別に小麦の配給を受けていた。その焼き上がりのパンがしばしば農大の教職員と学生に、試食として配られた。

確か週二回の配給であったが実に有り難かった。この様な食糧難ではあっても研究は休み無く続けられていた。しかし活気に満ちていた各研究室も、昭和二〇年の始めには研究を牽引していた殆どの助手、副手の人達は応召され、住研は住江、山田両先生と一部学生だけとなった。

葛西文三先生も南研の米倉進士郎先生も一九年の初めには招集を受け、研究室に姿を見なくなった。

農芸化学も火が消えたように寂しくなった。

❖研究室の焼失

鈴木梅太郎先生から譲り受けた研究室で、少数になってしまったそれぞれの研究室の人々は、それでも懸命にいろいろな課題に取り組んでいた。しかし三月一〇日には二七九機のB29が東京の日本橋、浅草、上野等の下町を無差別爆撃、その一週間後には孤立無援のまま硫黄島で二、三万の将兵が玉砕した。

この中には農大の教練教官だった伊集院先生（農大農学卒）も含まれていた。五月には同盟国のドイツが無条件降伏した。そうして五月二五日夜、赤坂から渋谷、新宿、品川に至る東京の二分の一を焼き払った大空襲が始まった。常磐松の農大校舎もその相場の中にあった。

研究室には先生方の命で、学生だった小崎道雄（学二）、川戸龍夫（専化三）、松本敬太郎（専化三）の三名が爆撃に備えて宿泊していた。落下する無数の焼夷弾に、はじめはバケツを被せて応じたが、数のうえで手に負えるものではなかった。なされるままである。まず昆虫研究室から火の手が、つづいて農学研が炎上はじめた。かれこれ一時間位たったころ、一〇〇キログラムの焼夷爆弾が五〇メートル位離れたところで炸裂した。

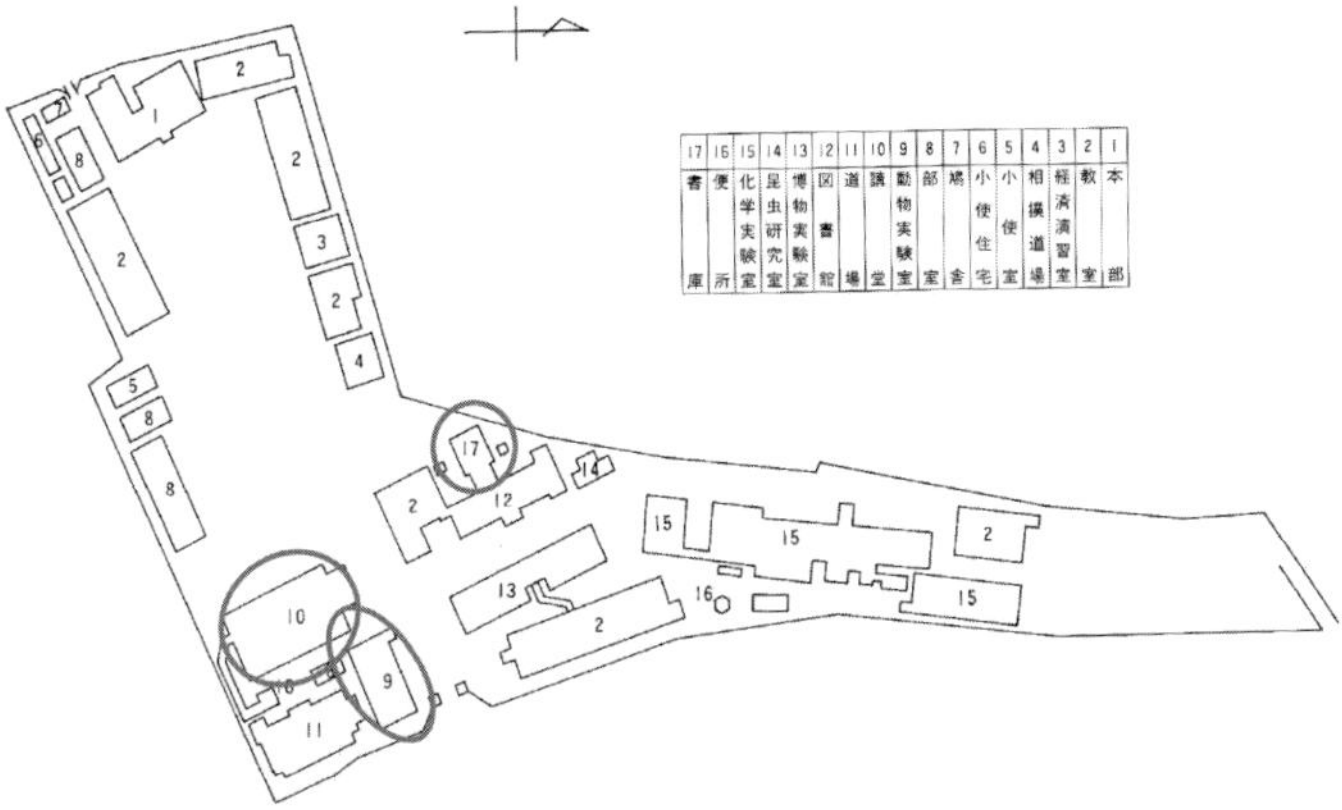

常磐松校舎焼失の回顧　建物の配置図より

小崎先生の回顧を当てはめると、14の昆虫研究室から火の手が上がり、9の動物実験室、10の横井講堂、17の書庫を残すだけで他の建物は全て焼失した。

まだ研究室は残っていたが、もう回りは火の海、辛うじて二〇名ばかりの兵隊が守る宮様の邸宅前に逃げ、どうにか九死に一生をえた。朝四時頃少し夜が白みかけてきたころ研究室にかえった。見覚えのある機材が無残にくすぶる灰のなかにあった。黒砂糖だけは外側の焼け焦げた樽に残っていた。

しかし上の棚にあった硫酸銅のビンが溶け落ちて黒砂糖の上に広がり役に立ちそうにもなかった。

明るくなった五時過ぎ、煙の立ち込めるなかに、黒塗りの車がとまった。赤坂への道を尋ねられた。

下士官の運転する陸軍の車で中にはパラシュートでぐるぐる巻きにされた米軍の飛行士がのっていた。B29の飛行士であろう。車はその儘走り去った。その日は快晴だったが、翌日から豪雨が続き、防空壕に貯えていた脱脂大豆が濡れはじめた。そうして三日後久しぶりの快晴となったので、急遽大八車で高田馬場の大正製薬の工場に運び乾燥機にかけ事なきをえた。この快晴で濡れていた焼けた立ち木が全て赤黄色のノイロスポラで覆われた。見事なカビの描く世界であった。研究室は全て焼け落ち、黒田道行教授によれば、助かったのはベルトラン試薬の硫酸銅溶液だけであった。したがって各研究室はそれぞれ疎開先への移転を始めた。住江研究室は岩手中学へ移る予定でその準備で再び忙しくなった。しかし横浜の大空襲、八月はじめの広島と長崎の新型爆弾（当時の発表）と続き、敗色が濃くなり、ソビエトの参戦が追い打ちをかけた。講義どころではなく大学内の学生数も極端に少なくなった。

八月八日だったと思う、山田幸雄助教授と大学の正門付近を横井講堂へ歩いていると、農業経済学科の菊地助教授と出会った。菊地先生の第一声「ソビエトの参戦、いよいよ面白くなりますね。」これをどう解釈するか、とる人によって様々であろう。ともかく農大は横井講堂と動物教室および図書庫以外は悉く壊滅した。大学内も数える位の人になってしまった。八月一五日の朝重大な発表があるとの知らせが流れた。しかし大学にはラジオ一つない。止むをえず正門前の家の許しを受け、その家のラジオで佐藤寛治学長以下三〇名ばかりの農大関係者が整列して聞くことになった。それは終戦の詔勅であった。明らかにそのように聞き取れた。戦後それぞれの研究室はゼロからの出発となったが、まず曲がりなりにも講義が復員された先生達により次々に始められた。そうして翌年の秋世田谷に移転した。

常磐松校舎 焼け跡 1

常磐松校舎 焼け跡 2

常磐松校舎焼け跡のスケッチ
焼け残った横井講堂と図書館書庫が描かれている

焼け残った横井講堂

以下は農芸化学科南禮蔵教授の終戦時の思い出である。

❖常磐松校舎の壊滅から桜丘校地の獲得まで

昭和二〇年三月一八日、時の政府は決戦教育措置要綱という難しい名の下に全学徒を食糧増産、軍備生産、防空防衛、その他長期決戦に必要な業務に総動員をかけ、同年四月より二一年三月までの一カ年を原則として授業を停止することになった。そのために本学学生も教職員引率のもとに各地に散った。学生のいないガランとした常磐松の校舎に、B29爆撃機による消夷弾が、雨、霰の如く降り注ぎ、横井講堂と図書館書庫を僅かに残して壊滅したのは、昭和二〇年五月二五日のことである。明治三一年一〇月以来、皇室の恩恵によって常磐松御料地を校地として、営々として築きあげたいわゆる常磐松時代の繁栄は四七年にして遂に、大学としての幾能を失い地に落ちてしまったのである。昭和二〇年八月一五日、終戦の詔勅がくだった。私は常磐松校地にバラックを建て、焼跡でポット試験を続けていたのであるが、この日、学校正門前に集ってくれという伝達があったので、何ごとだろうと思いながら集合した。そこで陛下のあの玉音をラジオで聴いた。ついに戦いは終った。戦争は勝つものと思ったので拍子抜けの態であった。徐々に戦時態勢は解かれ、焼け出された学校はみな適当な処を探して入手に懸命であった。わが農大もその例にもれず校地、校舎の獲得に大わらわ。第一に目をつけたが、現在地の陸軍機甲整備学校(陸軍自動車学校の後身)の跡である。これは時の学長・佐藤寛次博士を始め数人の方々が交渉に当られた。私は、登戸の陸軍糧食研究所跡の入手を担当し、空腹を抱えながら毎日のように出掛けたものである。この研究所は登戸の高台に在って見晴らしのよい立派な処で、坂を登れば建物が建ちならび、流石に金を惜しまね陸軍だけあって豪勢な研究所である。この研究所の一室から上等のウィスキーを満載したトラックが出て行く。なかなか大変なものであった。また、一方ではカン語類を満載した車が出て行く。この事はいったい何処へ行くのだろう。私はびっくりしたり、憤慨したり、複雑な気持でこれを見送ったものだった。それはともかくとして、私は数回にわたって農大の窮状を当事者に訴えたのであるが、一方、明治大学が猛烈な運動を始めたので全くてこずった。

しかし、この登戸の研究所の獲得は機甲整備学校跡の入手が確実となったので手を引いた。思い出のひとこまとして述べた次第である。

❖農大再建の発祥地を自負する　わが研究室

昭和二〇年一〇月二五日、この日は佐藤寛次学長と私が陸軍機甲整備学校跡に第一歩を印した記念すべき日である。学長と私は破れ服に軍靴、巻脚絆に戦闘帽といったいでたちである。私は現在のような老体ではない。五〇歳そこそこで、体は大きく、たしか口髭を生やしていて元気そのものであった。両人が、現在の第一高等学校の正門から入ろうとした処、米人衛兵二人が着剣の姿勢で二人を目がけてヤァーと叫んで近寄ってきた。二人はノー、ノーと手を振って帽子を脱いだところ、すぐ了解してくれてオーライと衛門を通してくれた。学長は先程まで図書館として使用(現在北方に移転した第二学生会館)していた二階の一室に這入られてここに陣取った。ここがしばらく学長室であった。

私は、この建物の裏の方を見て回った。自動車の修理工場や油の研究をしていたと思われる建物、その下の方に東西に長く六部屋ばかりに仕切られ、その中には旋盤の直径二メートル位から大小の修理に使ったと思われる室があり、実験室には恰好のものである。コンクリートの台は天秤台10台位は楽に置くことができる。この室の東側最右端が私が腰を下すにはもっともよい処と見受けた。すなわち厚さ二センチ、長さ一・七メートル、幅八八センチの机があった。私は、今日でも毎日出勤してどかっと腰を下している。室には何の飾りもない。机も椅子もそのままの古さである。しかし、私はこれで満足している。昭和二〇年以来実に二四年汚れた机に寄り、懐きかけた椅子に腰かけ、静かに過ぎ去った年月をなつかしみながら、この原稿を書いている。

私は、ここが農大再建の発祥地だと自負している。本部の東側に豪荘な総合研究室が建設され、農芸化学科はこれに入ったが私には何の魅力もない。二四年間、いやこれからも健康の許す限り、私は毎日出勤して母校農大の行末をこの室で見守りたいと思っている。

次は農業工学科田中弥寿男教授の回顧録である。

❖青山ほとり常磐松　戦前戦中の思い出

昭和一五年四月から二〇年の秋、農大が世田谷に移転するまで私は渋谷常磐松で毎日を送った。その頃の常磐松校舎は古ぼけた木造で廊下はウグイス張りで踏むとたのしい音楽をかなで雨が降れ、ば天井から帯かに雨だれが首筋をぬらすこともあった。

今日立派な世田谷の校舎では想像も出来ないことと思われるが、然し先生方は立派な先生方が多く鉱物の滝本、英語の田中、数学の金子先生など名物教授がおられその卓越した講義と規格外の人格に接し、得難い人生修業をつめたたのしい思い出が今も目に浮ぶ。学校を終え母校に助手として勤めさせて貰うことになり、戴いた初めての給料が七五円であったと思うが、当時下宿料が月二五円であったので、中食には良く青山六丁目を通り越して青山会館のレストランでミニフルコースを取り白十字でお茶を飲んで帰っても一日一円あれば足り七五円の月給でも月の生活は楽であった。青山会館のレストランは附近の会社の重役さん連が常達で農大の先生方も良く食事に見えられていたが、一種のサロン的な雰囲気で種々の人達と交遊が出来、たのしい場所であった。特に私は旧藩主の鍋島さんから種々可愛がって貰い、彼の海外における生活の話しをきけることをたのしみに良く会館へ行ったものである。とにかく青山ほとりは大学の街で特に農大人にとってはたのしく気楽に潤歩出来る街であった。世田谷の地に移転し歴史が浅いせいか、時代のせいかほ知らないがあまりにも大学人を楽しくとけ込ませる所がないのは残念である。

農業工学は当時食糧増産技術として花形であり入学競争も激しかったが、農大唯一の新館校舎で授業が行われ実に設備等も充実しており、学門の方も厳しくシゴカレ落第も多かったが次第に敗戦の色が濃くなり、農業工学科は秋田へ疎開することになった。目立った実習実験機器も一緒に疎開する事になったが、同僚や先輩の若い先生は応召や現役で出征され、一人助手として残っていた私が荷造りから発送まで一切をやらねばならなく、二〇年四月から三ヶ月かかってないないづくしの時代、荷造材料を少しずつ足を棒にして探し求めて荷造りを完了した。しかし今度は地方発送に制限があり受付順番をとるため渋谷駅へ日参、やっと順番になったのが五月二七日だったと思う。やれやれと安堵するのもつかの間で全てが五月二五日の大空襲で常磐松校舎とともに灰燼に帰した。

まったく毎日毎日を荷造り人夫よろしく三月の間一人でこつこつと重い機械類を、なれない手付でやっと造り上げ発送するばかりになった時一瞬にして灰に帰した残念さは忘れられない事柄で、今日の工学科の設備を考える時、当時と比較し感極まるものがある。

❖戦争中の状況

ここでは便宜的に昭和一八年以降、昭和二一年の世田谷キャンパス移転までの間の戦中の波乱の時代の状況を記してみる。大東亜戦争は益々拡大し、激烈となり米軍による、首都東京を始めとする全国的な主要都市、軍事施設などが空襲を受けるようになり、大学、高等専門学校在学中の学生に対する徴兵延期の特典が廃止され、学徒出陣となった。専門部農業工学科は昭和一八年以降も軍事関係の食糧増産のための技術者の養成学科として、徴兵を従来通り延期されることになった。

しかし、工藤純一、橘穣助手が軍隊に招集され、その対応として、昭和一七年の専門部農業工学科一期の卒業生である島崎栄二、金岩透、高堂亮二、福井治夫、田中弥寿男らが助手として採用され、山本拓磨氏も助手として教育に参加された。

一方、大学は昭和一九年に専門部農業工学科を軍の要請でカリキュラムを一部変更し、農業土木科と改称し、さらに昭和二〇年に農学部に農芸化学科と農業土木学科を増設した。同年四月に農学部農業土木学科の学生となった一期生は、農地開発営団の秋田支所管内の土地改良事業に勤労動員され、中山実助教授の引率のもとで秋田県千畳村に赴き、暗渠排水などの土地改良事業に従事しながら、藤井祐人教授らによる水理学、応用力学などの講義を受けた。同様に、専門部農業土木科の学生も青森、岩手、山形、宮城県などの東北各県の土地改良事業に動員され、大学を留守にして慣れない肉体労働と飢えに耐えながら昭和二〇年八月一五日の終戦を迎えた。

ここで忘れることができない事は、前述の農業土木学科の学生の秋田県への勤労動員を機会に実験実習、研究器材を疎開させることになり、梱包材料の不足を克服し、やっとのことで荷造りが完了し、青山車庫から飯田橋の貨物駅まで当時の市電を借りて搬送する予定になっていた日の前夜、昭和二〇年五月二五日の渋谷方面の米軍機Ｂ29の空襲によってそれらを全部焼失した痛恨事である。この空襲によって、横井記念講堂と図書館の書庫を残し、校舎、実験実習・研究設備の全てを焼失し、大学の機能は完全に停止した。

このため大学は、渋谷区常磐松町をあとにして、昭和二一年三月二九日に旧陸軍機甲整備学校跡地の現在の世田谷キャンパスに、世に広く云われている風呂敷一つで移転した。

（『工学五十周年記念誌』）

注解

①頭山　満（とうやま　みつる）

安政2年4月12日（1855年5月27日）－昭和19年（1944年）10月5日（幼名：乙次郎）明治から昭和前期にかけて活動したアジア主義者の巨頭。玄洋社の総帥。号は立雲。玄洋社は、日本における民間の国家主義運動の草分け的存在であり、後の愛国主義団体や右翼団体に道を開いたとされる。また、教え子の内田良平の奨めで黒龍会顧問となると、大陸浪人にも影響力を及ぼす右翼の巨頭・黒幕的存在と見られた。

②小崎　道雄（こさき　みちお）

大正11年（1922）－平成18年（2006）東京農業大学農学部農芸化学科教授。総合研究所長。

②日曜箱

「裏門の横に設置された、農学入門の掲示箱、毎週農場の先生方が交代で、野菜から畜産の知っておくべき材料を丁寧に試料サンプルを並べ、博物館式に説明文が掲示されていた。」と小崎道雄教授自ら回顧。

創立50周年記念運動会ポスター
昭和15年（1940年）

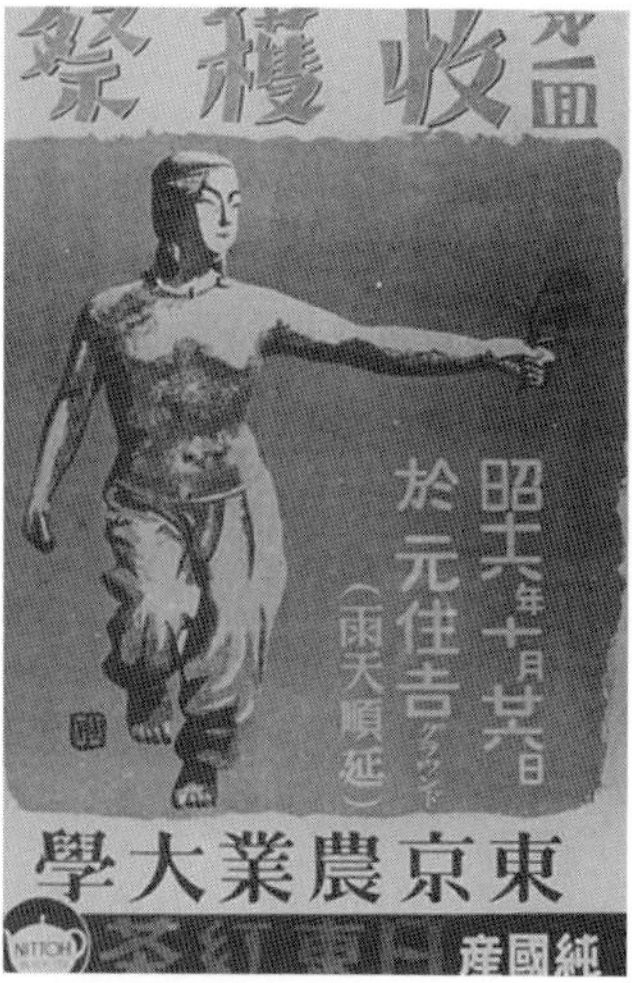

第１回　収穫祭ポスター
昭和16年（1941年）

第一〇部　新生東京農業大学
世田谷桜丘からの出発

昭和二〇年八月一五日正午、国民は真夏の烈日の下に敗戦を知らされた。

終戦と共に当然の帰結として、樺太農場一九二ヘクタールの開墾完了農地と二一四一・八平米の建造物そのほか多数の乳牛、馬を失い、さらに満州報国農場の七五〇〇ヘクタールの広大な拓殖地を失うに至った。

全国に分散して食糧増産に従事していた学生は、なつかしい常磐松の地に帰ってきたが、焼土と化した母校は、校舎再建の方途もつかず、授業を再開する状態ではなかった。

そこで、当時用賀農場長の職にあった教授三浦肆玖楼は、学長佐藤寛次の命を受け、昭和二〇年八月二八日、用賀農場の北東にあたる世田谷区世田谷四丁目、陸軍機甲整備学校で同校本部長林中将、幹事加藤大佐と会見し交渉の結果、同校北西隅の倉庫借用の了解を得、ここで一部学生の授業を開始した。

学長であった佐藤寛次は終戦時どのような決断をしたのであろうか。

一、電光石火の軍用地占用

佐藤寛次は昭和一四年、東大を定年退職したのち、東京農業大学学長となり、戦中戦後に亘り、すべてが顚倒《てんとう》した時期の一六年間、大学経営に没頭した。その間、最も困難なときは、校舎も何も焼け去り、裸で出発しなくてはならない終戦直後であった。そして彼が農大にとって最大の功績を残したと誰にも認められているのは、その終戦を迎えたときの措置が適切であって、電光石火のうちに世田谷の陸軍機甲整備学校はじめ千葉県茂原町元海軍航空基地など軍用地の借用を進めて、農大確立の基礎を固めたことである。

昭和二〇年五月二五日の空襲によって、青山常磐松の農大は横井講堂・動物学教室・図書館を除きほとんど全部の校舎を失った。校舎を失ったのは、手を拱いていたからではない。大越教務課長、菊地、伊東両助教授が当日は宿直としており、それに学生四、五名が付けられていたのであった。当時の防備態勢としては、標準的なものであったと思う。しかし、二回の空襲で木造建物の二階の天井裏にとどまって燃え出す焼夷弾はどうすることもできなかった。翌朝かけつけた佐藤に、三人が責任を感じて辞職を口頭で申し出たとき、佐藤の答えは次のようであった。

「何を言うか。農大はこれからはじまるのだ。若い者が元気を出さずに誰がやってくれるか」

校舎は燃えたが、農大を再建するという決心は、この時から強かったのである。

常磐松校舎が戦火で焼かれて、何とかせねばならない瀬戸際に立っていたということもあり、戦後は農業が日本経済の重点にならねばならないという見通しによる自負もあったと思うが、佐藤に率いられた農大の戦後への対処は、まことに電光石火の如きものがあった。多くの軍用地の払い下げをうけて校地、農場、演習林等に必要な土地を確保することができた。それが東京農大をして今日あらしめたのである。もちろん学長佐藤ひとりの功績とすべきものではない。佐藤の指揮の下に教職員、校友が協力した結果であるといわねばならない。しかし佐藤に復興に対する躊躇や懐疑がなかったことは明白であろう。

空襲で常磐松校舎のほとんど全部を失ったとき、評議員会へ引責辞任を申し出でた佐藤であったが、八月一五日の終戦を告げる天皇の放送を聴いたとき、再び農大の復興に精出してみる覚悟をしたと『先達と後進』で述懐している。

「これはたいへんなことになった。日本の降伏はきまった。しかし、明治維新がもういっぺん来たのだ。そう思えばいい。農大もこれで、もう一度復興せねばならない。

そう思った私は、翌一六日、自分の家の向かい側の角に住んでおられた大城戸仁輔中将の家に出かけていった。主計中将であり、全購連の軍部指定役員でもあった。私はこの人にお目にかかって、こうした非常の場合の、私たちの執るべき方策についてご意見をお聞きした。すると中将は「参謀本部に行ってみるのでしょうね」とだけ言われた。

そこで、私は陸軍機甲整備学校へ行き、伊東信吾、山田幸男の二人の助教授といっしょに参謀本部に行き、機甲整備学校の借入使用の件を申し入れたところ、きわめて同情的で、許可になるらしい見通しがついた。

これが校地獲得のために佐藤が活躍をはじめた頃についての記憶である。

用賀農場に隣接した機甲整備学校に目をつけたのは、誰がみても当然で判るが、なぜ伊東信吾、山田幸男両助教授を同行したかについて、伊東は当時技術院次長をしていた千葉三郎（当時農大の評議員、後の学長）の配慮によるものであると述べている。八月一八日の各省次官会議で軍用地の処理が議題になったことを千葉から伊東に伝え、農大は早く手を打つべきだと陸軍省額田兵務局長への紹介状をそえて連絡があった。そこで伊東が佐藤学長に伝え、学長は同日直ちに山田、伊東を伴って参謀本部ではなく、陸軍省兵務局へ出頭したのであった。

そこで農大が校舎はもとより、樺太農場を失い、ことに満州報国農場の犠牲を払ったこと、今後の農業実習を課すべき土地が必要な所以を述べ、軍用地や施設の借用を申し入れたのであった。

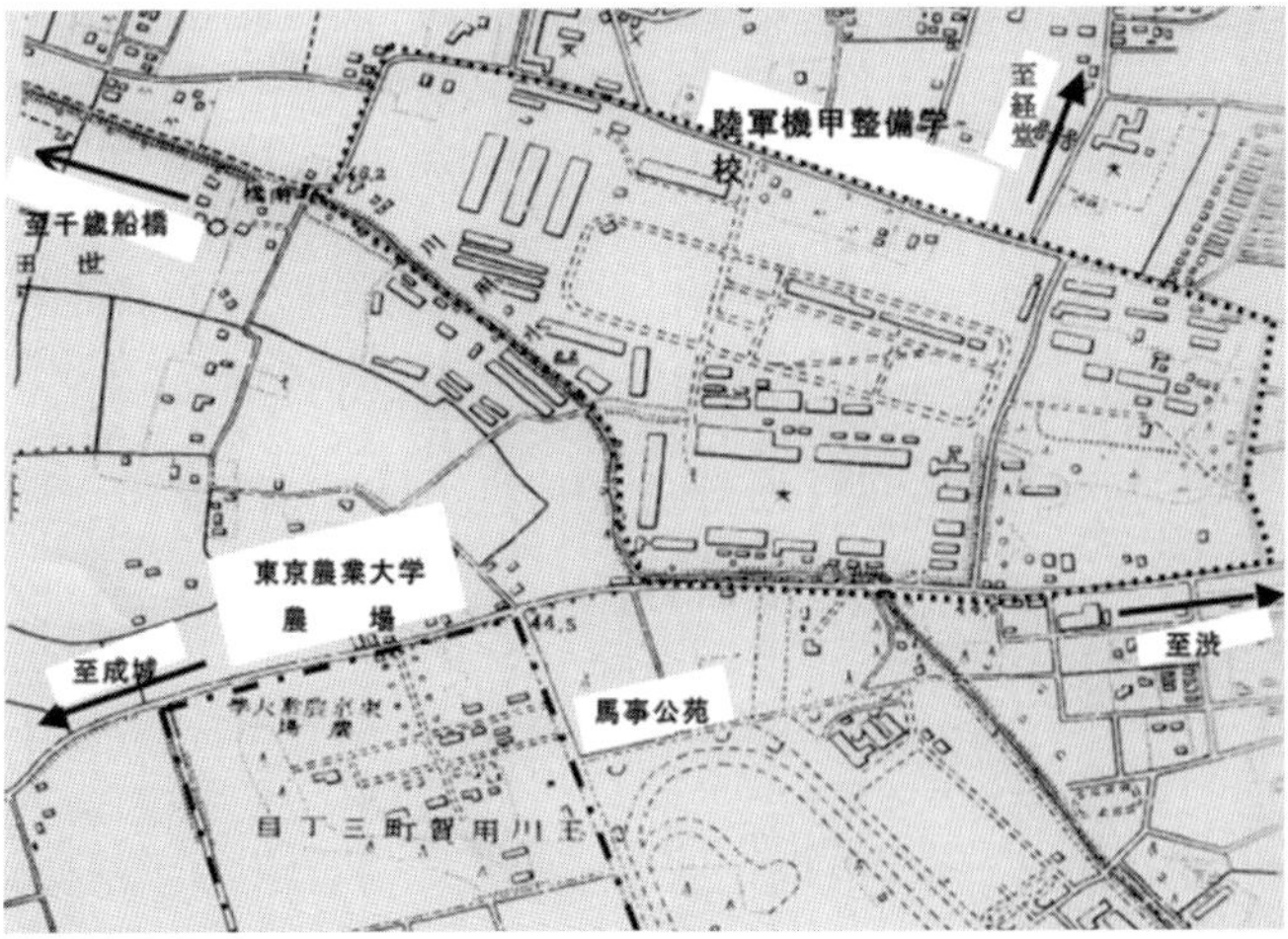

昭和20年頃の陸軍機甲整備学校と用賀農場付近

話がわかると軍人らしく、それではどこが必要かということになり、座間の陸軍士官学校と厚木の飛行場という希望を述べて帰ったのであった。二、三日して陸軍省から電話があって、マニラから田辺陸軍中将が飛来しての連絡で、座間、厚木はマッカーサーが使うことになって駄目だから、他の場所を考えよということで、陸軍機甲整備学校ほか千葉茂原の海軍飛行基地あと（茂原出身の千葉からの申し入れがあったので）と、静岡の富士宮市近くの井ノ頭の陸軍少年戦車学校跡の三ヵ所を希望することを、八月二四日に佐藤が再度兵務局長に会って申し入れた。

そして、佐藤学長の指揮によって、農場長三浦肆玖楼は世田谷の機甲学校跡、南教授は茂原、伊東助教授は静岡というふうに分担して工作を進めたのであった。

間もなく、軍は解体し、進駐軍（ＧＨＱ）の手に委ねられたこれら軍用跡地の管理は、内務省終戦事務局に移った。技術院から宮城県知事に転出した千葉は当時、青森県知事から終戦事務局長になった大島氏に農大の件を頼んでくれたせいもあってか、後に三ヵ所とも払下許可となるのである。この最終決定は内務省である。

まず、陸軍機甲整備学校の交渉を担当したのは、農場長三浦肆玖楼教授である。

三浦は八月二八日に同校本部長林中将及び副校長加藤大佐と会見して、兵舎の二部使用の許可を得、夏休み後の授業が再会される九月五日には同校内で二部の授業を開始している。

（『東京農業大学七十周年史』）

これは陸軍を相手にすることのできるときに交渉し、それによって占有の既成事実をつくってしまったのである。

やがて陸軍は退き、占領軍の下に置かれた。校内を下見しようとして同校校舎に接近した山田、伊東の二助教授に、威嚇射撃が加えられたこともある。佐藤学長も「私が建物の見廻りをしていると、私の身辺に、銃口が突きつけられていたこともあった」と、『先達と後進』で回顧している。占有の既成事実を作ると言っても、実に危ないものであったのだ。

九月一五日、農場長三浦は佐藤学長と合議の上、第八軍司令官マキシモンド少将と会見し、元陸軍機甲整備学校内道路から東側、現高校、旧図書館地域の使用を許可された。これを根拠にして、それまで常磐松の横井講堂に置いていた大学本部は、機甲整備学校の燃料研究所本部（現在、第一高等学校隣地、旧農大図書館）へどんどんと入ったのである。

しかし占領軍の了解があり、現実に占有してしまったので安堵して、書類による許可手続きを怠っていたことは千慮の一失であった。農大の学生用机などの製造を専業として敷地の一角にはいっていた旧坂東組及びマルマが現在使っている部分の使用許可の手続きを先に取ってしまったのである。同じ失敗は相模女子大学に取られた約一万坪がそれである（現在それほど広くないのは若草幼稚園、法務省住宅地等に売却したためらしい）。農大と相模女子大学の間で譲れ、譲れないと争っている間に、先方はＧＨＱに書類上の手続きをしてしまったのである。関東財務局と進駐軍が使用認可の検分に来たとき、横取りされた二件について農大が先取権があるとクレームをつけたが、後に佐藤学長がＧＨＱに呼び出され、お前の方にはまだ許可していないと言われて引き下がるほかなかったのである。

このような手続上の失敗もあったが、現校地の獲得は、常磐松を失って速やかに再建の場を求めねばならない切羽詰まった必要に基づいて、進駐軍の了解による事実上の占有という既成事実をもとにして、農大は電光石火のように動いた。広大な軍用地を大した財政的負担なしに校地として確保することができた。価格は国有財産を学校法人へ払い下げる場合の標準評価の二分の一ともいい、あるいは、大蔵省の評価があったのを、占領軍司令部から旧陸軍の買収価格を基礎とし、それに物価指数を乗じたものを再調査させ、それによったともいう。いずれにしても、極めて安い価格で取得したのである。

農大に払下許可のあった第二は、富士宮の土地である。

富士宮にはすでに昭和一六年一二月、県立富士青年道場を農大が借りて農村経済科の修練農場（場長森力教授）があり、そこへ行く富士宮からの途中にあった。それに着目したのである。これは伊東信吾が交渉を担当した。

四〇ヘクタールの校地と六千ヘクタールの演習地をもち、標高が高くなるに従って寒冷になるので関東・東北畑作農業のモデル農場を営む計画で、佐藤も意気込んでいたものである。樺太農場と満州報国農場を失ったのに代わってスケールの大きい農場経営を考えたのであった。手続きの途中で地元（吉原）の福泉醸造会社の競願、妨碍などもあったが、この件に取り組んでいた伊東らの苦労の甲斐あって、許可を勝ち得たのであった。

ところで、生憎とここを農林省が中央開拓訓練所にするために譲ることになり、農大に対しては代わりに神奈川県相模原市の淵野辺にある軍用地一五〇ヘクタールが提供された。しかし、これら軍用地取得には資金が必要で、用地代金の目途がつかないために、淵野辺の用地だけは放棄したのであった。ここはあとからみれば、佐藤に借金政策があったなら獲得できたのであろう。

学校としても、欲しかったところであった。佐藤の学校経営が消極的だといわれる理由である。

第三の茂原の海軍航空基地は千葉三郎の地元という関係もあって、千葉が茂原町当局者らに農大に来てもらうことが町の繁栄になるだろうと説いたために、町当局が農大を歓迎すると口火を切ったので、明治大学、茂原農学校、千葉県指導連農場など競願があったが、同地の校友井桁三郎の尽力によって農大に許可が下りたのであった。ただ茂原農学校の現位置が市街地と化して具合が悪いので、そのうち二万坪を茂原農学校に譲り、その代わり農大が国庫へ支払うべき土地代金を千葉県費で負担することになり、茂原の校地は全く無償で農大の有に帰したのであった。

『東京農業大学七十周年史』によると、昭和二〇年一一月二四日に佐藤学長は、茂原海軍航空基地跡に農学部設置の構想を発表し、翌二一年三月末には農学部事務を開始。五月二三日、一ヵ年使用許可の通知を受け取った。同日、佐藤学長揮毫の「東京農業大学千葉農学部」の門標が掲げられた。新入実習生一一名をもって開校式は六月一一日である。この電光石火の運びのなかに佐藤学長はじめ農大の意気込みをみることができる。（農学部二一年三月、三二～三四年二月二七日）

以上のように、農大の用地獲得は今日からみて大成功であった。それは農大の機敏な活動によるものであり、学長の決断と教職員校友の一致した努力によるということは確かであるが、それだけの認識ではまだ不十分だと思う。そのような機敏な活動を促した背景を突止めなくてはならない。

もちろん農大が校舎を失ったことによる切羽詰まった活動とも言える。しかし、校舎を失った大学は他にも多い。農大が活発に動いたのは、やはり戦後の日本再建のために農業の重要さについての確信というものがあったからに相違ない。それが農大をして世田谷の機甲整備学校だけでなく、厚木の飛行場も座間の陸軍士官学校もほしいと言わせたのだと思う。

そしてそれが受け容れられた理由もそこにあったことを考えなくてはならないと思う。旧陸軍の幹部にせよ、進駐軍の幹部にせよ、当面食糧問題が緊急であるという認識があったから農大の雄大な提案を受け容れたのだと思う。

ことに進駐軍の場合は、日本の農業大学も、アメリカの州立農科大学と同じように、行政とタイアップして農業改良普及のために活動してくれるものというイメージをもっていたのかもしれない。

関東財務局は、昭和二一年に農大に認めた土地の一部返却を掛け合って来ているが、あれなどは進駐軍の農大に対する処理を甘すぎるとみていたのかもしれないと、農大新聞昭和二一年五月、記念祭記事にある。そして昭和二三年には地元桜丘新制中学の敷地のために五千坪の校地の返還をしても、新制大学移行に差し支えなしとして、これを快諾している。日本高等女学校にも予科校舎一棟を譲っている（『東京農業大学七十周年史』年表）。いずれも農大に多少の余裕のあったことの結果とみないわけにはいかない。

要するに、傍からみると農大は「持てる者」になっていたのであるが、それほど期待された農大であったのである。だからこそ、世田谷だけでなく、富士宮もよろしい、茂原もよろしいということになったのではなかろうか。

農大の戦後の用地獲得は佐藤学長の功績であるとか、誰々の手柄であるというべきものではないと思う。その面積の大きさは戦後の日本が農大に課した責務の重さを表現したものであったと言うべきだと思う。

二、校地獲得秘話

三浦肆玖楼の臨機の処置、学長佐藤寛次の政府要路への要請、大蔵省当局の善意ある取り計らい、また母校の復興を願う校友有志の熱意によって農大世田谷時代の幕が開いた。

昭和二一年三月二九日、大学本部は機甲整備学校本部跡へ移転したのを皮切りに、各科とも全地域にわたって、移転設定を完了した。当時の本学使用可能の面積は一六・六二ヘクタール、建物延面積は一六九九六五・三平方メートルであった。

昭和二一年六日二日、入学式の際学生の宣誓を本年度から復活実施することに決定した。ただし、明治三二年二月一六日から昭和三年五月一八日まで実施されていた宣誓式当時の規約の宣誓とはかなり形の違ったものであった。

昭和二二年三月三一日、専門部拓殖科を廃止、また緑地土木科を緑地科と改称した。

同年四月一一日、専門部拓殖科在学生を畜産科に編入する件を法人役員会で承認した。

昭和二三年五月二九日、アメリカ宗教団チャーチ・オブ・クライストから本学援助についての申し出があったが、これを受諾するか否かについて約一カ月にわたり、法人役員会、学部・専門部・予科の教授会、助教授、校友会、在学生らの意見を徴した結果、七月七日、この外資導入申入れを受託しないこととした。これについては次項で詳説する。

陸軍機甲整備学校正門

昭和21年当時の東京農業大学正門

同年七月一日は、常磐松校地二・二二ヘクタールと建物総延一八二一・六平方メートルを、渋谷区緑ケ岡二二、財団法人青山学院理事長真鍋頼一へ一六〇〇万円で譲渡契約を締結した。「常磐の松風　みどりに吹きで」と校歌に歌われ、横井、吉川、佐藤の三代学長訓育の学舎、常磐松の地は、明治三一年一〇月三日以来五〇年の思い出を残して断絶することになった。

昭和二五年一〇月二五日、大学予科解散式を挙行した。
昭和二六年三月二〇日、専門部最後の卒業式を挙行した。
昭和二八年三月二〇日、旧制学部最後の卒業式を挙行した。

本学の世田谷校地獲得については、前述のように大学当局、校友その他、様々な人の尽力によるところが多い。以下、その当時の記録から抜粋して参考に供したい。

譲渡当時の建物の内訳

横井講堂	一棟	一階496.6㎡、地階489.23㎡、中二階45.01㎡　計1,030.74㎡
木造平屋建付属家（便所）		62.6㎡
穀物研究室	一棟	59.4㎡
書庫	一棟	一階86.2㎡、二階86.2㎡、三階86.2㎡　計258.6㎡
図書閲覧室	一棟	34.5㎡
動物学教室	一棟	一階192.0㎡、二階187.54㎡　計379.54㎡
合計		1,825.28㎡

三、回想

学長佐藤寛次は、『農大の急場に処した思い出 ～現校地獲得の苦心といきさつ～』の中に次のように書いている。

大東亜戦の戦局は拡大し、内外要務のために学徒動員が進められたのみならず、在学生の箪隊徴発が行なわれることとなった。私は当時軍部の実力者たる軍務局長に面談する必要が生じたので（誰もこの局長に面会するのを好まなかったので）早朝彼の登戸の自宅前で待ち受けた。工学部学生の徴集除外を求めたのである。想起する一事に「揚子江の水位の差は東京も上海の間においても幾何もない、大雨来たらば洪水が起り交通を妨げることは云うまでもない。工学部の学徒はそのような任務に服するのであるから除外されたし」というと彼は早速私の提案に賛成して徴集を除外したのである。これは独り農大学生のみならず、全国の同学徒の勉学に資したのである。かかる急場に処する事項は農大の上にもあった。例えば青山の校地払下げにあたって宮内省の特別取扱、軍部の世田谷敷地（現在地）の使用許可、米国チャーチ・オブ・クライスト教団の農大援助拒否などがそれである。元渋谷常磐松の農大校地は宮内省の酪農場の一部であった。この酪農場が世田谷下高井戸の地に移され、その跡地に皇族の方々の住宅が作られたが、なお田圃や槇林などの余地があったので、青山学院と境して或区画を設け農大の前身たる東京農学校の急場に際し、宮内省の特別方針によって借受の機会が与えられ、地方裁判所の人民控室を払い下げて移築して校舎として、授業が行なわれたのである。当時大日本農会の幹事長田中芳男氏が校長で横井先生が教頭、稲垣乙丙氏が首席教員であった。その後校運日に増し盛んになり、東京高等農学校となり、東京農業大学に進んだとき、宮内省が用地の払い下げを許可することになり、年賦償還の方法によって返済していた訳である。

昭和二〇年戦災を受けたときにおいても尚幾ばくかの年賦金支払いの義務が残っていた。永年の努力を積み重ねて作り上げた農大の中央事務所も、図書館も、農学本館（恒藤農学博士の寄進に成れるもの）も農芸化学館も農業土木館も灰燼に帰し、僅かに残ったものは横井講堂だけとなった。時恰も激烈な戦時中である。全く手を下すべき余地などある筈がない。私は早速理事会及評議員会を招集して、学長辞任の申出を為し復興の適任者を選定せんことを求めたのであるが許されなかった。

私は止むを得ず農大復活の衝に当らざるを得なくなったのである。復活の方法を立てるには順序がなくてはならぬ。第一は何としても、自ら時局に対処する覚悟を確定することであるべきである。静かに胸に手を当ててこうでもない、ああでもないと思い悩んだあげく、先ず敷地の問題が農大の運命を決するものと考えられた。農大は焼けた以上在来の所に復興するということよりも遇に広い敷地においてその運命を開く方がよいではないかと気付いた訳である。農大が爆撃を受けてから幾許もないとき、私は時の宮内大臣石渡荘太郎氏を成城町の邸に訪問した。同氏とは旧知の間柄であったので直に面会を許され農大が焼かれたことを申述べると「焼かれたのか」とたゞ一言を発せられ、二、三御見舞の言葉があったばかりであった。十数日を過ぎた頃突然宮内省から召出しがあり、礼服着用の上出頭すべしとのことであった。坂下門から焼残りの建物に入ると農大の上納未済のもの全部は農大に下げ渡すとのありがたい恩命であった。何とも申し訳のない感激の情に包まれながら退出して、皇恩の厚さを学内の方々に報告したのであった。このことは後日世田谷の校地を獲得して必要な建物の修理をするとき、青山の校地を青山学院に売渡した資金によって、敏速にこれを取り行なうことが出来た所以である。若し年賦の問題などが残って、金融梗塞時を突破し得なかったならば、当時思いの儘に学生の勉学を進める訳には参らなかったと思う。千歳船橋の土地建物に付いては残念ながら直に着手の見込み立たず、将来教授その他の職員住宅に充てることにした。同地には私の衣類など安全を図るため疎開したものもあったが、不幸全滅した所であるので思いが残った儘力及ばなかったものである。

昭和二〇年八月一五日は忘れることの出来ない日であった。農大に居たとき天皇陛下のラジオ放送があるとの知らせに農大焼跡の隣家に駆け付けラジオの前に坐った。何とも申し様のない悲壮な勅語であった。日本の運命が決定したのである。吾等はこの千載一遇の機を見逃すべきでない。明治維新が到来したのであるから、農大の上にも維新が到来すべきであると考え、農大敷地の拡大はこの機を措いてほかにないと心に決する所があった。即ち私の家の向側に居られる陸軍主計中将を一六日の朝早く訪問することにした。中将とは東亜文化協議会（当時私は副会長で北支政権の文相たる唐爾和氏は会長であった）の総会に於いて相知の間柄であったのみならず、軍部から全購連の理事に勤務替えになった方である。敗戦と定まれば世田谷の陸軍機甲学校は廃止になるべく其の際農場の向側に在る同校の敷地を焼かれた農大に使用させたいと考えるが、かかる際に於ける相談を持ちかける軍部の係り官はということにつき教えを受けたい旨を申立てた。勿論参謀本部であるので、農大に参って、伊東信吾助教授、山田幸男助教授を促して市ヶ谷の参謀本部に来り、係りの谷川大佐（農大の配属将校であった）に面談した処、大いに好意を示されたのである。それに勢いを得て竹橋の師団本部に林洗十郎大将（後林内閣が生れた）に面会を求め、その賛意を案じ農大と同日全焼した駒場の農業教育専門学校の敷地獲得を援助しながら、機甲学校敷地の競願を防止するに努め、（同専門学校には一時校長であったことが其の一に在る）四谷見附に近い大蔵省に足を伸ばして国有財産部に部長を訪ね、更に日を改めて同省の大臣官房長には校友の当時大蔵政務次官中川以良氏と共に用地使用の円満解決を進める段坂を確立するに努め、更に鹿児島高等農林学校の出身者たる内務大臣大村清一氏の援助を受けるため校友の井上博士（憲政氏）を動員するなどの苦労を重ねたこともあった。大体において漸次見込みの確実性は高まりつゝあったのである。もとより米軍の機甲学校占領は敏速に行なわれた。構内に入ることなど許さるべくもなかったが、私は出入口でない箇所から進入して資材沢山の或建物を見ていたとき、突然横から銃を突き付けられビックリしたこともあった程である。従って学生を建物内に進駐させることなどは思いも寄らないことであった。然し校舎を失った学徒をそのままに為し置くべきではない。機甲学校内の建物整理のために北門近くに大工が移って来た機会を利用し当建物に学生の入れる余地があったので、そこに割込む計画を立て、三浦農場長（後の学長）に相談して、徐々に学生の使用体制を進めるようにした、苦労は多大なものであった。この間に相模女子大学の校舎占領のこともあったが程なく解決を為し、多数あった旋盤の外部移動については吾々は、到底的確な監視の器でないことを残念ながら認めない訳には参らなかったのである。かくして時日の経過に伴い、国有財産の処分の方途が決定して農大に使用が許され、学生が自由に出入することが出来る様になったのである。これにつけても横井先生が大日本農会理事長として多少の反対があったにも拘らず、個人の資格に於いて、当時としては多額の債務を負うて購入した用賀農場が近接して存在したればこそ、農大は運動場までを同一校地内に包括する広い敷地を使用し得た訳だと思えば先生の高徳に感謝せずにはいられない。私は勿論世田谷の敷地獲得のみを考えて行動し、万一の場合に備えることを忘れた訳ではない。伝統の高い大学従学の学びの庭を一時的なりとも失わしめてはならないとは十分に知っている積りであった。

さればこそ有力な校友の居る群馬県の高崎連隊の敷地に目を付け同県知事に面接して払下げの約束を致し、南教授に登戸の研究所（現在明治大学農学部になっている）への打診、伊東助教授を富士山麓に在る少年戦車隊に進駐せしめ、私自ら沼津市に出掛けて市長と共に同地へ連隊の敷地を使用する準備を致し、育種研究所（現博物館）所在の建物の譲渡につき中島飛行機会社と打合せを行なったのは世田谷の敷地入手不可能の場合に備えたことであった。其の他にも話題に上ったものに都内中野の通信学校、静岡県富士駅附近の飛行場等があった。

茂原のことも付け加える必要があろう。問題の起りは前学長の千葉三郎氏の気持からである。実査の結果分校の敷地として適当と認め、茂原市長と会見して見ると明治大学が共願になりそうだということであった。明治大学と千葉県とは親戚関係の様な間柄で在るようにも思えた。同大学の農学部は千葉市から遠からざる所に既に設けられていた。当時の総長鵜沢聡明氏（千葉県担身）は自ら県に出かけて譲渡の申出をしているとのことであった。ある日私は文部省に会計課長を訪ねたとき先ず驚いたことに同氏は明治大学卒業者だということであった。然し話をしている内に明大としては或学科を特設する計画はない、寧ろ東京と千葉市とを結ぶ路線に存在する軍用建物の利用に重きを置いていることが判明したので、私は茂原の入手に邁進したのである。その結果として林学、畜産学の二学科の新設計画を立てた。然し文部当局は戦後新学科の特設を認めない方針を採っていたので、私は殆ど文部省に日参して認めて貰った。同年度内における新学科は農大の二学科だけであった。

農芸化学科教授　南　禮蔵の終戦時の思い出である。

昭和二〇年一〇月二五日、この日は佐藤寛次学長と私が陸軍機甲整備学校跡に第一歩を印した記念すべき日である。学長と私は破れ服に軍靴、巻脚絆に戦闘帽といったいでたちである。私は現在のような老体ではない。五〇歳そこそこで、体は大きく、たしか口髭を生やしていて元気そのものであった。両人が、現在の第一高等学校の正門から入ろうとした処、米人衛兵二人が着剣の姿勢で二人を目がけてヤァーと叫んで近寄ってきた。二人はノー、ノーと手を振って帽子を脱いだところ、すぐ了解してくれてオーライと衛門を通してくれた。学長は近年まで図書館として使用（現在北方に移転した第二学生会館）していた二階の一室に入られてここに陣取った。ここがしばらく学長室であった。

私は、この建物の裏の方を見て回った。自動車の修理工場や油の研究をしていたと思われる建物、その下の方に東西に長く六部屋ばかりに仕切られ、その中には旋盤の直径二メートル位から大小の修理に使ったと思われる室があり、実験室には恰好のものである。コンクリートの台は天秤台一〇台位は楽に置くことができる。この室の東側最右端が私が腰を下すにはもっともよい処と見受けた。すなわち厚さ二センチ、長さ一・七メートル、幅八八センチの机があった。私は、今日でも毎日出勤してどかっと腰を下している。室には何んの飾りもない。机も椅子もそのままの古さである。しかし、私はこれで満足している。昭和二〇年以来実に二四年汚れた机に寄り、壊れかけた椅子に腰かけ、静かに過ぎ去った年月をなつかしみながら、この原稿を書いている。私は、ここが農大再建の発祥地だと自負している。本部の東側に豪荘な総合研究室（現二号館）が建設され、農芸化学科はこれに入ったが私には何の魅力もない。二四年間、いやこれからも健康の許す限り、私は毎日出勤して母校農大の行末をこの室で見守りたいと思っている。

大学校地獲得秘話

河崎 健三〈大正一二年本科卒校友会元理事〉〈『校友会ニュース』第六号掲載〉

私の学生時代には用賀農場周辺は楢や礫林の中に赤松が点在して、武蔵野の情緒豊かな地域であった。当時、実習でこの農場の大根畑を耕しながら、道路一つ隔てた向側で爆音を轟かせて、一四、五台の自動車と兵隊さんが飛び回っていた。これが旧陸軍自動車学校である。耕転に疲れた手を休めながら、農大がこれ位の広さであったらなあ、と長嘆息したものだ。これが現在近代的な校舎がき然と建ち並んでいる東京農業大学の敷地で、陸軍自動車学校（後に陸軍機甲整備学校と改称）の所在地であった。

時は昭和二〇年八月一五日以後のことである。この頃の日本人は老いも若きも男も女も、すべて魂の抜けたように気力を消失し、やがて来るべき米軍の進駐に不安と焦慮にかられて、徒らに日を過していた。五月の大空襲で、東京全地域は勿論日本全国都市という都市は、全部焼土と化し、僅かに焼け残ったトタンや防空壕で雨露を凌ぎ、命を継ぐための食糧あさりに血まなこであった。

それは小雨のそぼふる夕方のことであった。今は亡き川原太郎君と陸軍機甲整備学校の門前に立ち止まって話し合った。この学校はどうなるのだろうか。いずれ何処かの大学になるだろう。これがもし他の大学にとられるようなことがあったなら、我々としては誠に耐えられないことだ。何とかしてこれを農大の手に入れることができたら、禍転じて福となるのだがなァ。

よし俺に公算があるから一つやってみる。それでは是非頼むと、半信半疑で彼に答えて別れた。それからは、一日に一度は必ず農場に三浦場長を訪ねて相談した。

九月初めの或る日のこと、三浦場長の命をうけて、故千藤君が馬事公苑の私の処にやって来た。陸軍機甲整備学校への交渉について、農大はかねてから何らの関係もないので、君ならば先方の人々と交際が多いので、農大への譲渡方について河崎君に交渉方を是非頼むといって来た。

時は無条件降伏の直後のことで、米軍が未だ上陸前のことで軍用地の譲渡問題について交渉する相手方の役所も出来ていない時なので、直接機甲整備学校に当るより他に仕方のなかった時である。

当時陸軍機甲整備学校には校長は既に居られず、幹事（副校長又は教頭に相当する人）の加藤大佐が全責任者で、経理部長の清水少佐が土地、建物等全財産を管理しておられた。

私は戦争の末期から馬事公苑の全責任者になっていて、防空団長をも兼ねていたので、陸軍機甲整備学校の自動車や、工作機械類その他のものを空襲から退避するために、馬事公苑内に保管していたので、この二人の将校とは特にじっ懇の間柄であった。私は早速機甲整備学校を訪ねて、「今や農大は渋谷の校舎は戦災のため全部焼土と化し、九月一〇日には学生が帰校してくるのであるが、これら学生を収容する場所もなければ、講義する教室もないので誠に困惑している。貴校は幸い戦災からも逃れたので農大に譲渡して噴きたい。軍隊の壊滅した今日何処かの大学に譲渡される時が来るだろうとは思うが、農大としては農場に隣接している貴校が他の大学に取られるということは、誠に耐えられないことであるから、如何にすれば農大に譲渡出来るか、その方法を教えて頂きたい」と申し入れた。加藤大佐の話では、「目下のところ無条件降伏をしたばかりで、御意向を上司の当局に伝える術もない。

今は進駐軍に明け渡す日を待機しているのみで、何等の権限もないのであるから、進駐軍が来る前に農大が無断で乗り込んで来て、事実上占拠してしまう以外にない。我々としては、それを傍観していることにする。二、三日中に進駐してくることになっているから、直ちに実行してもらいたい。進駐軍には、然るべくとりなしておく。いずれ条約調印後、軍用地の処分について、これを取り扱う機関が出来るから、その時に学長が正式に交渉に当られればいい。兎も角事実上此処に根を下しておくことが、交渉上最も強い条件になるから……」との話であった。

早速この趣を三浦場長に報告したので、その次の日加藤大佐の指示通り三、四〇名の学生が乗り込んで講義を始めた。

これが世田谷四丁目の現敷地に農大が足跡を印した最初である。数日ならずして、米軍は進駐して来た。正門（現在、第一高等学校正門）には、米軍番兵が実弾をこめた銃を持って物々しく立っている。しかも時々空缶なんかねらって発射している。無言の威嚇である。校庭には日本の銃が山と積まれて焼却されている。これは毎日燃やされているほど莫大な数量であった。

加藤大佐と清水少佐の取り計らいで、農大が校内に居座って講義を続けていることは黙許してくれたので、門に米軍の番兵がいかめしく立っていても、農大の学生と先生は自由に出入りさせてくれた。

その後渉外局が出来、軍用地が大蔵省に移管されるに当って、佐藤元学長が正式に当局と折衝を重ねられ、渋谷常磐松の敷地を売却して、現在の土地と旧兵舎、倉庫などの建物を国から払い下げを受け、此処に初めて農大の所有となったのである。

農大世田谷校舎取得の秘話（その一）

横峯　健二（元東京財務局・国有財産部第一管理課長）

昭和二一年某月某日、場所は東京財務局、私は上司の国有財産部長から呼ばれた。行って見ると其処に東京農業大学長の佐藤寛次先生が静かに端座しておられた。詳しい話の内容は忘れてしまったが、今も心の一隅に残っているのは、その時の佐藤学長の印象である。

威厳に満ちた風貌、諾々と説かれる其の態度は正に国士の風格があった。

曰く、農業教育の任務は今後益々重大である。然るに我が東京農大は戦災に依ってすべての施設を失ってしまった。樺太にあった広大な農場もなくなった。お前達（とは言われなかったかも知れぬが、そのような感じを受けた）は国の役人として、国家的見地から東京農大の復興に協力すべきである……　云々。

お話の細部末節は、今ははっきり言えないが、私は先生の堂々たる態度に感服し、初対面ではあったが、心の中で秘かに此の人のために出来るだけの協力をしようという気になったことであった。

当時、大蔵省の国有財産の処理方針としても、戦災を受けた学校の復興のために旧軍用財産を活用することを重要施策の一つとしていた次第もあり、当時、管内の数えきれない位の戦災学校や戦災者、引揚者の団体から毎日毎日応接のいとまない位に軍用財産使用希望の申し込み、陳情を受けた。その陳情のパターンも種々様々で、偉いさんの紹介状持参型、泣き落し型、学生（殊に女子学生）による純情嘆願型から過激脅迫型、イデオロギー教条型、誘惑型までのいろんな類型が多い中にあって、此の学長先生の天下国家よりする真剣な説得はまことに数少ない型であり、私はすっかり折伏されて、心ひそかに畏敬の念を抱いたことは前述の通りである。

斯くして、東京都世田谷区桜丘の元陸軍機甲整備学校の施設は、挙げて一時使用承認という応急行政措置に依って東京農大復興のための寄与第一歩を発足したのであった。

尚、これに続いて進駐軍の承認の手続き（占領中はすべての軍用財産は占領軍の支配下にあったので、一々此の手続きが必要であった）を経て、その後事務整備の進捗に伴い、大蔵省令で制定された土地建物の評価方式に依る売払価格の算定、戦災都市及び学校用施設のための特別割引き等の適用に依る実際の払下げ価格が決まり（市中相場に比し極めて低廉な価格で）、大蔵省と東京農大の間に正式の売買契約が締結されることになるのであるが、それは昭和二一年の一時使用承認から更に数年も後のことであって、小生はその時は既に退職しており、その事務には関与していない。

農大世田谷校舎取得の秘話（その二）

千葉　正喜　（元東京財務局・国有財産部職員）

東京財務局の機構のなかで東京農大（陸軍機甲整備学校）を管掌したのは、国有財産部第一管理課東京班（後に東京業務課に昇格）で、私はその東京の係であった。そのうち機構も追々整備され東京には品川、王子、新宿、立川にそれぞれ出張所が設けられ、直接農大の担当は新宿出張所の管轄になった。東京農大に機甲整備学校の一時使用を認めることになったのは、ずい分早い時期に決まったように記憶しているが、取り扱いの方法等が決まってその規定で事務が進められるようになったのは二一年も半ば過ぎであった。その間次々と膨大件数の一時使用許可の手続きに忙殺された。又財産内容の実体把握も重要な事務であったので、手分けして台帳と実体との照合修正業務のため、しばしば現地に出張した。私も何度か東京農大に出張して境界の確認未登録建物の調査に従事した。

また、競願の取り扱いもなかなか厄介な仕事であった。東京農大には早く決まったせいもあり競願は少なかったが、それでも東北隅の一角に養兎事業のための施設、家具（襖）製作の施設或いは西方の小川対岸の土地の旧地主からの返還要求等があって、なかなかもめた事を覚えている。結局土地の返還はなかったが相当強い要求であった。養兎事業等の方は分割し易い地形にあったので、それぞれ一時使用を許可した。一時使用許可の目的が第一に財産保全にあり、且つ元軍用財産は総て連合軍の観念的管理下にあったので、将来払い下げを前提とした一時使用であっても、期間は一年を限って毎年更新することが建前であったので、東京農大の場合も二、三度ならず更新手続きがなされた筈である。

連合軍からの返還事務もＧＨＱの担当者によっては、いろいろとうるさい事をいって当惑させられたものであったが、占領目的に違背しない使用目的であれば、原則として返還する方針のようであったので、長いのは一年位もかかったが、講和条約締結までには総て返還された。（中略）

以上前後脈絡もなく述べて見たが、三五年もたってみると記憶も薄らぎ、我乍ら自信がないので年代別に整理して見よう。

◆昭和二〇年から二二年頃まで

一、終戦後極めて早い時期に陸軍機甲整備学校は東京農大に将来払い下げを前提として、一時使用を許可することになった（正確な境界土地建物の面積等不確なまま）。

二、実体調査による数量把握。

三、事務手続きが明確化するにつれて出願書類等の様式もきまって、正式の申請書の再提出〈前項の実体調査が終了してからと思う）。

四、その間競願問題の処理。

五、正式な一時使用許可証の交付はおそらく二二年の終り頃であったか。

◆昭和二三年から二五年頃まで

一、連合軍からの返還申請。これは国の機関として財務局からGHQに出したので東京農大は直接関与しなかったが、現地調査等も数度に亙って行われた筈であり、その事務が終るまで払い下げ事務に移行することが出来なかった。従ってその間一時使用の期間が経過すれば、その都度更新の手続きをした筈である。但し更新の場合の書類は最初のものに比べ余程緩和されていた。

二、　返還事務は局で担当したが、そのうち出張所の機構も整備されて来て、更新事務等は出張所が実施したようであった。

◆昭和二五年から二八年頃まで

払い下げの事務に移行したと思われる所有権移転手続きまで完了する迄には、相当長期間を要したと思われるが、私も二六年頃退職したので、詳細についての記憶もないし、又実務にも関与していない。また一方、本学が農業教育に万全を期そうとする重要性に照らして、学長佐藤寛次、法人理事千葉三郎、茂原市長松本紋四郎、校友として教授南礼蔵、井桁三郎、井上憲政各氏の努力によって、千葉県茂原市高師在の元海軍航空基地一八・〇七ヘクタールと建造物八八九七平方メートルの管理を、大蔵省財務局より委任されることになった。

しかし、荒廃した終戦直後にあって、旧茂原海軍航空基地の広大な土地を取得するために運動したのは本学だけではなく、明治大学、茂原農学校、千葉県農業会などの学校、団体等が同じような運動を展開していたのである。にもかかわらず、本学が取得に成功したのは、前述した関係者の努力もさることながら、当時の政府高官と運動の先頭に立った本学校友が、個人的に親しい間柄であったということが、僥倖を呼んだともいえるであろう。

ところで、昭和二四年五月における大蔵省の土地建物払下げ査定価格は、一二五五万八千円であったが、戦災によって烏有に帰した本学には、なかなか金融対策がつかず、大蔵省に陳情を重ねた結果、最終的には七四九万九・三千円に決定されたことは極めて幸運であった。

昭和二一年三月三一日、千葉農学部として事務を開始、同年六月一一日開校式を挙行し、翌二二年四月一日から専門部林業科、畜産科を新たに増設して、戦後の農業教育に重みを加えることになったのである。設置当初の教室、研究室などの建物は、いうまでもなく元海軍航空基地の建物をそのまま使用したので、爆撃の跡がそのまま残っているものもあり、惨憺たる有様であった。

構内には、いたるところに飴のように曲った鉄のスクラップや鉄線、鋼線が積まれ、周囲の境垣はまったくといってよいほどなく、消火、防犯の設備もなかった。したがって、生活に窮した地元民が夜中に侵入し、校庭に残っている鉄線や鋼線、または埋没しているパイプを掘り出して持ち去ることもしばしばあった。このような状態のもとで、千葉農学部の教員と学生は放課後はもちろん、休日を返上して構内の整理にあたった。

かくして新生東京農業大学は世田谷桜丘でその第一歩を踏み出したのである。

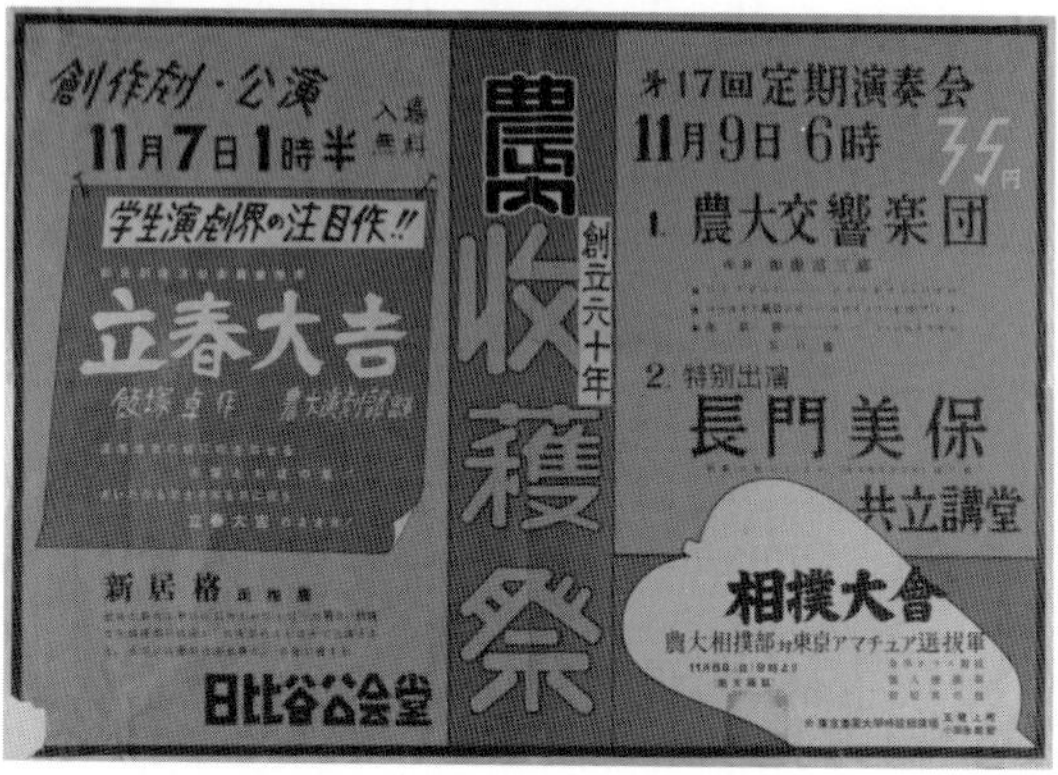

創立60周年記念式典と共に開催された収穫祭のポスター
昭和25年（1950年）

創立68周年　収穫祭ポスター
昭和33年（1958年）

第二部　農大存続危機のいきさつ

本項で紹介するのは、農大が農業大学として存続できるか否か、つまりそれこそ本学の存亡に係る危機についてである。この危機を乗り越えたからこそ、農学、あるいは生物系の大学として冠たる位置を占めた東京農業大学が存在し得たのである。

一、外資から母校の伝統を守る

渋谷常磐松から世田谷の桜丘に移り、いよいよ農大再スタートを切り始めた時の事である。新制大学移行の為の資金調達、学内整備、建物等々数多くの難題を抱えていた。突如大学整備の為に資金の援助を申し出たキリスト教団があった。佐藤寛次元学長の回顧による大要、学生側の考え、大学の対応等その詳細をまとめてみた。

昭和二三年五月に起こったアメリカの宗教団チャーチ・オブ・クライストからの外資を受け入れようという問題も、学内の不安と動揺があったから問題になったのである。ミッション・スクール色を加える条件で一億円の援助資金を出すというのである。

新制大学の申請をせねばならないのに、まだ再建のめどが立たず、教室も研究室も月給もひどい状態の時である。教職員や学生の多くがこれによろめこうとした。佐藤はこの所謂「外資導入」を農大のっとりと看破して、ぴたりと拒み、横井以来の東京農業大学の伝統を守った。佐藤の農大に対する最大の功績は、終戦直後に軍用地を手に入れて校地や農場用地を確保したことよりも、「外資導入」によろめく教職員や学生を制して、農大の伝統を守った点にあると評価する者もいるとする問題である。

二、不満渦巻く中で

当時財政の困難を打開する見通しがなく、教職員も学生も不満と不安の渦巻のなかにあったため、この申し出に対しては、内部に賛成意見が強く、農大にとっては深刻な問題であった。しかし、この問題は突如として湧き起こったというところに特徴がある。この問題が『農大新聞』に報道されたのは昭和二三年五月二〇日号で、それには「米宗教団援助か」という見出しの下に、チャーチ・オブ・クライストからの寄付の噂を次のように報じている。

「当団は、ロサンゼルス在ペパダイン大学の姉妹校として山梨県下に大学設置の意図があったが、本学の窮状を知り、本学の援助へと両者間の一部の人々によって話が進められている模様である。チャーチ・オブ・クライスト側は寄付金をキリスト教の伝導に充てるのである故、大体次の条件を要請している。

一、学内に教会の設置
二、女子家政学科、聖書科の設置
三、理事はアメリカ人及び日本人同数とする
四、東京農業大学の名称はそのままでよい
五、宗教を各科の教科目に入れる」

（『農大新聞』　昭和二三年五月二〇日号）

ところが事態は急展開をして、この報道があって五日目の五月二四日には、学長の意見などもたださことなく、学生大会を開き、寄付受諾を「大多数をもって可決」している。同時に開かれた教職員組合大会でも「異議なく可決」し、そのあとで同教会のキャノン氏の講演を聞いている。そして五月二六日に関西から帰った学長に対して、学生自治会長は決議文を提出している。

そこで後に述べるような学長の慎重な態度にぶつかるし、且つ五月二九日に「吾々が米人クリスチャンに経済的人的援助を受けるためには、大学がクリスチャンになるという確証を与えなければならない」というステートメントが来て、自治委員総会を急遽開き、改めて慎重審議するために小委員会をつくった（六月一〇日付『農大新聞』）のである。大学がクリスチャンになる確証というのは、具体的にはどういうことを指すのか。

この段階で『東京大学新聞』がこの問題を取り上げて、報道しただけでなく、第三者の冷静さを持って評論を加えたのが、農大の良識を呼び覚ましたのではなかろうか。すなわち『東大新聞』は「東京農大外資導入か」と題して先方の提案は、次の通りであると報じた。

一、大学の目的

（1）農学及び家庭経済の理論及び応用を教授し、

（2）立派な男女を養成するためにクリスト教義を講義し、

（3）クリスト教の環境を作る。右目的を達成するために、家庭経済学科、聖書学科の二学科を新設し、学生は毎週二時間の聖書講義をうける必要がある。

二、理事会

改組された理事会は学校を管理し、一二名を超えない人員で構成する。半数は米人クリスチャン、半数は日本人クリスチャンを充てる（日本人側理事は米人クリスチャンの賛成が必要）。学長、科長、教務課長、事務長等はこの理事会によって選出される。

東大新聞は以上の提案内容を掲げて、次のように農大の内部の模様を報道している。

「同大は戦災を蒙って、現在旧軍施設跡に移転しているが、その完備には七千万円の資金を必要とし、その調達がはかばかしく進捗していない際とて、学生自治会では大体において受け入れようとの見解をとっている。去る一一日（六月）自治会では、ステートメントをめぐって全学討論会を開いたが、大勢は自治会の方向を支持する模様で、近日中に先方からの要求を逐条検討した上、学生側の態度を正式決定する。学校当局では、内藤予科長が積極的に先方との交渉に当っている外は極めて慎重な態度をとっており、西下中の学長が帰京するのを待って方針を決定することになった。」

外資導入賛成の自治会副委員長談と、反対意見の学生談をそえている。そして副委員長の意見は、要するに「早く校舎が復興されさえすればよい」という現実論だとしている。自治会副委員長談を掲げると、次のようなものである。「先輩や学生の父兄は、没落する地主階級が多いので復興の資金がなかなか集まらず困っていた。いろいろ調査してみたが、先方の教会やその当事者は信頼できる人々であるし、一番手取り早い道だと思うから、浄財を受けたいと思っている。真っ向から反対しているのは、一部少数の分子にすぎない」。

自治会副委員長が「浄財」という言葉を使っているけれども、右の提案の条項を客観的に読めば判ることだが、復興のための七千万円の必要に対し、一億円の援助は、「援助」という名の買収費にほかならない。覚書にある同数の理事というのは、大学経営権の移譲を求めているのであって、「浄財」ではない。

学生のなかにも、外資という点に抵抗を感じ、日本人としての自主性を保つべしという考えからの反対論も強かった。『東大新開』は少数派学生を支持して、この問題についての論説のなかで、次のように語っている。

「(前略) 教育復興に最も大きな役割を果すのは学生の批判力と行動である。(中略) 農大の学生諸君は、現象にとらわれず、問題の本質と原因を洞察せねばならない。結論をいえば、浮調子な人頼りの前に、自ら学園を整備することである」(『東京大学新聞』昭和二三年六月一七日)。

この批判的意見が農大の良識をよび覚ましたようである。六月二〇日付の『農大新聞』は、論説欄に「外資導入の問題」を掲げて、批判すべき点が多いといって、この問題について、はじめてまともな論議を掲げている。

三、佐藤寛治学長の回顧

それを摘記すると、次の通りである。

第一、問題の真相とその討議進行の方法についてである。もともとこの問題は、米宗教団チャーチ・オブ・クライストの代表者と本学二名の教授との親交的関係より端を発し、本校の惨状に対し好意的な援助の意を示したに過ぎず…… 学校当局の責任者たる学長並に全学生に考慮の余地を与えず、少数の関係者により内密的且つ急速に事を運び、機を待たずステートメントを配布するまでに至らしめた点で、その独断的・ボス的な行為は見逃し得ない事実で、大なる疑問が抱かれる。

第二、問題に対する自治会を中心とした学生の態度（中略）である。交渉が開始された当時は大部分の学生は盲目状態で一部学生の先導により、学生大会が開催され……自治会が学校当局と関連なしに浮調子な行動をとった事実に対しては、今後の自治会の方向と共に、徹底的に反省を要すべき点である。しかし学生の意向はステートメントに対する修正的賛成に大会の決議を作りあげたことは、注目すべき点で、（中略）これに対して『東大新聞』等が本学生の行動力と批判力に関し「学生の大部分が校舎が復興しさえすればよい」と盲目的存在のごとくされているが、遺憾の極み……（中略）最後に、仮にも外部より誤解を受け易き軽率な、その場主義的行動はあくまで排し、われらの学園建設の観点の下に、学園一体となって、慎重に本問題の検討を行わなければならない…」

（『農大新聞』昭和二三年六月二〇日号）

佐藤がこの問題に対処した仕方は、慎重そのものと言うことができる。学長を退いた後の『農大学報』（昭和三八年七月、第二四号）に「農大乗っ取り事件のいきさつ」という題で次のように書いている。

今からことの起った月日を想い出せないが（注・昭和二三年五月）、世田谷の新敷地が大体整頓され、各学科の学生が落付き始めた頃である。私は三四日間の関西旅行を済まして帰学した時、一大事件が起っていることに気が付いた。それはアメリカのキリスト教宗派の一つである、チャーチ・オブ・クライストの日本派遣員ビックラー氏が学長不在の農大に来て、教授、学生等を集め講演を致し、農大の復興問題に関連して教団として最大の復興に強力な援助を行う意志ある旨を述べた。教授及び学生の内には大いに喜んで、学長の帰学を待ち受けていたとのことであった。私は日本にとって同教派の活動振りにつき何も知る所がなかったから一応は取調べを行った上でなければオイソレとそれに乗る訳には参らないと答えておいた。

私は当時文部省における新制大学審査委員会の一委員であり、殊に第六部の農学関係委員会の主査であったから、他の大学を審査する日で自分の大学を審査するにはかなり深刻なものがある筈であるから、心の奥にはよい援助があれば、などの考えは絶対に無かったとはいいきれなかったかもしれない。そこで熱心な三浦農場長（第四代学長）に対しては同氏の兄弟の方が、アメリカに居られるので、同教派がアメリカにおいて学校関係に関して実際行って来た事業の真相を示すに足る写真を寄贈せられる様取計られたい旨を依頼した。私は在米一年半の間に、同国内三八州を旅行し、各種の施設を見て居るので、この写真を見れば教団の実力を察し得べしと考えたからであった。

又学生に対しては、教団は如何なる場合にも無条件援助を農大に対して為すのではなく、必ず大学管理の上に何かを入れる条件を持出すに相違ない、援助金額は多くなるに従って条件は愈々《いよいよ》煩瑣《はんさ》①になると思わねばならぬ。

私は他人を以て間接な話しを聞くことを好まないから、私自らその条件を開かねば意見を述べることは差し控える、それまでには時日が肝要であると答えるを常とした。然し事は頗る重大である。友人の意見を徴して参考に資するを可なりと思い付いたので、米国に留学中特に親しくした関西大学の総長、京都の米国教団と永い関係ある大学の総長及び某牧師に忌憚のない意見を徴することにしたが、当時の回答の要旨は以下の通りであった。

Mr. A ＝同教団は信徒が少なく、教団と称すべき組織を有しない。二三有力者が運営に当っている。ビクスラー氏とは面識があるが、氏の知見を土台として学校経営に参加させることは得策とは考えられない。学校経営には教団に基礎を置く宗教でなければ、発展性はないと言ってもよいと思う。云々

Mr. B ＝同教団は原始的キリスト教とも言いたい、しかも信徒少なく、信徒の知識程度も至って低い。二三の人が牛耳を執っている様であるが、地盤は加州に在る様である。東洋方面に活動していたことに付いては知らない。米国の各宗派が日本に来ての伝導事業を拡張せんとしているが、農大は十分な心構えを持って、調査せられんことを希望する。もし交渉成立宗教学校となっても、学内問題は簡単に片付くとは考えられない。学校財団に外国人が参加すると、色々の障壁に遭遇する

こともあるべくその点特に自重を切望する云々。

Mr. C ＝ この教団は米国における中位のもので、日本において経営する学校は一つあるのみである。従って援助額は少なく理事間の対立が起り得る上に、教職員の整理など問題となり、これが学校経営の重大問題の一つとなろう。云々

Mr. D ＝ （ＧＨＱに関係ある日本人）同宗派に付き聴取したときの総合した聴取事項は次の通りであった。

一、米国キリスト教の中では新教に属し宗派としては小さい。米国においては大きな勢力分野を持っていない。尚この宗派は更に幾つかに分れており、その信徒の数は明瞭でない。

二、以上の点からその集め得る資金は十分でないと言い得る。

三、従来この宗派は「社会事業」方面に対して活発な動きを見せたことはない。

上記の回答には賛成論は一つもない。これ等の関係者は第四の方を除くと外国から援助を受けて居られる方々である。戦後に対する計画としていられるに相違ない。新たなる援助分野の増加は何等かの影響を与えないとは限らぬ。従って新なる計画を歓迎せられないという傾向もあろうが（その後東京都下に基督教大学の創立があった）、それよりも経験上、日本人に依る管理の方が円滑に事業を進め得る事情をよく知っている。それに外国資金には強いひも付きのあることに心を悩ましていられるので、私を戒める親切心からの回答と解釈すべきであると、私は解釈したのである。そ

うしているうちに三浦農場長への写真がアメリカから到着した。小さな中学校の分在して建築された様なものでスタンフォード大学の規模とは天地霄壌《てんちしょうじょう》②の差があった。そこに学生が数人来て同宗派の要人が是非面会したい旨を申出たことを伝えて来た。私は私宅に来訪を求め、通訳には一流の方を煩わして万遺漏なきを期し、其の日の到るのを待ったのである。予定の日に予定の時刻に宣教師夫婦揃って御来駕になった。通訳の方も見えた、妻君が甚だ熱心であった。談進んで佳境に入ったとき「我々が参加するならば新制大学に進む事は極めて確実である」という言葉が出た。私は何となく気掛りになった。　私の家を辞せられる際に、私は、明瞭に「御好意は感謝する所であるが、事いやしくも新制大学の認可そのものについては御心配を掛けない積りである。この点間違いない様に願う」と云うたである。談話の始終を通じ私には援助の具体的計画が不明であり、理事者の米人関係も十分明瞭でなく、更に援助は新制大学になる場合の促進方法であり、それが出来た際に農大の運命を左右するという気持の様に思ったのである。これが遂に農大内の会議において、この援助を受けないことにするという決議を為すことになった理由であった。従って後日私が文部省に登庁したとき、春山大学課長から、チャーチ・オブ・クライストの代表から「農大は何故に教授学生がアメリカ教団の援助を受けると一致しているのに、学長独りの決断でそれを実行しない理由は如何」と問われたが、その事如何と問われたとき「学長の独断専行に非ざる旨」と答えて置いた。

其の後は問題が起らず又何等の交渉もなかったのである。これがこの事件の経過である。

以上、一読いただくと、新制大学を前にして、農大の再建困難な状態に心を悩まして、援助に対して食指が動かないでもなかった気持ちであったこと、学内はざわめいている中に緻密な調査をして、迂闊な処理をすることのなかった佐藤の考え方がよく解る。

この回顧のなかで、佐藤が先方が会見に来たとき、援助の具体的計画が「不明」だという表現を用いているのは「援助という意味が不明で、正確には紐付融資で気に食わなかった」というべきところを、学生の前では、曖昧な言葉で濁していると読むべきであろう。

日本農業を支える一つの柱たるべく、横井以来承け継いだ農大の伝統がある。戦中戦後、ときには身の危険を冒して守った農大である。それを、ただ金を持ってくるからというだけで縁もゆかりもない者を引き入れて、宗教学校にしてしまうことがどうしてできようか。キリスト教に改宗せねば、理事長・学長の地位が続けられない大学は、大学ではあるまい。鈍と根でやって行けば、運も続いてくる。佐藤の腹は最初から決まっていたのではなかろうか。

問題はキリスト教宗教団ではなく、内部の財政問題、差しあたっては待遇改善にあることを彼は認識していた。井下清常務理事に命じて、常盤松校地跡を青山学院に譲渡する交渉を始めさせたのが、チャーチ・オブ・クライスト宗教団の申し入れに対する回答であったということができる。青山学院との交渉が、当方としては他竪冗却の話をしていないこともあり、先方の紳士的態度によって比較的スムーズに進行した。その契約締結をみるや否や、七月七日の法人理事会、評議会を開いて、常盤松売却とチャーチ・オブ・クライストへの回答の二つの問題を同時に決定している。
しかし、この昭和二三年という時期は困難の時期である。『七十周年史』の年表から大学経理に関係ありそうな事項を摘記してみるとよくわかる。

五月一八日　校友大会を開催して、昭和二二年度決算を認め、会則を改正し、会費を徴集することに決定。なお「新制大学移行に邁進せんことを誓う」の決議を行う。
五月二四日　米国宗教団チャーチ・オブ・クライストの本学復興援助について学生大会を開催した。
五月二九日　米国宗教団チャーチ・オブ・クライストが本学援助につき覚書を提出した。
五月三〇日　校地一・六七ヘクタールを桜丘中学に譲渡することを契約した。
五月三一日　米国宗教団チャーチ・オブ・クライストの援助等について法人役員会を開催した。
六月一日　外資導入について、学部、専門部、予科合同教授会を開催した。
七月二日　常盤松所在の旧校地二・二一ヘクタール、建物一八三平方メートルを青山学院に譲渡の契約を締結した。
七月七日　法人理事会及び評議会を開催して、本学事務所所在地変更、常盤松土地建物売却の件承認、チャーチ・オブ・クライストからの申入れの件を受諾しないことに決定した。
七月一〇日　外資導入問題について校友会役員会がこれを否決した。
七月三一日　新制大学設置要項、復興費借入金につき法人役員会を開催した。
八月二六日　授業料の増額（学部七千二百円）を保証人会で同意をえた。

注解

①煩瑣（はんさ）
こまごまとしてわずらわしいこと。

②天地霄壌（てんちしょうじょう）
（「霄壌」も天と地の意）「てんち（天地）の相違」に同じ。

第123回　収穫祭ポスター
平成26年（2014年）

第124回　収穫祭ポスター
平成27年（2015年）

第二部　収穫祭の今昔

農大の学園祭、収穫祭は、他大学とは異なり、歌手・芸能人を招へいすることもなく、学生の、学生による、学生手作りの学園祭でもある。歴史は古く明治三八年（一九〇五）運動会から出発し、第二次世界大戦の一時、昭和一八年（一九四三）～昭和二〇年（一九四五））を除いて今日まで連綿と続いている。農大と言えば収穫祭、その今昔物語を最後に綴ってみる

一、戦中の第一回収穫祭

すでに述べたように、昭和一五年（一九四〇）まで、運動会の名の下、予科・専門部・農学部各科対抗の競技が行われてきた。その中で、各科とも最も力を入れたのが仮装行列・野外劇であった。昭和一二年（一九三七）より日支事変（日中戦争）が続いており、物資は次第に不足気味になり、衣料品の配給切符制度（切符がないとタオル一枚買えない制度）は正に厳しいものであった。昭和一六年（一九四一）には「今後大学・高専における運動会の衣装・装飾等は物資節約の機から禁止する」という通達が出されたのである。

だが天下の農大（当時私学で農学部のある大学は東京農業大学だけ）は、少しも騒がず、収穫祭で仮装行列を行いたいが如何とお伺いをたてると「収穫祭ならば差しつかえなし」と返答があった。

全国の大学・高専で仮装行列が認められたのは他にあったかどうか知らないが、この年はじめて今までの運動会の名称をやめ、第一回収穫祭の看板が掲げられたのである。

さて、当時の収穫祭であるが、今のように、文化学術展や模擬店などはなく、一日だけの各科対抗競技、中でも仮装行列、野外劇が農大の名物であった。そして、いつも優勝するのは予科であり、農学部の先輩たちは自分達の出し物より予科の出し物を心配し、予科を優勝させることに心をくばるという有様だった。この第一回収穫祭の出し物で私がはっきり記憶に残っているのは二つしかない。第一位の予科と第二位の専門部農学科の出し物である。

予科の出し物は、作業服に鍬を担った当時の軍隊式行進と、幼稚園の先生と生徒にふん装した行進との組み合わせであり、劇の内容は当時の時局を反映させたもの。勤労精神を強調する演技と勇ましい歌であり、他の一つは園児の遊戯（兵隊さんよありがとう）で数人の有志が、わざわざ幼稚園へ出かけて習ってきたものであった。

第二位の専門部農学科の出し物は、象（張りこで実物大）を先頭に、ターバンを巻いたインド風の服装の仮装行列で、グラウンドの中央で円形の環をつくり、スペイン舞曲の「ボレロ」を踊ったのである。

その優稚さ、振りつけの勇壮さとそのインテリジェンスは、全くすばらしいものだった。

現在と違って学生数は、二〇〇〇人、教職員総数一〇〇名程度であったので、収穫祭は教職員も全員参加した。その参加の形式は、収穫祭が終る頃、グラウンド一杯に広がって円形を作り農大音頭を踊ったのである。今でもその曲はよく憶えている。

昭和一七年（一九四二）第二回収穫祭は、住吉グラウンド（東横線元住吉駅下車）で行われた。この時、予科の学生であった農芸化学科（現生物応用化学科）教授の蜷木翠は、自ら参加した思い出を次のように述べている。

収穫祭の二〇日程前、予科・学部の先輩方が数人私共の予科一年の教室に入ってこられて「収穫祭に協力してくれ。その気があるものは、手を上げろ。放課後教室の前に残れ」というので私は収穫祭に協力することになった。

太郎の鬼退治を野外劇でやる。鬼とは米英のことだ。そのチビは桃太郎をやれ。お前は犬、お前は猿、お前は雉、鬼はデカイ奴という具合いに、役割は直ちに決まった。当時の先輩は「君〜、○○をしてくれませんか」というような言葉使いはしなかった。チビである私は桃太郎ということになった。持参の和手拭いに日の丸を付けた鉢巻をし、紙織りを張り付け竹竿を脊に縛り付け、玩具の刀を腰に差した。犬、猿、雉も若干の紙衣装を付け、手足や顔に色を塗った。それらしくなった。鬼は裸に直接色を塗りたくり、顔にも着色、ふんどしを締め、角を付けた鉢巻をし、牙を歯に差し込んだ。赤鬼・青鬼、一角・二角、胸や背中に、米、英、と黒々と書かれていた。鬼に痛めつけられて来た百姓もかなりいた。その場で適当に動員して振り付けたのであろう。鬼退治劇が終わると、後は号令一過全員青山ほとりだ。踊って踊って衣装など壊れるほど踊って出口に引き上げろ、ということで、全て青山ほとりで壊して、予科の野外劇は終わった。良くできた、と先輩達から誉められた。好評価を得たとのことであった。実に素朴で爽やかな戦時中最後の収穫祭であった。農民の収穫を心から、ささやかに祝う祭りであった。なにごとも上辺よりも心が大切と思いたい。翌昭和一八年（一九四三）には収穫祭は行われず、やがて私どもの多くは学徒動員で故郷の部隊に入営した。第二次大戦激化のため、収穫祭はこの第二回を最後に、昭和一八年から昭和二〇年まで中止となった。

二、復活第一回収穫祭

戦争が終わり、半世紀にわたって培った常磐松から世田谷に移転したが、当時の農大には収穫祭を開催する余裕はまったくなかった。しかし、学生たちの間には、来年こそ伝統ある収穫祭を、という思いが徐々にふくらんでいった。

昭和二一年一一月三日、世田谷本校構内で、復活第一回（通算第三四回）の収穫祭を開催した。移転先の旧陸軍機甲整備学校は荒れ放題で、戦車や装甲車の残骸があちこちに放置してあり、庭も掘り返されて石ころだらけである。衣食もとぼしく学生たちは炎天下に裸になりイモをかじりながら、黙々と整備を続けようやく開催にこぎつけたのだ。

「数日来の薄曇りも晴れた。輝かしき民主憲法発布の朝、早慶戦とともに待望の江戸名物農大運動会は世田谷の本学において挙行された。

街頭宣伝の効果で朝早くから詰めかけた観衆は開会おそしと待ちかまえる。八時開会。学長の挨拶でマラソン、買い出し競走と始まり、趣向を変えて、飢餓都民救済、提灯・カロリー補給・肥培の各競争に、父兄、校友、来賓、在校生多数参加し珍風景続出に観衆を喜ばせたと、『農大新聞』再刊第二号の記事も躍っている。

農大収穫祭の人気が余興（集団野外演劇）に集中するのは昔からだが、復活第一回の出し物は、次の通りである。

「何が彼女をそうさせたか」（学部）、「花咲爺」（予科）、「日本の絵」（専門部農学科）、「幸福アチヤコチヤ」（専門部農芸化学科）、「パイオニヤ」（専門部農業拓殖科）、「平和の鐘が鳴る」（専門部農業土木科）、「豊年踊り」（専門部農村経済科）、「緑地の神を迎えて」（専門部緑地土木科）。

農大新聞の記事にある「街頭宣伝競争」は、収穫祭に先立つ一〇月二七日に行われたが、これは本学独特の画期的な企画であって、荒廃した瓦礫の街を行く人々の目を見張らせ、農大のイメージを多くの人々の脳裏に焼きつけさせた。

ところで、この宣伝隊は、銀座のど真ん中で、「青山ほとり」の踊りを披露し、道行く人々の度肝を抜いた。何事ならんと集まった人々は、農大生と知って「なるほど」と納得し、「農大健児はすまないがお米の実る木がついている　昔も今も変わらない　人間喰わずに生きらりよか……」と歌うに及んで、どっと柏手がわきおこった。誰もが飢えていた時代だったのである。余談になるが、復活第一回の収穫祭には、進駐軍兵士が何事ならんとジープで駆けつけてきたが、大会役員から事情を聞くと、「Good Celebration」と叫んで、自分も参加したい様子を見せていたという。

三、それ以降の収穫祭

これ以後、毎年の収穫祭にはブラスバンドを先頭に、花や野菜を満載した馬車を銀座、新橋、新宿、渋谷などに繰り出すようになった。こうして農大収穫祭は戦前とは違った意味で都民に親しまれるようになったのである。

昭和二二年一一月二日、三日、体育競技と野外劇を含めた収穫祭を開催すると共に、校舎の全部を開放して、農学展を催した。これは後年の文化学術展の始まりで、農学研究者のみならず、一般の人々への農学知識の普及となった。終戦直後の収穫祭について、校友の磯山和男（昭和二八年農業経済学科卒）は、次のように回想している。

「私は昭和二二年に専門部農村経済科に入学し、二八年に農業経済学科を卒業した。入学当時の農大は、陸軍機甲整備学校跡地に移転して二年目、校内にはまだ戦中の防空壕や運転教習施設などの跡が残っていて、特に収穫祭を行うグラウンドには、雑草あり砂利ありで、収穫祭が近づくにつれ、各科順番でグラウンド整備に汗したものだった。私にとって収穫祭での一番の思い出は、田舎っぺ一年生のときの野外劇である」

昭和二七年一一月二日。この年は運動会のみの収穫祭が開催された。この時の収穫祭実行委員長加藤日出男は、『青山ほとり』を歌いながら踊るのに、だいこんを持ったらどうかと提案し「だいこん踊り」が誕生したことはすでに述べた通り。

翌昭和二八年一一月一日には、第一回茂原分校収穫祭が開催されている。それまで茂原分校は、本校の収穫祭に合流してきたが、なにぶんにも遠隔地であることと、地方への宣伝のこともあり、分校独自で行うことにしたのである。これは昭和三六年四月、分校が本校へ合流する前年前まで、茂原市の名物として地元の人々の目を楽しませた。

昭和三二年、第四五回収穫祭は、一一月一日、二日、三日の三日間にわたって本学の内外で盛大に挙行されたが、特筆すべきことはこの年から「文化学術展」が新たに加わったことである。

それまでの収穫祭には、文化学術方面のプログラムが組まれてなく、その中心は集団野外演劇であった。しかし、戦後十数年を経過し、社会の進展と共に収穫祭の企画にも転換のきざしが見えはじめた。昭和二二年に農学展を加えたことが好評で、その後毎年強い要望があったにもかかわらず実現するに至らなかった。そこで、夏休み明けの会合で正式に決定され、その後各方面に働きかけ、ついに第一回の「文化学術展」を開催する運びになったのである。この文化学術展には、各研究室、農友会の各部、自主的サークルなどが積極的に参加した。

戦後十年以上を経過して、すっかり定着した収穫祭は、学生の情熱を表徴して年毎に盛大になっていき、これに加えて文化芸術展は近代農業に貢献しょうとする農学徒の真面目を発揮して、収穫祭をより有意義なものにしたと言えるだろう。

四、宣伝隊の思い出

収穫祭宣伝隊　大根配る（昭和二七年頃）

ちょうど研究室に上西宗市君（当時応援団総務部長）が在籍しており、私に「応援団を見てくれませんか」と話があり、しばらくして当時顧問をされていた金木良三教授に呼ばれ学内相談役を依頼されたのが始まりである。以来平成二三年（二〇一一）に満期退職するまで三五年間の長きにわたって応援団の学生と師弟関係を持った。その時の学生が今、親として子供を農大に進学させている。また、親子、兄弟で応援団幹事を務めた人達もいる。

相談役に就任した当初、学内の先生方の応援団に対する関心は今ほど深くは無かった。

昭和五二年の付き添いでの出来事は今でも忘れられない。団長が杉山博一君、副団長兼宣伝隊長が望月保秀君の時である。昼飯を皇居の土手で取った後、隊列を整え銀座の数寄屋橋際で宣伝活動を行うためそこに到着した。

吹奏楽がラッパを吹き始めた途端、マイクで雷が落ちた。「私が話しているのに何だ！　どこの学生だ！」と。話していたのは大日本愛国党総裁、あの赤尾敏その人であった。

「望月、行って話してこい。農大の事、収穫祭の事、俺も後から行くから」

そばの警察派出所に行き許可証を見せると、赤尾総裁は毎日ここで演説をしているとの事、野菜をもって私も総裁の車に行きお会いした。小柄だが目のぎょろりとした迫力ある方であった。「農大の野菜です。どうぞ」と渡し、大学の事、収穫祭の事など話をした。

「わかった、上で見ているから農大の宣伝をやりなさい」

街宣車の上のパイプ椅子に座り見ていた。私達の演技が終わり、挨拶をすると、総裁はマイクを持ち、

「今時の学生は元気があってよろしい。農大の収穫祭の宣伝学生なそうだ。頑張れ！」

激励の言葉を背に私達は次の宣伝の地、渋谷に出発した。

色々な思い出が走馬燈のように頭をよぎる。大雨の中目黒駅前でのずぶぬれの大団旗、「ハンディキャップの学生に対し農大はどう対応しているのか」と話しかけてきた女性等々…。

収穫祭ストーム　有楽町読売新聞社付近

当時の収穫祭の思い出が走馬灯のように次々に思い出される。

最後になりますが、本原稿を書くにあたり、理事長大澤貫寿先生、学長高野克己先生をはじめ石川浩一氏、高柳和直氏、大学史資料室畑川直哉氏に多大なるご協力をいただきました。また農大学報を出版している教育後援会事務局の前局長杉本秀健氏、現局長袖山松夫氏、事務主任澁谷寧子氏には本当にお世話になりました。ありがとうございました。

あとがき

東京農業大学は、平成二八年に創立一二五周年を迎えた。世田谷キャンパスで秋篠宮文仁親王殿下ご臨席のもと、一二五周年式典、祝賀会が執り行われた。記念事業としては、創立者榎本武揚と東京農大に関するシンポジウムや学部シンポジウム、さらに校友世界大会など様々な事業を実施した。榎本武揚の人となりとその業績に光を当て、明治維新後の政府での武揚の産業立国への思いと様々な活躍ぶりをあぶり出すことが出来たことなど、関係者にとって意義のあるシンポジウムであった。

そして本書は、著者内村泰君との約束のもと、明治二四年（一八九一年）本学創立以後の一二五年間に光を当て、埋もれていた一〇〇年前の様子や戦後の様々な事業や事件などを発掘し、広く関係者に読んでいただくことを念頭に発刊した。

内村泰君の遺稿である本書の編集に当たっては、学長高野克己先生、法人戦略室長上田勉氏、大学史資料室畑川直哉氏同じく水原洋輔氏にご協力いただいた。感謝申し上げたい。

これからの東京農業大学を考える上では大変参考になることも多く、本書を手に取っていただき、歴史の節目〳〵の要路の人々の想いに浸っていただけたら幸いである。

稲を慈しみ、たたえ
育てる心を耕し、進化しつづける明日に

監修にあたって

大澤貫寿

参考資料

・大日本農会百年史
・大日本農會報
・東京農業大学五十年史
・東京農業大学七十周年史
・東京農業大学百年史
・農大新聞
・農友会会報
・農大学報
・「琵琶湖周航の歌　小口太郎と吉田千秋の青春」飯田忠義
・「ちあき」の会事務局　吉田文庫パンフレット　吉田千秋
吉田文庫吉田千秋研究Ⅰ 吉田千秋と植物（倉重祐二）
吉田文庫吉田千秋研究Ⅱ 吉田千秋の「SHONEN」（大倉宏）
吉田文庫吉田千秋研究Ⅲ 吉田千秋と音楽（伊野義博）
・ラジオ深夜便「琵琶湖周航の歌　小口太郎と吉田千秋の青春」二〇〇八年六月三日
・山村基毅「千秋経歴判明の経緯」森田資料　一六六頁「潮」一九九三年一二月号
・三文楽士の音楽室　Satoshi Maeda@The Place in the Sun
・東京農業大学農友会　農友会 会員名簿（大正元年一二月）

・東京農業大学要覧（大正一四年一〇月二一日発行）
・東京高等農学校 校友会　農友会 会員名簿
・私立東京高等農学校　農友会一覧
・東京高等農学校 校友会　農友会 会員名簿
・東京農業大学 校友会　農友会 会員名簿
・東京農業大学 校友会　報国農友会 会員名簿
・読売新聞　企画連載「東京の記憶」
・「希望に燃えて～東京農大満州農場実習の記録～」　中島敏之
・「凍土の果てに～東京農業大学満州農場殉難者の記録～」　黒川泰三　記録刊行委員会
・「五色の虹～東京農業大学湖北報国農場記～」　山本正也
・農業工学科五十周年記念誌
・「先達と後進」佐藤寛治
・「佐藤寛次伝」近藤康男
・校友会ニュース
・東大新聞
・東京農業大学　図書館　大学史資料室通信
・東京農業大学全学応援団史～七十五年の歩み～

「常盤松」と「常磐松」の表記について

常磐松キャンパスの「常磐松」という町名は、東京市町名沿革史によると、昭和３年１月、青山南町七丁目、下渋谷常盤松、同伊勢山 の各一部を合わせ「常磐松町」と改称したものであり、 東京農業大学ではこの時から「盤」から「磐」に改めた。その後、昭和７年１月、東京市に編入された時、渋谷区常磐松となった。現在でも渋谷区東一丁目に古い地名を冠した常盤松小学校がある。本稿で、常磐松と常盤松が混在しているのはそのためである。

内村 泰（うちむら　たい）

1945年、岩手県生まれ。東京農業大学農学部農芸化学科卒業。同大学院農芸化学専攻博士課程修了、農学博士。東京農業大学助手、助教授を経て、1991年教授。1985年カナダ国立研究所に依命留学、1993年学生部長、2002年大学院農学研究科委員長、2003年学校法人東京農業大学評議委員会議長。2011年東京農業大学名誉教授。また日本醸造協会技術賞受賞、（社）日本・アフガニスタン協会副会長、日本農芸化学会評議員などを歴任。

大澤 貫寿（おおさわ　かんじゅ）

1944年、茨城県生まれ。東京農業大学農学部農芸化学科卒業、東京農業大学助手、1977年カルフォルニア大学博士研究員、東京農業大学助教授を経て1991年教授。1995年総研所長、1998年大学院農学研究科委員長、2002年応用生物科学部長、2005年学長、2011年学校法人東京農業大学理事長、現在に至る。また日本農薬学会賞、東南アジア国際農業学会功績賞、ウクライナ国立農業大学・モンゴル国立農業大学名誉教授、茨城大使などを歴任する。

知られざる東京農大史

～ 語り継ぐべき農大百二十五年の記録と記憶 ～

2017（平成29）年　3月25日　初版第1刷発行

著　者　内村　泰
監　修　大澤　貫寿

発　行　一般社団法人東京農業大学出版会
〒156-8502　東京都世田谷区桜丘1-1-1
Tel. 03-5477-2666　Fax. 03-5477-2747
http//www.nodai.ac.jp

　印刷／郵便出版社　202017そ
ISBN978-4-88694-470-2　¥3000E